Nufer & Schrader
Wenn Liebe zum Desaster wird

W0172194

Sonja Nufer
Hans Christian Schrader

Wenn Liebe zum Desaster wird

Mobbing in der Partnerschaft

Dank
Wir danken allen, die uns bei diesem Projekt unterstützt und begleitet haben.

Anonymität der Fallgeschichten
Wir danken allen unseren Gesprächspartnern, die ihre Geschichten und Erfahrungen für dieses Buch zur Verfügung gestellt haben.
Die Paargeschichten in diesem Buch entstammen dem wahren Leben und waren Bestandteil unserer Beratungen. Sie wurden in den Details so verändert, dass ein Wiedererkennen lebender Personen nicht möglich ist. Alle Namen und Orte wurden verändert. Sollte der Leser eine Ähnlichkeit mit einer lebenden Person entdecken, so wäre diese rein zufällig.

Ansprache der Leser und Leserinnen des Buches
In diesem Buch nutzen wir aus Gründen der Vereinfachung die männliche Form und meinen damit jedoch Männer und Frauen gleichermaßen.

1 2 3 4 08 07

© Eichborn AG, Frankfurt am Main, 2007
Umschlaggestaltung: Gesche Harms
Satz: Amann, Aichstetten
Druck und Bindung: Fuldaer Verlagsanstalt
ISBN-13: 978-3-8218-5666-7

Verlagsverzeichnis schickt gern:
Eichborn Verlag, Kaiserstraße 66, D-60329 Frankfurt am Main
www.eichborn.de

Inhalts-Übersicht

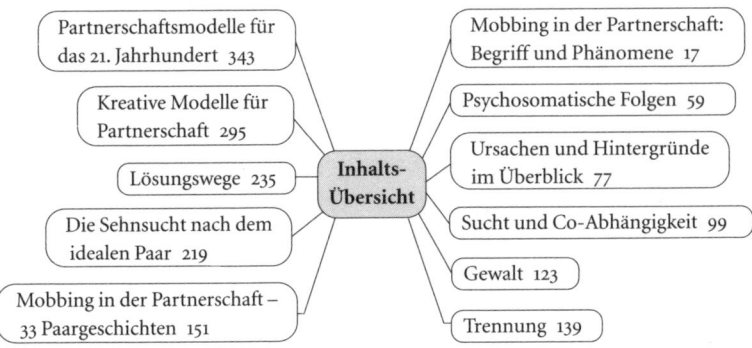

Inhalt

Mann und Frau –
eine indische Schöpfungsfabel

Der chinesische Schriftsteller Lin Yutang erzählt in seinem Buch *Weisheit des lächelnden Lebens*, einem Standardwerk der asiatischen Lebenskunst, eine viertausend Jahre alte indische Schöpfungsfabel:

»Wenn wir jener von den Hindu berichteten Schöpfungsgeschichte glauben dürfen, nahm Gott, als er das Weib schuf, von der Schönheit der Blumen, vom Vogelsang, von den Farben des Regenbogens, vom Kuss des Zephirs, vom Gelächter der Wellen, von der Sanftmut des Lämmleins, von der Verschlagenheit des Fuchses, von der Unbeständigkeit der Wolken, vom Wankelmut des Regenwetters, wob all dies zusammen zu einem Geschöpf weiblicher Art und stellte es dem Manne dar als sein ehelich Gemahl. Da war der Hindu-Adam vergnügt in seinem Sinn, und er und sein Weib wandelten nach Herzenslust auf der schönen Erde.

Nach etlichen Tagen kam Adam zu Gott und sprach: ›Nimm dies Weib weg von mir, denn ich kann nicht mit ihm leben!‹ Gott erhörte die Bitte und nahm Eva fort. Da ward Adam einsam und gar sehr unglücklich, und nach etlichen Tagen erschien er wieder bei Gott und sprach: ›Gib mir mein Weib zurück, denn ich kann nicht leben ohne sie.‹ Und wiederum erhörte Gott seine Bitte und gab ihm Eva zurück.

Nach ein paar Tagen aber, siehe, da kam Adam von neuem zu Gott und bat: ›Bitte nimm diese Eva zurück, die du geschaffen hast, denn ich schwöre, ich kann nicht mit ihr leben.‹ In seiner unendlichen Weisheit war ihm Gott abermals zu Willen, als aber Adam zum vierten Mal erschien und klagte, er könne nicht leben ohne seine Gefährtin, da ließ Gott ihn versprechen, dass er sich nun nicht noch einmal anders entschließen, sondern sich auf Gedeih und Verderb mit ihr zusammentun und schlecht und recht auf dieser Erde leben wolle.«[1]

»An diesem Bilde, scheint mir«, fügt Lin Yutang hinzu, »hat sich nichts Wesentliches geändert bis auf den heutigen Tag.«

Vorbemerkung

»Mit der Arbeit kommt man noch irgendwie klar.
Aber mit der Liebe ist es schwierig. Und wenn man
keine Arbeit hat, kann man zum Arbeitsamt gehen
und Arbeitslosengeld bekommen. Aber ein Liebes-
amt gibt es noch nicht. Ohne Arbeit kann man le-
ben, aber ohne Liebe nicht.«
Yavuz, ein türkischer Kellner in Berlin Mitte

In unserer schnelllebigen, gehetzten und technikdominierten Zeit ist ein Rückbesinnen auf Werte und dabei auf die Themen Partnerschaft und Familie zu beobachten.

Aber mit der Liebe war es noch nie einfach. Menschen haben zwar einen rasanten Fortschritt im Bereich der Technik und globalen Kommunikation erreicht und bald Siedlungen auf dem Mond, aber zu Hause in den eigenen vier Wänden geht es oft zu wie in der Steinzeit.

Mobbing im Sinne von Psychoterror gibt es nicht nur am Arbeitsplatz, sondern auch in Ehe und Partnerschaft. Es scheint auch, dass die traditionellen Formen von Ehe und Familie in den meisten Fällen nicht mehr funktionieren. Die Partnerschaft im 21. Jahrhundert braucht offenbar neue Modelle und Regeln.

Das Ausmaß an Leid in Partnerschaften und Ehen wird gesamtgesellschaftlich eher verleugnet. Fast täglich weisen jedoch die Medien auf die Gewalt in Beziehungen hin. Wo anfangs Liebe war, steht manchmal sogar am Ende die Bluttat.

Mobbing in der Partnerschaft hinterlässt bei den Betroffenen seelische und körperliche Spuren vergleichbar mit einer Kriegstraumatisierung.

Jede gelungene Partnerschaft ist ein kleiner, wichtiger Mosaikbaustein für eine glücklichere und friedlichere Welt.

Unser Buch will zur Lebenskunst beitragen. Wir versuchen darin, Phänomene, Ursachen und psychologische Zusammenhänge von Mobbing in der Partnerschaft zu klären. Vor allem geht es uns darum, Menschen in einer schwierigen Partnerschaftssituation zu unterstützen und neue Möglichkeiten aufzuzeigen, mit der Situation kreativ umzugehen und wie der Weg aus dem »Sumpf« aussehen könnte.

Vielleicht gibt es am Ende sogar eine *Win-Win-Situation*, in der jeder sein Gesicht wahren kann und in seiner Persönlichkeit verstanden wird.

Auch eine Trennung kann ein für beide Seiten konstruktiver Weg sein.

Teil I

Mobbing in der Partnerschaft: Begriff und Phänomene

1

Die bisherige Verwendung des Begriffs Mobbing

Nichts ist beglückender, als den Menschen zu finden, den man den Rest des Lebens ärgern kann.

Agatha Christie

Der Mobbing-Begriff hat sich in der Arbeitswelt etabliert. Unter Fachautoren galt bisher die Regel, diesen Begriff nicht auszuweiten. Dass der Begriff Mobbing bisher auf Partnerschaften nicht angewendet wurde, lässt sich vielleicht als Widerstandsphänomen deuten. Dem gleichen Umstand begegnen wir im Bereich der Sucht und Co-Abhängigkeit.

Mit Widerstand ist ein unbewusstes Abwehrverhalten gemeint, sich mit bestimmten Themen nicht befassen zu wollen, weil diese an Abgründe der eigenen Seele rühren.

Auch das Mobbing in der Arbeitswelt war bis zu den Forschungen von Heinz Leymann ein nicht bearbeitetes Tabuthema. Der Widerstand beim Thema Mobbing in der Partnerschaft scheint noch größer zu sein, weil es hier um Intimes und »das Eingemachte« in der Privatsphäre geht.

Wer sich mit Mobbing in der Partnerschaft beschäftigt, muss sich nicht nur mit seiner eigenen Partnerschaft oder Ehe befassen, sondern auch mit seiner Kindheit und der Ehe der Eltern. Auch hier gab es häufig bereits Mobbing. Damit möchte sich meist niemand freiwillig auseinandersetzen, entsprechend der häufigen Aussage von Ratsuchenden zu Beginn einer Beratung oder Psychotherapie: »In meiner Kindheit war alles in Ordnung.«

Dem Mobbing am Arbeitsplatz können die Betroffenen oft aus existentiellen Gründen nicht sofort entkommen. Jedoch ist es möglich, sich über eine Krankschreibung der Konfliktsphäre zeitweise zu entziehen. Beim Mobbing in der Partnerschaft ist ein Entkommen aufgrund der unbewussten Verstrickungen, Abhängigkeiten und Ängste noch schwerer möglich.

Entsprechend Martin Luthers Empfehlung, »*dem Volke aufs Maul zu schauen*«, findet man das Thema Mobbing in der Partnerschaft heute bereits in Internetforen. So schreibt beispielsweise eine Betroffene unter der Überschrift:

Mein Freund mobbt mich:

»*... Mein Ex-Freund, mit dem ich fast zwei Jahre eine Beziehung hatte. Leider wurde ich nur betrogen und belogen von ihm! Aber dann habe ich meine Liebe fürs Leben kennen gelernt und habe mich von meinem Ex-Freund getrennt. Dieser konnte jedoch nicht verkraften, dass ich mit einem anderen Mann richtig glücklich bin! Deshalb schreibt er meinem neuen Freund immer wieder SMS, wo er mich z.b. als Schlampe, Miststück oder sonst was bezeichnet. Auch in der Öffentlichkeit lässt er keine Gelegenheit aus, anderen Leuten zu erzählen, was ich doch für eine ›Schlampe‹ bin, und behauptet noch ganz andere Sachen, die unter die Gürtellinie gehen ...*«[2]

In der Fachliteratur findet man das Thema Mobbing in der Partnerschaft bisher noch nicht. Die Betroffenen signalisieren einen Bedarf, den die Fachwelt erst noch zu erschließen hat.

Obwohl Mobbing ein englisches Wort ist (*to mob* = über jemanden herfallen), hat es sich im englischsprachigen Raum nicht durchgesetzt. Hier spricht man von »Bullying«. Das englische »to bully« heißt übersetzt: einschüchtern, tyrannisieren. »The bully« heißt übersetzt: Maulheld, Tyrann.

»Bullying at work« wird in den englischsprachigen Ländern vergleichbar zum Begriff Mobbing in Deutschland primär auf feindselige Kommunikation und feindseliges Verhalten am Arbeitsplatz und in Schulen verwendet. Auch hier gibt es noch keine Fachliteratur zu »Bullying« in Paarbeziehungen.

Die für uns wichtigen Aspekte der Dinge sind durch ihre Einfachheit und Alltäglichkeit verborgen. (Man kann es nicht bemerken, – weil man es immer vor Augen hat). Die eigentlichen Grundlagen seiner Forschung fallen dem Menschen gar nicht auf. Es sei denn, dass ihm dies einmal aufgefallen ist.

Ludwig Wittgenstein,
Philosophische Untersuchungen, § 129

Das Thema Mobbing in der Partnerschaft taucht in der Mythologie auf wie auch häufig in Filmen und der Literatur.

In unserer psychologischen Beratungstätigkeit fällt immer wieder auf, dass viele Gesprächspartner zunächst über Probleme in oder mit ihrem Beruf klagen, während das Hauptproblem jedoch in ihrer Partnerschaft oder Ehe liegt. Oft leiden sie vor allem unter der schon lange bestehenden feindseligen Kommunikation in ihrer Beziehung.

Als Spezialisten für berufliche Beratung und Coaching sind uns die Parallelen zur Arbeitswelt aufgefallen. So lag es nahe, den Mobbing-Begriff von der Arbeitswelt auch auf Partnerschaften anzuwenden, weil die Verhaltensweisen und die Dynamik identisch sind.

Der Mobbing-Begriff in der Arbeitswelt hat sich vor allem deshalb bewährt, weil es möglich wurde, einen diffusen Leidenszustand mit einem prägnanten Wort auf den Punkt zu bringen.

Unsere beiden Hauptlebensbereiche sind Arbeit und Liebe. Ein Phänomen, das sich in einem Bereich zeigt, findet sich auch in dem anderen. Es geht in der Arbeitswelt wie im Privaten um die menschliche Psyche und um Beziehungen, die wir zu anderen unterhalten, auch wenn Themen wie Arbeit, Geld oder Sachzwänge vorgeschoben werden.

Ein ähnlich verbreitetes Phänomen wie Mobbing in der Arbeitswelt ist das *Burnout-Syndrom*, ein Zustand des Ausbrennens, der totalen Erschöpfung und Lustlosigkeit. Burnout gibt es gleichermaßen in Paarbeziehungen. Burnout stellt sich oft ein als Folge eines längeren Mobbing-Prozesses in Arbeits- wie in Partnerbeziehungen.

Das Ziel dieses Buches ist es, Betroffenen zu helfen, sich über ihre Partnerbeziehung klar zu werden. Anhand der in diesem Buch vorgestellten Paarbeispiele lässt sich auch zeigen, dass das Thema Mobbing sehr häufig von einer Generation zur nächsten »weitergegeben« wird.

Mit einer klaren »Diagnose« wird – ähnlich wie in der Medizin – die Voraussetzung für eine adäquate Therapie geschaffen. Sei es, dass es gelingt, die feindselige, bis hin zur Gewalt gehende Kommunikation zu stoppen, den Beziehungs- und Kommunikationsstil zu ändern oder sich zu trennen. Letzteres ist auch in der Arbeitswelt häufig die einzige Rettung.

Fährst du zur See, bete einmal, ziehst du in den Krieg, bete zweimal, heiratest du, bete dreimal.
Russisches Sprichwort

2

Mobbing in der Partnerschaft:
Ein neuer Begriff für ein altes Thema

Allein bin ich gut.
Zu zweit bin ich eine Katastrophe.
Ich kann nicht allein sein.

Horst Janssen

Ehekrach löste Notlandung aus

An Bord eines russischen Airbus mit knapp 170 Passagieren an Bord von Moskau nach Genf kam es zu einem so heftigen Ehestreit, dass die Maschine notlanden musste. Die Behörden waren zunächst von einer Entführung ausgegangen. Der vermeintliche Entführer entpuppte sich jedoch als randalierender Ehemann. Er drohte mit einer Bombe und forderte die Umleitung des Fluges nach Ägypten.

Der Pilot bat aufgrund der Ehe-Eskalation an Bord um Erlaubnis für eine Notlandung in Prag. Auf dem Prager Flughafen trat ein Krisenstab zusammen, Feuerwehr und Rettungsteams eilten auf das Flugfeld.

Nach tschechischen Medienberichten war der randalierende Familienvater mit acht Familienmitgliedern unterwegs, darunter drei Kinder. Doch von Familienharmonie konnte keine Rede sein.

Die Mehrheit der Passagiere wollte eigentlich zum Skiurlaub in die Schweiz. Aber durch den Ehestreit an Bord wurde daraus zunächst nichts.[3]

Konflikte in der Partnerschaft sind normal. Wenn es jedoch keine Konfliktbearbeitung gibt, etwa ein gelingendes, konstruktives Gespräch, kann dies zu einem Nährboden für Mobbing werden.

Mobbing wurde zuerst 1958 von Konrad Lorenz verwendet für das Angriffsverhalten von mehreren Tieren gegenüber einem einzelnen Tier. Der schwedische Mediziner Peter-Paul Heinemann nahm in den 60er Jahren den Begriff Mobbing auf im Zusammenhang mit dem aggressiven Verhalten von Kindern gegenüber anderen Kindern.

Ein Mobbing-Beispiel aus der Tierwelt:

Mobbing im Tierreich
Wer brütet meine Eier aus? – Und wehe, wenn nicht!
Die einzigen nordamerikanischen Vögel, die ihre Jungen von anderen Vögeln ausbrüten und aufziehen lassen, sind die Braunkopf-Kuhstärlinge (Molothrus ater), ähnlich wie der Kuckuck in unseren Gefilden.
Sie sind nicht nur bei der Partnerwahl recht anspruchslos. Die Männchen »vögeln« während der Brutzeit mit allen Weibchen, die ihnen in die Quere kommen. Wenig wählerisch sind sie auch bei der Auswahl der »Ersatzeltern«. Mehr als 100 verschiedenen Vogelarten schieben sie ihre Eier unter. Die Größe der Eier spielt keine Rolle, nur die Farbe muss ähnlich sein.
Die kleinen Stärlinge schlüpfen früher aus dem Ei als die Brut der Wirtsvögel. In der Regel drängen die Fremdlinge die unliebsame Konkurrenz sofort aus dem Nest. Die leibeigenen »Kinder« werden somit ausgestoßen und müssen sterben.
Den Ersatzeltern gelingt es mitunter mit viel Glück, auch ein eigenes Küken im Nest zu behalten und es großzuziehen. Aufgrund des destruktiven Potentials der Stärlinge haben die Wirtsvögel im Laufe der Zeit gelernt, dass es für sie sogar sinnvoller ist, diplomatisch den Fremdling aufzuziehen in der Hoffnung, auch eigene Brut zu retten und das Nest nicht zerstört zu bekommen.
Im Vorfeld schüchtern nämlich die Stärlinge die Wirtsvögel mit heftigen Mobbing-Attacken ein, bevor sie ihnen ihre Eier ins Nest legen. Weigern sich die Ersatzeltern, die fremden Eier zu adoptieren, zerstören die Stärlinge in mehr als der Hälfte der Fälle die Nester der aufmüpfigen »Wirtsleute«. Dagegen wurden bei den vorbildlichen Wirtspaaren, die die Fremdlinge blindlings aufnahmen, nur sechs Prozent der Nester attackiert.
Interessant ist jedoch, dass die Nester der »Wirtsleute« komplett verschont wurden, wenn sie sich erfolgreich gegen eine Ablage der fremden Eier in ihrem eigenen Nest gewehrt haben. Das heißt, die Vögel, die selbstbewusst auftraten und den Stärlingen Grenzen zeigten, blieben verschont. Und dies geschieht offenbar entsprechend der alten Mobbing-Abwehrregel: Wehret den Anfängen.
Diese interessante Forschung bei den Stärlingen wurde durchgeführt von Jeffrey Hoover und Scott Robinson von der Universität Florida in Gainesville.[4]

1992 prägte der schwedische Arbeitspsychologe Heinz Leymann den Begriff Mobbing in seiner heute gängigen Bedeutung als Synonym für »*Psychoterror am Arbeitsplatz*«[5].

Leymann definierte Mobbing als »negative kommunikative Handlungen, die gegen eine Person gerichtet sind (von einer oder mehreren anderen) und die sehr oft über einen längeren Zeitpunkt hinaus vorkommen...«[6]

3

Was ist Mobbing in der Partnerschaft?

Ein Ehestreit eskaliert. Sagt der Mann:
»Ich nehme jetzt den Hund und spring aus dem
Fenster!!!«
Die Frau antwortet: »Der Hund bleibt hier!!!«

In Anlehnung an eine Definition von Christa Kolodej[7] für Mobbing in der Arbeitswelt beschreibt *Mobbing in der Partnerschaft* eine Konflikt-Eskalation zwischen den Partnern, bei der das Kräfteverhältnis zu Ungunsten eines Partners verschoben ist. Dieser Partner ist systematisch feindseligen Angriffen ausgesetzt, die sich oft über einen längeren Zeitraum erstrecken, häufig auftreten und neben der Zerrüttung der Partnerschaft zu erheblichen psychischen, physischen und psychosomatischen Schädigungen führen können.

Eine – in der Arbeitwelt eher selten anzutreffende – Variante ist das *wechselseitige Mobbing* in der Partnerschaft, d.h. beide Partner »bekriegen« sich gegenseitig, z.B. auch mit psychosomatischen Symptomen. Ein ab und zu vorkommender Streit, selbst eine kurzfristige Partnerschaftskrise, ist noch nicht als Mobbing zu bezeichnen. Konstruktiv ausgetragene Konflikte sind notwendig für eine gesunde Paarbeziehung.

Vergleichen wir die Erscheinungsweisen von Feindseligkeit in der Partnerschaft mit der in der Arbeitswelt, so zeigen sich ganz ähnliche Mechanismen. Es macht also Sinn, den Mobbing-Begriff von der Arbeitswelt auf die Partnerschaft zu erweitern. Eine Parallele zwischen Arbeitswelt und Partnerschaft ist auch das Rachephänomen (siehe Seite 131).

Wir verstehen *Mobbing in der Partnerschaft* (im Sinne einer systematischen psychischen und/oder physischen oder sexuellen Feindseligkeit/ Gewalt einer oder beider Partner) synonym zum Begriff *Gewalt in Partnerschaften* (in der bisherigen Diskussion oft unter *Häusliche Gewalt* subsumiert).

4

Mobbinghandlungen
in der Partnerschaft

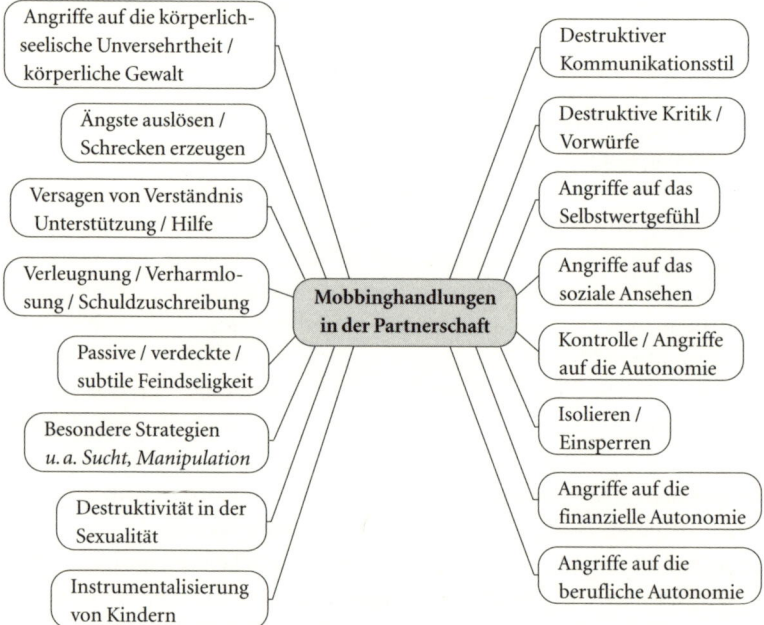

Die folgende Liste von *Mobbinghandlungen in der Partnerschaft* wurde aufgrund unserer Beratungserfahrung mit Mobbing-Paaren und in Anlehnung an vorliegende Klassifikationssysteme für Gewalt in Partnerschaften und für Mobbing in der Arbeitswelt entwickelt.[8] Wie bei allen Versuchen, menschliches Verhalten in Kategorien zu ordnen, ergeben sich Überschneidungen. Bei der Komplexität des Themas beanspruchen wir keine Vollständigkeit.

Mobbinghandlungen in der Partnerschaft
Destruktiver Kommunikationsstil
averbal
· Vorwurfsvolle Blicke / Mimik
· Sich demonstrativ abwenden, zurückziehen
· Schweigen (manchmal über Tage)
· Den anderen »wie Luft« behandeln (bewusst aus dem Weg gehen)
· Sich nicht ansprechen lassen
· Nicht zuhören
verbal
· Demonstrative Beschränkung der Kommunikation auf wenige Inhalte
· Ständiges Unterbrechen / nicht ausreden lassen
· »Zutexten«
· Ruppige Redeweise
· Lauter, aggressiver Tonfall
· Anbrüllen

Destruktive Kritik / Vorwürfe
· Vorwürfe
· Ständige Sticheleien
· Demütigende, überzogene, »gnadenlose« Kritik
· Dem anderen die Schuld geben (ihn zum Sündenbock machen)
· Aufbauschen einzelner Vorfälle oder »Fehler« (»Herumreiten« / »Mücke zum Elefanten machen«)
· Ständige Entmutigung
· Hervorholen vergangener vermeintlicher Verfehlungen (»Wiederkäuen«)
· Generalisierung von »Fehlern« / pauschale Kritik (z.B. »Du machst ja immer alles falsch«)
· Ignorieren der Verbesserungsvorschläge des Partners für die Partnerschaft

Angriffe auf das Selbstwertgefühl
· Demütigung / Erniedrigung / Beleidigung / Kränkung / Abwertung / Verunsicherung
· Unterstellung von böser Absicht / Dummheit
· Gezieltes Attackieren bei Unsicherheiten / Schwächen
· Abwerten religiöser / weltanschaulicher / politischer Überzeugungen
· Den »Charakter« des Partners abqualifizieren
· Den Partner als »verrückt« / psychisch krank bezeichnen
· »Empfehlung«, zum Psychiater zu gehen, um die psychische Gesundheit überprüfen zu lassen

Angriffe auf das soziale Ansehen
- Schlechtmachen / Beleidigung / Demütigung des Partners im Beisein Dritter (Familienangehörige / Freunde usw.)
- Lächerlich-Machen vor Dritten (auch averbal, mit Mimik, Gestik)
- Schlechtmachen / Beleidigung / Demütigung des Partners (hinter seinem Rücken) gegenüber Dritten (Familienangehörige / Freunde usw.)
- Verraten (»Ausplaudern«) von vertraulichen Informationen und »Geheimnissen« an Dritte

Kontrolle / Angriffe auf die Autonomie
- Permanente Überfürsorglichkeit / Überbesorgtheit
- Stark anklammerndes, »aussaugendes«, »vampirhaftes« Verhalten
- Kontrolle durch Telefonanrufe, insbesondere über Handy (»Wo bist du« / »Wo warst du?« / »Warum war dein Handy aus?«)
- Heimliche Kontrolle von erhaltenen und geschriebenen SMS / E-Mails / besuchten Internetseiten / Tagebuchaufzeichnungen / Briefen usw.
- Sonstige Kontrolle der persönlichen Aktivitäten / »Vorschriften« machen (Lektüre, Fahrverhalten usw.)
- Kritik am Wunsch nach zeitweiligen Aktivitäten ohne den Partner (eigenes Hobby / Sport / künstlerische Tätigkeit / Treffen mit Freunden usw.)
- Abwerten von Vorlieben / Interessen / Hobbys / Tätigkeiten
- »Zum Hörer greifen«, um Angelegenheiten des Partners ohne dessen Zustimmung zu »regeln« (sich »einmischen«)
- Dem Partner (obwohl es möglich wäre) keinen eigenen Platz / Raum in der Wohnung zugestehen
- Versuch, eine Trennung / Scheidung zu verhindern

Isolieren / »Einsperren«
- Versuch, den Umgang mit anderen einzuschränken
- Versuch, das Verlassen der Wohnung / des Hauses einzuschränken

Angriffe auf die finanzielle Autonomie
- Überwachung und Kontrolle von Geldausgaben / Einkäufen
- Zuweisung von festgelegten Geldbeträgen
- Wegnahme von Geld
- Vorenthalten von Informationen über die finanzielle Situation in der Ehe / Partnerschaft
- Geliehenes Geld nicht zurückzahlen
- Den Partner in eine Verschuldungssituation bringen
- Destruktive Verhaltensweisen im Rahmen eines juristischen Trennungs-/ Scheidungsverfahrens (»Rosenkrieg« / »Begehrungstendenzen« im Sinne von »Geld-Mobbing«)

Angriffe auf die berufliche Autonomie
- Versuch, die Aufnahme einer Arbeit / Berufstätigkeit zu verhindern
- Kritik am Wunsch nach beruflicher Fortbildung (Seminare, Kurse usw.)

Instrumentalisierung von Kindern
- Versuch, Schuldgefühle bei der Kindererziehung einzureden
- Benutzen der Kinder, um »Botschaften« überbringen zu lassen
- Drohung, die Kinder wegzunehmen (Sorgerecht / Entführung)
- Entführung des Kindes / der Kinder
- Androhung von Gewalthandlungen gegen Kinder
- Gewalthandlungen gegen Kinder

Destruktivität in der Sexualität
- Vorenthalten von Sexualität
- Aufdrängen unerwünschter sexueller Handlungen / Praktiken
- Vergewaltigung

Besondere Strategien
- Psychosomatische Symptombildung *
- Sucht *
- Quälen mit Krankheit / auch: Hypochondrie *
- »Zumüllen« der gemeinsamen Wohnung / des Hauses (bis hin zum »Messie«-Verhalten)
- Manipulation (Versuch der verdeckten Durchsetzung eigener Bedürfnisse; unter Druck setzen, Ausüben von Macht und Kontrolle)
- Schuldgefühle machen / Mitleid erzeugen / Schmeichelei / Lügen / Hochstapelei / den anderen abhängig machen / »Zuckerbrot und Peitsche« / selektive Information usw.

Passive / verdeckte / subtile Feindseligkeit
- Innere Kündigung / Rückzug
- »Böse Demut« (Ausweichen vor konstruktiver Auseinandersetzung / »Ich weiß, ich bin an allem schuld«)
- Lebensfreude / das Wochenende / den Urlaub verderben
- Nicht-Einhalten von Vereinbarungen / Absprachen
- Spurloses Verschwinden, ohne die Trennungsabsicht zu äußern

Verleugnung / Verharmlosung / Schuldzuschreibung
- Verleugnung feindseliger Handlungen
- Verharmlosung feindseliger Handlungen
- Dem Betroffenen für die feindseligen Handlungen die Schuld geben

Versagen von Verständnis / Unterstützung / Hilfe
- Verharmlosung / Lächerlichmachen von seelischen und / oder körperlichen

Beschwerden bzw. Erkrankungen
· Verweigerung von Unterstützung / Hilfe / Rat (obwohl es möglich wäre)

Ängste auslösen / Schrecken erzeugen
· Angst machen / Einschüchtern / Bedrohen / Nötigen
· Mit Trennung drohen
· Damit drohen, fremdzugehen
· Außereheliche Beziehungen / Fremdgehen *
· Androhung von »Konsequenzen« / Rache
· Androhung körperlicher Gewalt
· Mit Suizid drohen
· Einen Suizidversuch unternehmen *
· Den Partner zum Suizid auffordern
· Drohung, den Partner und / oder andere Personen zu ermorden
· Mit erweitertem Suizid drohen (den Partner und sich selbst umzubringen)
· Gewaltsames Zerstören von Sachen / Einrichtungsgegenständen
· »Vorführen« von Waffen
· Gewalthandlungen gegen Haustiere

Angriffe auf die körperlich-seelische Gesundheit / Körperliche Gewalt
· Herbeiführen gesundheitlicher Beeinträchtigungen
· z.B. Zugluft, Kälte im Schlafzimmer / Nikotin: »Zuqualmen« des nicht rauchenden Partners
· rücksichtsloses Lautstellen von Fernseher, Stereoanlage usw.
· Ungenießbarmachen oder Verunreinigung von Lebensmitteln

Körperliche Gewalt
· stoßen / schieben / kratzen / kneifen / ohrfeigen / treten / beißen / schlagen / umwerfen / boxen / an den Haaren ziehen / verprügeln / einen Gegenstand nach dem Partner werfen / mit einem Gegenstand schlagen oder dies versuchen / mit den Händen würgen / mit einem Gegenstand zu ersticken oder zu strangulieren versuchen / mit einer gefährlichen Flüssigkeit übergießen / Verbrennungen zufügen / Versuch, den Partner mit dem Auto zu überfahren / Freiheitsberaubung durch Festhalten, Fesselung, Einschließen / Bedrohung mit Messer oder Schusswaffe / Verletzung mit einem Messer / Abfeuern einer Schusswaffe
· Verhindern notweniger medizinischer Versorgung
· Mordversuch
· Mord

* Die mit einem * gekennzeichneten Handlungen entziehen sich meist der bewussten Steuerung und sind im Hinblick auf ihre psychologische Bedeutung und Funktion in der Partnerschaft zu hinterfragen.

Die folgende Tabelle zeigt die Parallelen zwischen einigen ausgewählten Mobbinghandlungen im Berufsleben und in der Partnerschaft:

Arbeitsplatz Esser & Wolmerath[9]	*Partnerschaft* Nufer & Schrader
Demonstratives Schweigen im Beisein des Betroffenen	Schweigen (manchmal über Tage)
Ständige (harsche) Kritik oder Entmutigung	Demütigende, überzogene, »gnadenlose« Kritik
Demonstrativ aus dem Weg gehen, sich nicht an einen Tisch setzen	Sich demonstrativ abwenden, zurückziehen
Beleidigung und Demütigung im Beisein Dritter (»Abkanzeln vor versammelter Mannschaft«)	Schlechtmachen des Partners in seinem Beisein gegenüber Dritten (Familienangehörige, Freunde usw.)
Ständige Anrufe oder Besuche zur Kontrolle	Kontrolle durch Telefonanrufe usw.
Psychische Erkrankung wird unterstellt	Der Partner wird als »verrückt« / psychisch krank bezeichnet
Sexuelle Belästigung	Aufdrängen unerwünschter sexueller Handlungen / Praktiken
Offene körperliche Übergriffe, Gewaltanwendung	Körperliche Gewalt
Betroffenen zum Suizid auffordern	Den Partner zum Suizid auffordern

Wie die beiden Tabellen im Vergleich zeigen, ähneln sich Mobbinghandlungen in der Arbeitswelt von Seiten der Vorgesetzten und Kollegen und Mobbinghandlungen in der Partnerschaft. Beide beinhalten sowohl psychische wie auch körperliche Feindseligkeit. Mobbing in der Partnerschaft kann sogar bis hin zum Mord gehen. Im Arbeitsleben kommt es eher selten vor, dass der Chef zum Beispiel nach einer Kündigung aus Rache umgebracht wird.

Zur Häufigkeit von Mobbing in der Partnerschaft

Hinweise auf die Häufigkeit von Mobbing in der Partnerschaft liefern polizeiliche Statistiken und wissenschaftliche Studien, die sich mit dem Thema Häusliche Gewalt und Gewalt in Paarbeziehungen befassen. Die ermittelten Zahlen können jedoch wegen der hohen Dunkelziffer und wegen der in der wissenschaftlichen Diskussion kritisierten Mängel der empirischen Studien nur Anhaltspunkte geben. Dennoch machen sie auf das Ausmaß der Problematik aufmerksam.

Physische und psychische Gewalt gegen Frauen

In einer repräsentativen Untersuchung im Jahr 2003 im Auftrag des Bundesministeriums für Familie, Senioren, Frauen und Jugend wurden 10 264 Frauen im Alter von 16 bis 85 Jahren in Deutschland zu ihren Gewalterfahrungen befragt.

25 % der Frauen gaben dabei an, *körperliche oder sexuelle Gewalt* durch einen aktuellen oder früheren Partner erlitten zu haben. Das ist jede vierte Frau.[10] Am häufigsten bestanden die körperlichen Gewalthandlungen in wütendem Wegschubsen, Ohrfeigen, schmerzhaftem Treten, Stoßen, hart anfassen, Arm umdrehen, an den Haaren ziehen.[11] Bei 64 % der betroffenen Frauen hatten die gewalttätigen Übergriffe körperliche Verletzungen von Prellungen bis hin zu Knochenbrüchen und Gesichtsverletzungen zur Folge.

Frauen, die in ihrer Kindheit und Jugend Zeuge von körperlicher Gewalt zwischen den Eltern wurden, erlitten später mehr als doppelt so häufig Gewalt durch aktuelle oder ehemalige Partner als Frauen, die keine körperlichen Auseinandersetzungen zwischen ihren Eltern miterleben mussten (47 % gegenüber 21 %).[12]

Über *psychische Gewalt* in ihrer aktuellen Partnerschaft berichteten 56,0 % der befragten Frauen (davon 38,7 % über leichte, 11,2 % über mittlere, 6,1 % über starke psychische Gewalt / Kontrolle).[13] Unter der Berücksichtigung, dass die Verhaltensweisen aktueller Partner in Befragungen oft geschönt werden, geht die Untersuchung des Familienministeriums davon aus, dass es in etwa jeder fünften bis sechsten Paarbeziehung zu psychischer Gewalt in mittlerer bis starker Ausprägung kommt.[14]

In der Befragung zur psychischen Gewalt in Paarbeziehungen wurden folgende Dimensionen erfasst: verbale Aggressionen, Beleidigungen und Demütigungen; extreme Kontrolle, Eifersucht, Isolieren und Einschränkungen des Bewegungsspielraumes; Drohungen verschiedener Art; ökonomische Gewalt und Entmündigung.[15]

Umfrageergebnisse in den Vereinigten Staaten, Kanada und Großbritannien zeigen, dass etwa ein Viertel aller Frauen während einer Partnerschaft über mindestens eine Gewalthandlung berichten und etwa eine von zehn

Frauen über mehrere. Die internationale Forschung belegt auch ein Anstei-
gen des Gewaltrisikos, wenn die Frau sich trennt oder es zumindest versucht.
Forschungsergebnisse aus Nordamerika, Großbritannien und Australien zeigen, dass jedes Jahr 40 bis 60 % aller weiblichen Mordopfer von einem Partner oder Ex-Partner getötet werden. Demgegenüber werden nur 5 bis 10% der
Männer von einer (Ex-) Partnerin ermordet.[16]

Gewalt gegen Männer
Eine repräsentative Studie zur Gewalt gegen Männer in Paarbeziehungen in
Deutschland gibt es nicht. In einer Pilotstudie, die vom Bundesministerium
für Familie, Senioren, Frauen und Jugend in Auftrag gegeben wurde, erfolgte
eine Befragung von 200 Männern zu ihren Gewalterfahrungen in Paarbezie-
hungen. 23% der Befragten berichteten, körperliche oder sexuelle Gewalt in
Partnerschaften erlebt zu haben.[17] Zur psychischen Gewalt gab jeder fünfte
Mann an, dass seine Partnerin eifersüchtig ist und den Kontakt zu anderen
Menschen unterbindet. Jeder sechste Mann berichtete darüber, dass die Partnerin alle Aktivitäten ohne die Partnerin genauestens kontrolliere.[18]

Polizei-Statistiken zur häuslichen Gewalt
Zur häuslichen Gewalt gibt es für Deutschland keine Gesamtzahlen, jedoch
Angaben einzelner Bundesländer. Im Jahr 2006 gab es im bevölkerungs-
reichsten Bundesland *Nordrhein-Westfalen* 19348 Strafanzeigen wegen häus-
licher Gewalt. Dabei waren die häufigsten Straftatbestände: Körperverletzung
(12309), gefährliche Körperverletzung (3431) und Bedrohung (2795). Es wurden 8383 Wohnungsverweisungen und Rückkehrverbote ausgesprochen.[19]
In *Berlin* wurden 2006 in der Polizeilichen Kriminalstatistik 12522 Fälle häusli-
cher Gewalt registriert. Am häufigsten waren auch hier Rohheitsdelikte: vor-
sätzliche leichte Körperverletzung (5907 Fälle), gefährliche und schwere Körperverletzung (1316) und Bedrohungen (1465). Von den Tatverdächtigen waren
78,4% männlich. 34,5% der Tatverdächtigen hatten eine nichtdeutsche Staats-
angehörigkeit. Das Durchschnittsalter war 35,9 Jahre bei den männlichen und
36,3 Jahre bei den weiblichen Tatverdächtigen. Unter den Opfern waren 73,8%
Frauen mit einem Durchschnittsalter von 33,7 Jahren. Es wurden 1369 Wegwei-
sungen, 564 Betretungsverbote und 310 Kontaktverbote ausgesprochen.[20]

Frauenhäuser
Jährlich flüchten in Deutschland ca. 45000 Frauen in Frauenhäuser oder
Zufluchtswohnungen.[21]

Die folgende Paargeschichte *Arnold und Nancy* ist unsere erste Illustration dessen, was Mobbing in der Partnerschaft sein kann:

Arnold und Nancy –
Das »Bermuda-Dreieck«

Viele Ehen brauchen die Untreue, damit sie Bestand haben. Alexander Comfort

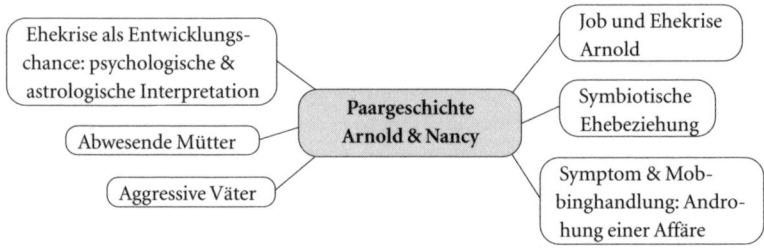

Beziehungsverlauf

Arnold kommt wegen Überlastung in seinem Job und einer akuten Ehekrise zur Beratung. Die Ehekrise ergab sich aufgrund der Ankündigung von Nancy, dass sie einen alten Freund übers Wochenende in London besuchen wolle.

Arnold und Nancy sind seit fünf Jahren verheiratet, er in vierter, sie in zweiter Ehe. Er ist zwölf Jahre älter als sie. Sie ist gebürtige Engländerin, bis zu ihrem 18. Lebensjahr lebte sie in London. Beide sind Akademiker, er ist in leitender Position tätig. Sie haben ein gemeinsames Kind. Zu den drei Kindern aus seinen früheren Ehen hat Arnold guten Kontakt.

Biographische & psychologische Hintergründe

Beide haben das gleiche Thema: aggressive, autoritäre, cholerische und gefühlskalte Väter und anklammernde, bedürftige Mütter.

Nancy musste sich in der Kindheit um die depressive Mutter kümmern und diese vor dem aggressiven Vater beschützen. Arnold fühlte sich stets auf der Flucht vor dem aggressiven Vater, die Mutter war nicht da.

Ihr gemeinsames Thema wiederholen beide in ihrer Partnerschaft, mit jeweils verteilten Rollen. Arnold übernimmt die Bemutterung seiner Frau.

Ihre Beziehung ist symbiotisch. Dies zeigt sich im anklammernden und kontrollierenden Verhalten beider Partner, das gelegentlich in Form von wechselseitigen Kontrollanrufen über Handy eskaliert. Keiner kann etwa ohne den anderen am Wochenende etwas für sich allein oder mit Freunden unternehmen. Die auslösende Situation für die Ehekrise ist der Tod von Nancys Vater. Ihre Herkunftsfamilie zieht sie an ihren Heimatort London zurück mit dem Wunsch, ihren alten Schulfreund wiederzusehen.

In der Partnerschaft herrschen orale Tendenzen vor: den anderen verschlingen, »zum Fressen« gern haben – in der Psychologie Personensucht genannt. Gleichermaßen ausgeprägt sind anale Aspekte in der Partnerschaft: kontrollieren, bemächtigen, besitzen wollen, beherrschen. Diese eher kindlichen Verhaltensweisen entsprechen den ersten Lebensjahren. Ein reifes, erwachsenes, symbiosefreies und kontrollfreies Miteinander ist noch nicht möglich. Auch der Bereich der Sexualität erfordert in seiner erwachsenen, reifen Form zwei getrennte und im psychologischen Sinne autonome Wesen.

Das Krisen-Symptom vieler Ehen und Liebesbeziehungen ist häufig eine Außenbeziehung, eine Affäre bzw. die Androhung einer solchen. Dies hat die Funktion, auf einen Missstand in der Beziehung aufmerksam zu machen und eine Entwicklung aus der Stagnation heraus in Gang zu setzen. Nancys Ankündigung einer Affäre mit dem Schulfreund in London hat die unbewusste Funktion, aus der Symbiose auszubrechen.

Beide Partner wiederholen in ihrer Ehe prägende Erfahrungen aus ihrer Kindheit. Dass Nancy in ihre Heimatstadt London zurück will, deutet darauf hin, dass das aktuelle Ehegeschehen auf geheimnisvolle Weise etwas mit der Kindheit und mit dem Tod ihres Vaters zu tun hat.

Der Weg aus alten Mustern bedeutet die Befreiung aus der Herkunftsfamilie. In der Ehe oder Partnerschaft werden häufig ungelöste problematische Themen der Kindheit unbewusst wiederholt. Bei ihrem Befreiungsversuch aus der Symbiose-Ehe mit Arnold tappt Nancy jedoch in eine andere Falle aus der Vergangenheit. Der Schulfreund hat nämlich wie der Vater eine aggressive Persönlichkeitsstruktur.

Mobbinghandlungen

Nach dem Motto, »wir sind ehrlich zueinander«, offenbart Nancy ihre Wünsche nach Sex mit einem anderen Mann, weil bei ihr und Arnold nichts mehr laufe.

Dieses »ehrliche« Eingeständnis erlebt Arnold als Feindseligkeit und massive Kränkung seiner Männlichkeit. Er ist in seiner nun vierten Ehe das erste Mal sexuell treu, und seine Ehefrau offenbart ihm nun, dass sie fremdgehen wolle. Zugleich fordert sie von ihm, abzuwarten und auf keinen Fall mit einer anderen Frau ins Bett zu gehen.

Astrologische Interpretation

Im Horoskop von Arnold wird deutlich, dass er keinen engen emotionalen Kontakt zu seinem Vater hatte. Dies erschwerte ihm den Aufbau einer positiven männlichen Identität. Seine Mutter erscheint im Horoskop als eine durch zahlreiche emotionale Krisen geprägte Frau, die nicht in der Lage war, ihrem Sohn die notwendige Liebe und Zuwendung in der Kindheit zu geben. In seinem Bild von ihr – und vermutlich hat die Mutter sich auch ähnlich verhalten – dominieren unberechenbare und manipulative, kontrollierende Züge. Diese Eigenschaften findet Arnold in der Beziehung zu Nancy wieder.

Insoweit ist dieser Fall ein gutes Beispiel dafür, dass die Partnerwahl unbewusst nach dem Bild beider Eltern erfolgt. Der Mann wiederholt mit seiner Ehe hauptsächlich die Erfahrungen mit seiner Mutter. Seine Partnerin hat ebenfalls depressive Züge, ähnlich wie seine Mutter. Zum Thema Liebe zeigt sein Horoskop das starke Bedürfnis nach Freiheit, was er in den früheren Ehen in Form von Untreue auch auslebte. In der aktuellen Krise mit seiner Frau lebt sie diesen Untreuepart sozusagen stellvertretend für ihn aus.

Nancy hat jedoch den gleichen »Untreueaspekt« in ihrem Horoskop. Wenn beide das zu Beginn ihrer Ehe gewusst hätten, wären sie jetzt nicht so überrascht. Ein zentraler Punkt in Nancys Horoskop ist ein sehr niedriges Selbstwertgefühl mit der Neigung zu Depressionen und der großen Schwierigkeit, Freude im Leben zu empfinden. Die Mutter wurde als abwesend erlebt.

Beide gehen mit einem Defizit an mütterlicher Zuwendung ins Leben. Beide haben dementsprechend ständig Hunger nach mütterlicher Versorgung. Arnold hat in der Beziehungsdynamik die aktive Mutterrolle übernommen. Aber er ist auch ein bedürftiges Kind und will unbewusst von Nancy bemuttert werden.

Die Analyse der Zeitqualität zum Beginn der Ehekrise zeigt für Arnold eine Phase von Unruhe und Unbeständigkeit in der Beziehung zu Frauen. Bei Nancy zeigen sich starke Wünsche nach einem Ausbrechen aus der bestehenden Konstellation und die Sehnsucht nach sexuellen Abenteuern.

Nancys Traum

Nancy hatte in ihrer Kindheit die Rolle, sich um ihre Mutter zu kümmern, die unter ihrer Ehe mit einem autoritären Ehemann litt. Nancys Kindheit war deshalb im Alter von sechs Jahren zu Ende. In der Psychologie spricht man von Parentifizierung. Sie »beeltert« ihre Mutter und bleibt mit ihren eigenen kindlichen Bedürfnissen auf der Strecke. In ihrer Ehe wechselt sie zwar die Rolle. Sie spielt das bedürftige Kind. Ihr Ehemann wird zum Helfer. Aber dies löst für sie nicht das Problem, wie der folgende Traum zeigt:

Nancy ist im Zug und guckt nach draußen. Plötzlich Szenenwechsel: Sie sticht mit einem Messer auf ihre Mutter ein, die schlafend in ihrem Bett liegt. Nancy sieht das ganze Blut, ihre Mutter ist schwer verletzt. Sie will jedoch zum Volleyball-Training. Weil das Training gleich anfängt, kann sie sich jetzt nicht mehr um die Mutter kümmern. Sie hat ein schlechtes Gewissen und sagt einem Polizisten auf der Straße, er solle sich doch um die Frau kümmern, weil sie sonst verblute. Aber den Polizisten interessiert das nicht. Sie wacht auf.

Interpretation des Traumes

Der Traum zeigt unverstellt die mörderische Wut von Nancy auf ihre Mutter, die mit ihren neurotischen Anforderungen die Kindheit ihrer Tochter vergiftete. Sie bringt ihre Mutter im Traum fast um. Denken und Träumen darf man alles. Es in der Realität auszuführen ist eine andere Sache. Positiv an dieser Traumszene ist, dass sie ihre Wut nicht gegen sich selbst richtet oder gegen Stellvertreter.

Der Traum signalisiert eine Nach-außen-Wendung der Aggression, und somit erspart sie sich, eventuell sogar krank zu werden.

Sie geht ins Volleyball-Training, was sich so deuten lässt: Im Gegensatz zu ihrer Kindheit haben ihre Bedürfnisse heute einen Platz. Sie kümmert sich selbst nach der Attacke weiterhin um ihre Mutter, jedoch nur noch begrenzt. Sie beauftragt nämlich einen Polizisten, Hilfe zu organisieren. Sie delegiert heute die Fürsorge für ihre Mutter an andere Personen.

Der Polizist symbolisiert das Über-Ich von Nancy, das Gewissen, die verinnerlichten Regeln der Gesellschaft und der Familie. Aber der Polizist hat auch keine Lust, aktiv zu werden, und fungiert nicht als strenges, strafendes Über-Ich.

Der Traum soll Nancy wohl sagen, ihre Wut auf ihre Mutter sei zwar berechtigt und es sei okay, dass sie heute ihre eigenen Bedürfnisse bemand kann ihr jedoch aktuell die Bemutterung nachliefern, d gebraucht hätte. Sie kann eventuell durch eine Psychothe- ..., diesen Mangel auszugleichen und sich selbst eine gute Mutter zu sein.

Ausblick & Alternativen

Die Ehekrise ist eine Chance für beide Partner. Durch sie wird Arnold mit seiner kindlichen Angst vor Verlassenheit konfrontiert, die aus seiner Kindheit und der Beziehung zu seiner Mutter resultiert.

Das Gefühl der Bedürftigkeit und Schwäche hatte er bei seiner Ehefrau Nancy »deponiert«, die er von früh bis spät versorgte. Er merkt jetzt in der Krise, dass er nicht nur der Starke und sie nicht nur die Schwache ist. Denn sie annonciert das Fremdgehen.

Beide haben die Aufgabe, ihre Persönlichkeit weiterzuentwickeln, da beide an Depressionen leiden. Es geht um eine psychologische Nachreifung. Das heißt, eine gute Mutter für sich selbst zu werden und nicht nur andere zu bemuttern bzw. Bemutterung zu erwarten.

Im Idealfall führt dies zu einer inneren Autonomie und zu einer Beziehung zum Partner ohne orale, anale und feindselige Tendenzen.

Interessant an der Geschichte von Nancy und Arnold ist, dass der Tod eines Elternteils die Scheidung bzw. Trennung vom Ehepartner oder eine Neuentwicklung der Beziehung in Gang setzen kann. Ein Ehepartner fungiert dann als unbewusster Stellvertreter eines Elternteils.

5

Mobbing und Zerrüttung der Partnerbeziehung

Wie das Beispiel von Arnold und Nancy zeigt, führen meist unbewusste Mechanismen zu Mobbing in der Partnerschaft. Die Folge ist, dass sich beide in der Liebesbeziehung zunehmend unglücklich, ratlos und desorientiert fühlen.

Die Anzeichen für eine zerrüttete Partnerschaft werden oft nicht wahrgenommen. Die folgende Mindmap zeigt die Merkmale im Überblick. Sucht man für die negativen Merkmale die positiven Entsprechungen, zeigen sich spiegelbildlich die Anforderungen an eine harmonische Paarbeziehung.

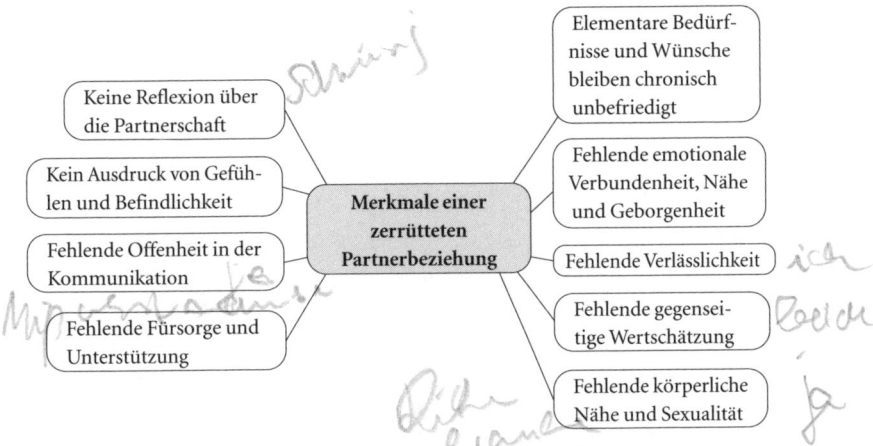

Merkmale einer zerrütteten Partnerbeziehung nach Dietmar Stiemerling[22]

6

Beispiele aus Mythologie und Kunst

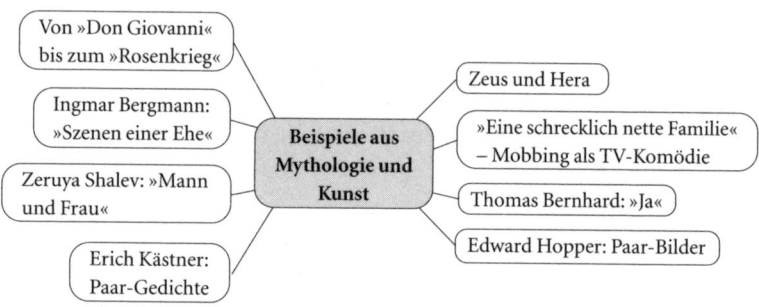

Mobbing in der Partnerschaft ist ein oft behandeltes Thema in der Mythologie und in Werken der Literatur, des Films und der Malerei. Hier einige Beispiele:

Zeus und Hera – Das erste Mobbing-Paar

Das erste überlieferte Beispiel von wechselseitigem Mobbing in der Ehe stammt aus der griechischen Mythologie: Zeus und Hera, das Urbild eines Ehepaares.[23] Der oberste der Götter vermählte sich mit Hera, seiner ältesten Schwester, Göttin der Fruchtbarkeit und zuständig für alle Ehefragen. Zeus war von Anfang an untreu und ging ständig fremd. Mit zahllosen Göttinnen und Nymphen hatte er eine Liebschaft nach der anderen. Zur Täuschung von eifersüchtigen Vätern und Ehemännern nutzte Zeus seine Verwandlungskünste: Bei Leda erschien er als Schwan, bei Europa als Stier, bei Demeter als Hengst und bei Danae in Gestalt eines Goldregens.

Das ständige Fremdgehen machte Hera rasend eifersüchtig, und sie setzte »Himmel und Hölle« in Bewegung, um Zeus nachzuspionieren und sich zu rächen. Ihr ganzer Hass galt auch seinen zahlreichen unehelichen Kindern.

Die Entfremdung zwischen Zeus und Hera weitete sich auf ihre sexuelle Beziehung aus: »*Denn schon lange Zeit vermeiden sie einer des anderen Hochzeitsbett und Umarmung, getrennt durch bittere Feindschaft.*« (Homer, Ilias[24])

In ihrer Mobbing-Ehe griffen beide zu drastischen Mitteln: Er drohte ihr Schläge an oder schlug sie. Hera wehrte sich und zankte sich ständig vor den Göttern mit ihm. In einer Intrige wollte sie die anderen Götter gegen ihn aufbringen und verbündete sich mit Athene und Poseidon. Sie fesselte Zeus, während er schlief. Doch Thetis befreite ihn. Sie holte einen hundertarmigen Riesen zu Hilfe, der die vielen Knoten schnell löste und die Verschwörer abschreckte.

Zur Strafe hängte Zeus Hera an ihren Handgelenken an den Wolken auf und beschwerte ihre Füße mit Ambossen. Er ließ sie erst wieder frei, als seine Götter-Kollegen schworen, nie wieder einen Versuch zu starten, ihn zu stürzen. Seitdem hatte Hera Angst vor Zeus und flüchtete sich oft in Schweigen. Und er klagte sie in bitteren Worten an: »*Ganz verhasst mir bist du vor allen olympischen Göttern. Stets doch hast du den Zank nur geliebt und die Kämpf' und die gleich der Mutter an Trotz und unerträglichem Starrsinn.*« (Homer, Ilias[25])

Als Hera wieder einmal wegen seiner Untreue von ihrem Gatten absolut genug hatte, verließ sie ihn und versteckte sich. Zeus vermisste sie sehr und suchte sie überall. Er ließ eine hölzerne Frauenstatue anfertigen, die er mit einem vornehmen Gewand und mit einem Schleier versah und auf einem Karren herumfuhr. Er verbreitete die Kunde, sie sei seine neue Braut. Als Hera das hörte, eilte sie voller Wut zu Zeus und stieß die Statue um. So bemerkte sie seine List und versöhnte sich unter heftigem Gelächter mit Zeus – wenigstens für eine gewisse Zeit. Auf diese Weise hatte die Beziehung bei allem Hin und Her Bestand. In dem Wechselbad aus Fremdgehen, Rache, Versöhnung und Liebe waren Zeus und Hera ein unzertrennliches Paar.

Interessanterweise gibt es in der Mythologie keine Darstellung einer »glücklichen Ehe«, wie wir sie uns wünschen. Alle Darstellungen der Ehe in den Mythen schildern schwankende Gefühle, Konflikte und Prüfungen. Die glückliche Ehe scheint kein in der menschlichen Seele verankertes archetypisches Prinzip.[26]

Hinter der Kampfehe und dem Mobbing von Zeus und Hera steht der Konflikt zwischen Freiheit (Zeus) und Bindung (Hera). An diesem grundlegenden Widerspruch in der menschlichen Seele und in Beziehungen hat sich bis heute nichts geändert. Der Mythos von Zeus und

Hera lehrt auch, dass dauerhafte Liebe die Erkenntnis einschließen sollte, dass es unmöglich ist, den anderen zu besitzen. Und wie wichtig es ist, miteinander lachen zu können.[27]

»Eine schrecklich nette Familie« – Mobbing als TV-Komödie

Die US-amerikanische Sitcom[28] »*Married . . . with Children*«, in der deutschen Fassung unter dem Titel »*Eine schrecklich nette Familie*«, ist zusammen mit den *Simpsons* die erfolgreichste Unterhaltungsserie des amerikanischen Fernsehens. Sie wurde von 1987 bis 1997 in elf Staffeln mit 262 Episoden live und vor Publikum vom Fernsehsender FOX produziert. Frank Sinatra sang den Titelsong »*Love and Marriage*«. Die Serie hat inzwischen Kultstatus und wurde in 36 Ländern in 21 verschiedenen Sprachen ausgestrahlt, in Deutschland erstmalig 1992. Auf deutschen Fernsehsendern laufen weiterhin täglich Wiederholungen. Die Serie liegt auf DVD vor.

»*Married . . . with children*« war ursprünglich als Gegenpol zu den amerikanischen Heile-Welt-Familienserien gedacht und schildert das alltägliche Chaos im Leben einer amerikanischen Familie der oberen Unterschicht in Chicago. Im Mittelpunkt stehen das Ehepaar Al und Peggy Bundy (gespielt von Ed O'Neill und Katey Segal) und ihre beiden Kinder Kelly und Bud (David Faustino und Christina Applegate).

Al Bundy arbeitet als Schuhverkäufer, seine Frau Peggy ist Hausfrau. Die beiden sind seit 15 Jahren verheiratet. Zwischen ihnen herrscht Mobbing in Reinkultur, wie die Pilotsendung zur Serie gleich zu Beginn drastisch deutlich macht:[29]

Ein schrecklich nettes Paar

Früh am Morgen in der Wohnküche der Bundys. Peggy sitzt im Morgenmantel am Küchentisch. Al Bundy kommt vom Schlafzimmer die Treppe herunter, seine rechte Hand ist verbunden, in der linken Hand hält er einen kleinen Kaktus.

Al fragt Peggy, ob das ihr Kaktus sei. Ja. Und ob es einen bestimmten Grund habe, dass sie ihn da hingestellt hat, wo sonst immer der Wecker steht? *(Schallendes Gelächter des Publikums).* Sie dachte, das Zimmer sieht dadurch freundlicher aus. Scheinheilig fügt sie hinzu, dass sie leider vergessen habe, ihm zu sagen, dass er heute Morgen vorsichtig sein solle, wenn er mit der Hand auf den Wecker schlägt. *(Gelächter)* Al: »Schon gut. Ich habe das Blut mit deinem Slip weggewischt.« *(Schallendes Gelächter)*[30]

Peggy setzt die Attacken auf ihren Mann verbal fort. Ihr Sohn Bud habe heute Anschauungsunterricht in der Schule. Und zwar zum Thema: *Was tut dein Daddy?* Al solle sich also nicht wundern, wenn er heute Abend von der Arbeit nach Hause kommt, die Fernbedienung für den Fernseher nicht findet und bemerkt, dass eine Dose Bier fehlt *(Gelächter)*.[31]

Al antwortet, dass er die Fernbedienung aber heute Abend unbedingt braucht, weil er sich ein Footballspiel anschauen will: »Diese Sportsendung ist zwar nicht so aufregend wie deine ›*Kochrezepte und Tante-Frieda-Show*‹, aber es ist ein Grund nach Hause zu kommen« *(Gelächter)*.[32]

Al beklagt, dass seine Frau wieder mal nicht einkaufen gegangen ist, obwohl sie dazu Zeit gehabt hätte. Es sei nichts zu Essen da und kein Saft mehr im Kühlschrank. Peggy: Er solle doch auf dem Rückweg von seiner Arbeit selbst einkaufen gehen. Al ironisch: Daran habe er noch gar nicht gedacht. Ob er denn sonst noch etwas tun könne, um Peggy das Leben zu erleichtern? Peggy: »Die Haare auf deinem Rücken rasieren!« *(Schallendes Gelächter, Beifall)*. Al: »Die Haare sind nicht grundlos dort. Die halten mir dich nachts vom Leib« *(Gelächter)*.[33]

Eine andere Szene: Peggy bei ihren Lieblingsbeschäftigungen. Sie liegt stark geschminkt auf der Couch, guckt Fernsehen, raucht und isst Pralinen. In der Fernsehsendung wird gerade darüber berichtet, dass ein Anthropologe einen Frauenstamm am Amazonas entdeckt hat, der die Männer schon seit Urzeiten nach der Begattungsphase verstößt. Peggy: »Mann, wie blöd!«[34] Da hört sie, dass ihr Mann nach Hause kommt. Hektisch greift sie zu dem direkt neben der Couch deponierten Staubsauger, saugt die Zigarettenasche und die Pralinenpapiere weg und fängt dann an, den Teppich zu saugen. Al begrüßt sie und fragt sie, ob sie wohl gerade schwer arbeite. Mit einem Griff auf den Fernseher: Der schwitzt ja auch noch …

Er wolle nachher, statt fernzusehen, doch lieber zu einem Basketballspiel gehen. Peggy: Das komme nicht in Frage. Sie habe Nachbarn eingeladen. Al will trotzdem gehen. Erst eine Drohung seiner Frau hält ihn davon ab: Die Kreditkarte laute auch auf ihren Namen und die Geschäfte seien schließlich noch geöffnet …

»Es weht eine kalte Luft in diesem Haus, Peg« (Al Bundy)[35]
Die Szenenbeispiele ließen sich endlos fortsetzen – auch aus den weiteren 216 Folgen ... Peggy beginnt das Mobbing mit einem »Streich«, der sogar mit physischer Gewalt, mit Körperverletzung verbunden ist – in der Methodik durchaus vergleichbar zum Mobbing am Arbeitsplatz, bei dem auch so genannte Streiche mit durchaus unangenehmen Folgen sehr beliebt sind (so fand beispielsweise ein von seinen Kollegen gemobbter Angestellter eines Morgens statt Pfeifentabak Tee in seiner Tabaksdose).

Zwischen Peggy und Al folgen wechselseitige Vorwürfe, Demütigungen und Provokationen in einer sehr rüden und derben Sprache. Hintergrund ist offenbar vor allem das Gefühl der beiden Eheleute, emotional zu kurz zu kommen, weil sich beide in fast süchtiger Form lieber mit Fernsehen beschäftigen als mit dem Partner. Al Bundy, auch sonst mit allen Merkmalen des *»Losers«* ausgestattet, fühlt sich als Geldgeber und Versorger der Familie ausgenutzt. Er beklagt die fehlende Balance zwischen Geben und Nehmen in der Beziehung. Peggy ist arbeitsscheu, sie kauft keine Lebensmittel und Getränke ein und kocht nicht. Sie gönnt ihrem Mann nicht einmal eigene Freizeitaktivitäten. Bereits in der Pilotsendung klingt eine in den weiteren Folgen der Serie noch zugespitzte Problematik an, die einen Auslöser für das Mobbing durch Peggy darstellt: Al Bundy will sexuell kaum noch etwas von seiner Frau wissen.

Humor ist, wenn man trotzdem lacht
Nach einer alten Fabel hat Gott den Menschen den Humor und das Lachen geschenkt, um sie über all das Schwere im Leben hinwegzutrösten. Der bis heute anhaltende unglaubliche Erfolg der Serie »*Eine schrecklich nette Familie*« ist nur damit zu erklären, dass sie den Menschen in der Form der Komödie einen Spiegel vorhält zu all dem, was sich an Enttäuschungen, Feindseligkeit und missglückter zwischenmenschlicher Kommunikation in den eigenen vier Wänden Tag für Tag abspielt.

Aber was sonst eigentlich überhaupt nicht zum Lachen ist, löst hier beim Publikum im Studio und vor dem Fernseher Gelächter aus – vielleicht mit einer heilsamen Wirkung. Tragödie und Komödie sind zwei Seiten einer Medaille. Der lachende Mensch erhebt sich über das Leiden.[36] Was einem selber zustößt oder was man an sich selbst nicht wahrhaben will, löst in der Distanz an anderen betrachtet Lachen aus. Und so entwickelt sich das »Vergnügen an tragischen Gegenständen« (Friedrich Schiller).

Ed O'Neill und Katey Segal, die Darsteller von Al und Peggy Bundy, müssen ab und zu bei den Dreharbeiten selbst lachen über das, was sich da zwischen ihnen abspielt – ein Gleichgewicht des Schreckens und des Lachens.

*Die eine Hälfte der Welt
lacht über die andere,
und Narren sind sie alle.*
Baltasar Gracián y Morales

Thomas Bernhard: »Ja«

In Thomas Bernhards Erzählung »Ja« berichtet der Ich-Erzähler über seine Begegnung mit einem Paar bei einem befreundeten Makler.[37] Er ist Schweizer, um die 70, von Beruf Ingenieur und Kraftwerkbauer, seine Lebensgefährtin Perserin, Ende 50. Der Schweizer, wie er in der Erzählung genannt wird, hat ein Betonhaus entworfen, für das er in der tiefsten österreichischen Provinz ein Grundstück gleich neben einem Friedhof kauft. In der Beziehung des Paares herrscht Kälte. Die Perserin trägt die ganze Zeit über einen Pelzmantel mit einem aufgeschlagenen Kragen, als ob sie sich »*ununterbrochen vor dem Erfrierungstod schützen musste*«.[38]

In Gegenwart des Schweizers, ihrem »*einstigen Liebhaber und jetzigen Lebensgefährten*«[39], schweigt sie. Sie leben wortlos zusammen. Es gibt kein Gespräch. Schon lange hat sie ein oppositionelles Verhältnis zu ihm: Sie »*beobachtete ihn ... aufmerksam mit Langeweile und Hass in den Augen, wie sie ihn, so glaubte ich jedenfalls sicher, schon jahrzehntelang beobachtet hatte*«.[40] Die Beziehung der beiden spiegelt sich im Thema einer naturwissenschaftlichen Arbeit, an der der Erzähler gerade schreibt: *Antikörper*.

Auf langen Spaziergängen erzählt die Perserin dem Erzähler ihre Lebensgeschichte. Sie habe ihre eigenen Wünsche und Interessen in der Partnerschaft von Anfang an zurückgestellt und sich ganz der Unterstützung der Karriere des Schweizers gewidmet. Aber er danke es ihr nicht, behandele sie immer rücksichtslos. Sie fühle sich verloren. Sie glaube, ihr Lebensgefährte räche sich trotz allem jetzt an ihr und baue dieses Haus am Friedhof, um sie loszuwerden. Er wolle sie vernichten. Sie vermute, dass er sich einer Krankenschwester aus Venezuela zugewandt hat.

Ihre Befürchtung wird wahr: Der Schweizer verlässt sie und kehrt nicht mehr zu ihr zurück, kurze Zeit nachdem beide in das halbfertige Haus eingezogen waren. Dort lebt sie dann allein in einem kleinen, dunklen und feuchten Raum unter menschenunwürdigen Bedingungen. Sie isst nichts mehr, trinkt nur noch Tee, will nur noch schlafen. Schließlich begeht sie Selbstmord.

Die Erzählung von Thomas Bernhard ist eine beklemmende Darstellung von Mobbing in der Partnerschaft. Das Vorgehen des Schweizers, seine Partnerin in ein abgelegenes »Betonhaus« abzuschieben, erinnert sehr an Ausgrenzung und Isolierung bei Mobbing in der Arbeitswelt. So berichtete eine Mobbing-Betroffene, dass ihr der Vorgesetzte einen von den anderen Büroräumen und den Kollegen weit abgelegenen Raum im Souterrain zuwies – ohne Telefonanschluss. Er entzog ihr gleichzeitig alle ihre Arbeitsaufgaben.

In dem Prosatext von Thomas Bernhard ist die Lebensaufgabe der Perserin in der Aufopferung für die Karriere ihres Partners zu Ende. Ihr Schweigen dem Partner gegenüber ist nicht nur ihre Mobbing-Methode, es steht symbolisch auch für ihre Sprachlosigkeit bezüglich ihrer eigenen Wünsche und Bedürfnisse.

Sie hat es in ihrem co-abhängigen Verhalten versäumt, eine eigene Identität aufzubauen und zu leben. Als ihr dies in ihrer gefängnisartigen Behausung deutlich wird und er sie trotz ihrer Opfer für ihn verlässt, wendet sie die ganze jahrzehntelange Wut, die sich auf ihren Partner angestaut hat, im Suizid gegen sich selbst. Sie rächt sich so auch an ihm.

Auch in diesem tragischen Ende der Erzählung liegt eine Parallele zum Mobbing in der Arbeitswelt: Nach Schätzungen ist Mobbing durch Vorgesetzte oder Kollegen eine Mitursache für 20% aller Suizide. Ein Psychoanalytiker meinte, dass es nach einem Selbstmord zu empfehlen sei, im Umfeld »nach dem Mörder« zu suchen.

Edward Hopper: Paar-Bilder

Das Bild des amerikanischen Malers Edward Hopper *Hotel by the Railroad*[41] zeigt ein Paar in einem Hotelzimmer. Die Frau sitzt in schlaffer Haltung depressiv auf einem Sessel und liest in einem Buch. Ihre Augen gehen über die obere Buchkante hinweg ins Leere. Der Mann steht halb mit dem Rücken zu ihr am Fenster, raucht eine Zigarette und schaut hinaus. Sein Blick fällt auf zwei parallel laufende Bahngleise – eine Spiegelung der Beziehungslosigkeit des Paares. Die durch das Fenster hereinfallenden Sonnenstrahlen wärmen die beiden nicht. Entfremdung, Spannung und Kälte liegen in der Luft, ganz so, als handele es sich bei diesem Paar-Stillleben um eine Illustration der Stimmung zwischen dem Schweizer und der Perserin in Thomas Bernhards Erzählung »*Ja*« – ein Fall von Schweige-Mobbing.

Ein anderes Paar-Bild: *Excursion into Philosophy*[42]. Hier sitzt ein Mann in mittlerem Alter niedergeschlagen und in wirklich desaströser Verfassung auf dem Rand eines Bettes. Neben ihm ein aufgeschlagenes Buch. Hinter ihm schläft eine vom Po bis zu den Füßen nackte Frau mit dem Kopf zur Wand. Die Rücken der beiden sind einander zugekehrt. Der Mann starrt auf ein Rechteck, das die Sonne durch das Fenster vor ihm auf den Boden wirft.

Hoppers Frau Jo machte in einer Werkdokumentation über Hoppers Bilder den Eintrag, dass es sich bei dem aufgeschlagenen Buch um ein Werk Platons handelt.[43] Vielleicht war es das *Symposion*. Hier berichtet Platon über den Mythos, dass Mann und Frau ursprünglich in einer kugelartigen Gestalt eine Einheit waren.[44] Diese eigenartigen Wesen mit vier Händen und zwei Gesichtern hatten Kraft und Stärke und planten, sich einen Zugang zum Himmel zu verschaffen und die Götter anzugreifen. Deshalb zerschnitt Zeus die Menschen in zwei Hälften, in Mann und Frau. Zum Trost gab er ihnen die Liebe, die Sexualität und die Fähigkeit, Nachkommen zu erschaffen. Platon schreibt:

> »*Als so ihre natürliche Gestalt entzweigeschnitten war, sehnte sich jedes Teil nach seiner anderen Hälfte … So lange schon also ist die Liebe zueinander den Menschen angeboren, um die ursprüngliche Natur wiederherzustellen, und versucht aus zweien eins zu machen und die menschliche Natur zu heilen. Jeder von uns ist also ein Stück von einem Menschen, da wir ja, zerschnitten wie die Schollen, aus einem zwei geworden sind. Also sucht nun immer jedes sein anderes Stück.*«[45]

Aus dieser Perspektive betrachtet, zeigt Hopper in dem Paar im Hotelzimmer und in der Gestalt des niedergeschlagenen Mannes auf dem Bett die Traurigkeit darüber, dass es offenbar nur ganz selten gelingt, die verlorene Einheit zwischen Mann und Frau wiederherzustellen.

So gesehen stehen Depressionen, Vorwürfe, Anklagen und Mobbing in der Partnerschaft auf einer tieferen Ebene in Verbindung mit der Enttäuschungs-Wut über die grundsätzliche, nie ganz aufzuhebende Distanz zwischen den Geschlechtern. Mann und Frau »fahren« eben als getrennte Wesenheiten auf zwei parallelen Gleisen, wie auf Hoppers oben beschriebenem Bild *Hotel by the Railroad.* Diese schmerzliche Trennungserfahrung ist psychologisch gesehen mit dem Wiederaufleben der Ur-Trennung verbunden, die jeder Mensch bei seiner Geburt erlebt hat – symbolisch vollzogen in der Durchtrennung der Nabelschnur, dem Ende der symbiotischen Phase im Mutterleib und dem Beginn einer eigenen, abgetrennten Existenz. Auch in Platons Mythos vom getrennten Kugelmenschen klingt diese Ur-Trennung an.

Die verlorene Einheit von Mann und Frau kann offenbar nur für eine gewisse Zeit wiederhergestellt werden: in der Verliebtheit, wenn man *ein Herz und eine Seele* ist und der Partner im Nachklang von Platons Mythos noch als *die bessere Hälfte* geschätzt wird – *du hast alles, was mir fehlt.*

Auch in der sexuellen Vereinigung ist die Sehnsucht nach der verlorenen Verbundenheit für kurze Zeit zu stillen. Aber auch hier folgt oft die Depression, wenn der symbiotische Moment vorüber ist: »*Nach dem Koitus ist jedes Lebewesen traurig – mit Ausnahme des Hahns und der Frau*« – bemerkte der römische Arzt Galen.[46] Die Szene auf Hoppers Bild mit der schlafenden halbnackten Frau deutet darauf hin, dass die Traurigkeit des Mannes möglicherweise auch durch das Gefühl der Einsamkeit nach dem Sexualverkehr ausgelöst wurde. Und dann schlief die Frau ja auch noch ein ... Die Erkenntnisse aus seiner anschließenden Platon-Lektüre verstimmten den Mann dann noch mehr.

Der amerikanische Schriftsteller John Updike sieht in Edward Hoppers Gemälden die Abbildung unserer »*elementaren, meist unerfüllten Bedürfnisse*«.[47] Marcus Woeller hat darauf aufmerksam gemacht, dass Hopper in vielen Bildern eine Empfehlung bereithält, wie der Mensch mit der Enttäuschung über seine unerfüllten Bedürfnisse und andere Widrigkeiten des Lebens umgehen sollte: *Cool.*[48]

Cool ist der zeitgemäße Begriff für eine Grundhaltung dem Leben gegenüber, die die Philosophen der Antike »*Ataraxia*« nannten: die Seelenruhe und Unerschütterlichkeit, die Fähigkeit, möglichst in allen Situationen *gelassen* zu bleiben und einen »kühlen Kopf« zu bewahren.

In dem Gemälde *New York Movie*[49] zeigt Hopper eine Frau, die diese Eigenschaften verkörpert. Sie hat sich während eines Kinofilms in den Gang an der Seite gestellt, direkt unter kleine Lampen, die den Gang beleuchten. Das Licht der Gangbeleuchtung fällt auf sie. Sie lehnt sich an die Wand an und stützt ihr Kinn nachdenklich auf ihre Hand. Offenbar hat sie es neben ihrem Partner nicht mehr ausgehalten, der – als einzige weitere Person im Kino durch einen Lichtschein hervorgehoben – weiter auf seinem Platz sitzt. Die Frau strahlt Kraft, Ruhe und Gelassenheit aus – und die Freiheit, Distanz einzulegen, wann immer es notwendig ist, um sich auf sich selbst zu besinnen und über die Situation zu reflektieren.

Erich Kästner: Paar-Gedichte

Kaum jemand hat im Bereich der Lyrik die Schattenseiten der Liebe so realistisch beschrieben wie Erich Kästner. In seinem Gedicht *Familiäre Stanzen* geht es um ein Paar, das sich auf *kluge und leise* Weise verletzt. Der Ton und die Sprache ist *messerscharf geschliffen.* Der Schmerz tritt schon ein, ehe die Worte recht begriffen sind. Wenn Blicke töten könnten: ... *sie mustern sich wie bei Duellen ... . Alles, was sie voneinander wissen, / wird wie Handgranaten hingeschmissen.* Eine geheimnisvolle Macht hat sie zusammengeführt und hält sie zusammen: *Beide sind beim gleichen Schicksal Kunden.* Plötzlich ist die Energie des Hasses aufgebraucht, und die beiden *spielen wieder Frau und Mann. / Denn die Liebe wird nach solchen Stunden / endlich wieder angenehm empfunden.*[50]

In dem Gedicht *Gewisse Ehepaare* geht es wie bei Edward Hopper und Thomas Bernhard um das Schweigen. *Man spricht durch Schweigen. Und man schweigt mit Worten.* Die Melodien der Beziehung sind begrenzt. *Sie sind wie Grammophone mit drei Platten.* Gewisse Ehepaare leben, ohne jemals zu fliehen, wie Tiere hinter Gittern. Die Gefangenschaft setzt sich nachts fort, wenn sie in ihren Betten liegen, *während ihr Traum aus Bett und Kissen Ketten und Särge macht.*[51]

Dem Paar in *Sachliche Romanze* kommt nach acht Jahren plötzlich die Liebe abhanden. *Wie anderen Leuten ein Stock oder Hut.* Die beiden versuchen, so zu tun, als sei es nicht so. Aber es klappt nicht. Die Frau weint. Sie gehen Kaffee trinken. Am Abend sitzen sie immer noch im Café. *Sie saßen allein, und sie sprachen kein Wort / und sie konnten es einfach nicht fassen.*[52]

Zeruya Shalev: »Mann und Frau«

Krisen können sehr aufschlussreich sein,
weil sie einen zwingen, sich den eigenen Problemen
zu stellen und bewusster zu leben.

Zeruya Shalev[53]

Na'ama, von Beruf Erzieherin, ihr Ehemann Udi, von Beruf Fremdenführer, und die 10-jährige Tochter Noga sind die Hauptdarsteller in dem Roman *Mann und Frau* der israelischen Bestsellerautorin Zeruya Shalev.[54]
Zwischen Na'ama und Udi schwelt seit längerer Zeit eine Ehekrise. Nichts als Streit, Vorwürfe und Kränkungen. »*Er hat das Bedürfnis, Schuld zuzuweisen*«, und sie habe das Bedürfnis, sich schuldig zu fühlen.[55]

Bereits nach den ersten acht Zeilen des Romans kommt Udis erste Mobbing-Attacke: Er war spät in der Nacht von einer Reise zurückgekehrt und begrüßt Na'ama am Morgen mit den Worten: »*Sogar im Schlafsack in der Arava habe ich besser geschlafen als hier, mit dir.*« Sie hat im Gegenzug das Gefühl, dass »*sein Atem wie ein alter Schuh riecht*«.[56]

Als der Wecker klingelt, nimmt Udi dies zum Anlass, die Tochter in die destruktive Konfliktstimmung mit einzubeziehen. Er faucht seine Frau an, warum der Wecker hier stehe und nicht im Zimmer von Noga. Na'ama tanzen »*Sonnenflecken*« vor den Augen, und sie richtet sich ruckartig auf. »*Wieso denn, Udi, sie ist doch noch ein Kind, wir müssen sie wecken, nicht sie uns.*«[57] Sie würde ja immer alles besser wissen, sagt Udi trotzig und startet die nächste Attacke, jetzt gegen Na'amas Erziehungsstil: »*Eine Zehnjährige, die man verhätschelt wie ein Baby, gut, dass du sie nicht noch wickelst...*«[58]

Das Mobbing geht dann schnell in den Bereich der Psychosomatik über: Wenn die Anspannung zu groß wird, sucht der innere seelische Druck neben den verbalen Attacken nach einem weiteren Ventil, und so schaltet sich über unbewusste Wege der Körper ein. Nur kurze Zeit nach seinen morgendlichen Vorwürfen sagt Udi »*rot vor Anstrengung und Gekränktsein*«[59], dass er nicht aufstehen könne – er spüre seine Beine nicht mehr, könne sie nicht bewegen.

Udi leidet unter einer Lähmung beider Beine, einer Symptomatik, die sich später als eindeutig psychosomatisch herausstellen wird, da die Ärzte im Krankenhaus keine organische Ursache finden können. Der Vorwurf an seine Frau, sie würde die Tochter verhätscheln wie ein Baby, enthält im Rückblick den unbewussten Wunsch, selbst wieder ein Baby zu sein und wie ein solches behandelt zu werden. Der Wunsch wird in der unmittelbar folgenden psychosomatischen Symptombildung Wirklichkeit, in deren Zentrum ja ein Hauptmerkmal von Kleinkindern steht: nicht laufen zu können. Und noch eine weitere Gemeinsamkeit mit Babys gewährleistet die Beinlähmung: die Mittelpunktsrolle, die Udi offenbar vermisst, denn Na'ama glaubt, »*dass seinem Gefühl nach jede Beschäftigung, die nichts mit ihm zu tun hat, Betrug ist*«.[60]

Na'ama spürt den unbewussten aggressiven Affekt, der in und hinter der psychosomatischen Symptombildung liegt, dieser »*Bestie*« im Gewand einer Erkrankung[61]: Sie fühlt sich in ihrer Existenz durch das Leid dieses Morgens »*ausradiert*« und spürt: »*Nur auf mich zielen die Giftpfeile seines Klagens.*«[62] Auch im Krankenhaus *ignoriert* Udi seine Frau, *zischelt feindselig* oder *brüllt sie an.*

Insgesamt hat sie das Gefühl, dass sie in seinem Kranksein »*den Hauch eines heimlich triumphierenden Lächelns sehe*«.[63] Und sie sei natürlich an der Krankheit schuld. »*Du bist es doch, die mich die ganze Zeit bedrückt, deinetwegen bin ich krank.*«[64]

Nachdem Udi wieder gesund ist, trennt er sich von Na'ama, die Tochter bleibt bei ihr. Na'ama beginnt eine Affäre mit einem Architekten. Ähnlich wie in Ingmar Bergmans Film *Szenen einer Ehe* finden Na'ama und Udi später auf eine neue Weise wieder zueinander.

Ingmar Bergman: »Szenen einer Ehe«

> *Ich habe drei Monate gebraucht,*
> *um dieses Buch zu schreiben,*
> *aber es hat mich lange Zeit*
> *meines Lebens gekostet,*
> *es zu erfahren.*
> Ingmar Bergman über »Szenen einer Ehe«[65]

Ingmar Bergmans Film *Szenen einer Ehe* ist ein zeitloses Meisterwerk mit einer magischen Kraft. Bereits nach zehn Minuten geht es um Mobbing in der Partnerschaft.[66] Marianne und Johan haben das befreundete Ehepaar Katarina und Peter zum Abendessen eingeladen. Plötzlich kippt die bis dahin heiter-oberflächliche Stimmung des Films. Dem zunächst harmonisch gezeichneten Bild der Ehe von Johan und Marianne stellt Bergman die »*infernoähnliche Beziehung*«[67] von Peter und Katarina gegenüber. Die beiden präsentieren ihren Ehekrieg vor den beiden Gastgebern ganz ungeniert.

»Der unterste Kreis der Hölle«
Katarina beschimpft Peter als einen *»verdammten Trampel«*.[68] Peter lobt Mariannes Essen und kritisiert Katarinas Kochkünste. Sie zitiert Peter mit seiner Befürchtung, sie würde das Essen vergiften. Nur um sie zu ärgern, habe er sich das Rauchen abgewöhnt. Sie rauche weiter. Szenenwechsel. Katarina erzählt Marianne unter vier Augen, dass sie parallel eine Beziehung zu einem anderen Mann hatte. Der machte aber jetzt mit ihr Schluss. Die Folge sei, dass jetzt zu Hause die Hölle los ist. Katarina: *»Ich kriege einen solchen Hass auf Peter, dass ich ihn zu Tode foltern könnte.«*[69]

Marianne fragt Katarina, ob sie sich denn nicht mal mit Peter ausgesprochen habe. Katarina: Er sagt, sie könne tun und lassen, was sie will. *»Das Einzige, was ihn interessiert, ist, inwieweit wir uns gegenseitig erniedrigen können. Er nennt das unseren Dehumanisierungsprozess.«*[70]

Peter drohte ihr mit Selbstmord. Eines Morgens, als sie aufwachte, war das Bett leer, und Peter war verschwunden. Er stand im achten Stock auf der Dachrinne. Sie bat ihn, wieder herunterzukommen. Sie solle sich nicht beunruhigen. Katarina sagte ihm daraufhin, dass sie wünschte, er würde sich das Leben nehmen. Peter: So billig käme sie nicht davon. Katarina zu Marianne: Eigenartig, mitten in dem ganzen Chaos empfinde sie *»eine hoffnungslose Zärtlichkeit«*[71] für ihn.

Der Abend bei Marianne und Johan eskaliert dann nach mehreren Gläsern Likör: Peter sagt, er wolle die Scheidung einreichen. Katarina: Schade sei nur, dass er das zurücknimmt, wenn er wieder nüchtern ist. Es geht weiter mit einem heftigen Streit der beiden um die Verteilung des Besitzes nach der Scheidung. Als Katarina das Gespräch abbrechen möchte, sagt Peter: Es sei doch für Johan und Marianne gut, mal *»einen Blick in den untersten Kreis der Hölle zu werfen. Ich frage mich, ob es etwas Furchtbareres gibt als einen Mann und eine Frau, die sich hassen.«*[72]

Der Abend endet mit dem Entschluss von Peter und Katarina, sich scheiden zu lassen, und in einer weiteren groben Attacke Katarinas, in der sie sagt, wie sehr sie sich körperlich vor ihrem Mann ekelt. Peter verabschiedet sich mit den Worten von Marianne und Johan, dass sie ihr Theaterstück jetzt zu Hause zu Ende spielen wollen. Das Finale sei für Publikum nicht geeignet.

Synchronizität – was innen in der Seele ist, kommt von außen auf einen zu
Marianne und Johan sind seit zehn Jahren verheiratet und haben zwei
Töchter. Bislang führten sie allem Anschein nach eine Muster-Ehe. Marianne ist 35 Jahre und Rechtsanwältin, Johan ist 42 und von Beruf Natur-
wissenschaftler.

Es ist eine häufige Erfahrung, dass Begegnungen und Erlebnisse, die
von außen scheinbar zufällig auf einen zukommen, etwas mit den gerade
aktuellen, vielleicht noch nicht bewussten Themen im Inneren der Seele
zu tun haben. So begann es nach dem Besuch von Katarina und Peter in
der Ehe von Marianne und Johan heftig zu kriseln. Die Themen Ehekrise
und sogar Trennung wurden zusätzlich akzentuiert durch eine Begegnung von Marianne mit einer Mandantin in ihrer Anwaltskanzlei. Die
Frau hatte sich an Marianne gewandt, um nach 20 Jahren Ehe die Scheidung einzureichen. Es sei von Anfang an eine Ehe ohne Liebe gewesen.
Und jetzt, wo die Kinder aus dem Haus sind, wolle sie endlich die Konsequenzen ziehen.

Die beiden Erlebnisse lösten die Ehekrise von Johan und Marianne
nicht aus, es besteht keine ursächliche Verbindung, aber ein zeitlicher Zusammenhang. Dieses Phänomen, dass zwei Ereignisse zeitlich parallel
auftreten, aber nicht kausal miteinander verbunden sind, bezeichnete
Carl Gustav Jung als *Synchronizität*.[73]

Johan teilt Marianne nach der Rückkehr von einer Dienstreise auf
recht brutale Weise mit, dass er sich vor einem halben Jahr in eine 23-
jährige Studentin namens Paula verliebt hat und Marianne verlassen
will. Er wolle mit Paula am nächsten Tag für mindestens ein halbes Jahr
nach Paris reisen. Bereits seit vier Jahren habe er sich von Marianne
trennen wollen. Durch den rüden Stil, in dem Johan Marianne die
Trennung mitteilt, bekommt die Szene Mobbingcharakter. Ingmar
Bergman: »*Marianne ist wie vom Blitz getroffen. Vollkommen ausgeliefert. Vollkommen unvorbereitet. Innerhalb weniger Minuten verwandelt
sie sich vor unseren Augen in eine blutende und bebende Wunde. Demütigung und Verwirrung.*«[74]

»Ich weiß nicht, wer ich bin«

Nach einem Jahr sehen sich Marianne und Johan wieder. Bei Johan läuft
nicht alles so, wie er es sich vorgestellt hat, er fühlt sich in seiner neuen
Beziehung oft einsam. Marianne geht es besser. Sie denkt viel über sich
und über ihre Beziehung zu Johan nach und führt darüber Tagebuch.
Sie liest ihm aus ihren Aufzeichnungen vor, die mit der Feststellung be-

ginnen: »*Mit Erstaunen muss ich feststellen, dass ich nicht* weiß, *wer ich bin.*«[75]

Sie habe immer getan, was andere Menschen von ihr erwarteten und verlangten, und sei immer angepasst, ja fast unterwürfig gewesen. Wenn sie als Kind Ansätze von Selbstbehauptung zeigte, wurde sie von der Mutter streng bestraft. In der Folge versuchte sie, es allen recht zu machen, auch in ihrer Beziehung zu Männern: »*Ich habe nie gedacht: Was will ich denn eigentlich? Sondern immer: Was will er, was erwartet er von mir, was soll ich wollen?*«

Rückblickend empfindet sie ihre übertriebene Anpassung an andere als eine Zerstörung ihrer eigenen Persönlichkeit. Sie frage sich, ob es ihr gelingt, all die Möglichkeiten zur Freude für sich und andere[76] wieder zu beleben, wenn sie sich über ihre eigenen Wünsche und Bedürfnisse klar wird. Marianne vermutet, dass ihre Ehe mit Johan anders verlaufen wäre, wenn sie schon früher ein Bewusstsein dafür entwickelt hätte, wie wichtig es ist, sich aus alten Kindheitsmustern zu lösen und die eigene Persönlichkeit nicht zu verleugnen.

»*Analphabeten des Gefühls*«

Johan war zwar eingeschlafen, als Marianne ihm diese Passage aus ihrem Tagebuch vorlas, aber er formuliert später etwas ganz Ähnliches. Er sagt zu Marianne:»*Wir sind Analphabeten, wenn es um Gefühle geht.*«[77] Kinder würden viel an Wissen lernen, aber nichts über die Seele:»*Niemand kommt auf die Idee, dass wir zuerst etwas über uns selbst und unsere eigenen Gefühle lernen müssen. Über unsere eigene Furcht und Einsamkeit und unseren Zorn.*«[78]

Als Beweis für diese Sprachlosigkeit kommt es kurze Zeit später zu einer Auseinandersetzung zwischen den beiden, die die obige Mobbing-Szene mit Katarina und Peter an Heftigkeit noch weit übertrifft. Marianne und Johan hatten sich getroffen, um ihre Scheidungspapiere zu unterzeichnen. Ingmar Bergman:»*Plötzlich geht die ganze Ladung hoch. Alle jahrelang unterdrückten Aggressionen, aller Hass, alles Überdrüssigsein des anderen und aller Zorn kommen heraus und machen sich Luft.*«[79] Nach heftigen wechselseitigen verbalen Attacken kommt es unter Alkoholeinfluss zu körperlicher Gewalt. Johan schlägt Marianne, sie schlägt zurück, Johan verprügelt Marianne heftig, tritt sogar auf sie ein.

Von der Unvollkommenheit der Liebe

Zur Schluss-Szene des Films stellt Ingmar Bergman sich vor, »*dass aus all dieser Vernichtung zwei neue Menschen hervorzukriechen beginnen … Sie fangen an, ein neues Wissen um sich selbst zu buchstabieren.*«[80] Sieben Jahre nach der Prügelszene treffen sich Marianne und Johan heimlich zu einem gemeinsamen Wochenende. Sie machen ihren Frieden miteinander und haben eine andere, neue Art von Beziehung. Sie sprechen offener und ehrlicher zueinander.

Der Schluss des Films ist ein Plädoyer für das Akzeptieren und Aushalten der Unvollkommenheit und der Grenzen der menschlichen Gestaltungskraft. In der Liebe, so scheint der Film vermitteln zu wollen, ist es meist nicht so einfach möglich, das Schicksal in die eigenen Hände zu nehmen. Dies kann ein Gefühl der Ohnmacht auslösen, und in der Folge Auflehnung, Kontrollverhalten und Feindseligkeit.

In der Nacht wacht Marianne von einem *Alptraum* auf. Johan nimmt sie in den Arm und versucht sie zu beruhigen. Sie träumte von einem gefährlichen Weg: Sie will, dass Johan und die beiden Töchter ihre Hände halten, aber es geht nicht, weil sie keine Hände mehr hat, nur noch Armstümpfe, die an den Ellenbogen enden. Gleichzeitig rutscht sie auf weichem Sand aus. Sie kann Johan und ihre Töchter nicht erreichen.[81]

Der Traum erinnert an das Grimm'sche Märchen *Das Mädchen ohne Hände*. Das Gespräch von Marianne und Johan, das sich an den Traum anschließt, berührt eine Bedeutung des Traummotivs, keine Hände zu haben: die Unvollkommenheit der Liebe.

Marianne sagt, dass sie traurig darüber sei, dass sie nie einen Menschen geliebt habe und auch selbst nicht geliebt worden sei. Johan antwortet ihr, dass sie wohl zu hohe Ansprüche habe, und spricht das Motiv der Unvollkommenheit an: Er glaube, dass er sie auf seine »*unvollkommene und ziemlich selbstsüchtige Weise*«[82] liebe und dass er sich auch von ihr geliebt fühle. »*Ich glaube ganz einfach, dass wir uns lieben. Auf eine irdische und unvollkommene Weise.*«[83]

Von »Don Giovanni« bis zum »Rosenkrieg«

Die Liste der Kunstwerke, die Mobbing in der Partnerschaft thematisieren, scheint unendlich.

Wolfgang Amadeus Mozart: »Don Giovanni«

In Wolfgang Amadeus Mozarts Oper *Don Giovanni* (1787) maskiert der Held in seinen Verführungskünsten seine hintergründige Feindseligkeit gegenüber Frauen. Sein Motto ist: *Die Einzelne verachtend liebte er die Gattung* (Nikolaus Lenau). Don Giovanni verführt eine Frau nach der anderen und lässt sie dann in seelischem Schmerz zurück: Donna Elvira, Donna Anna, deren Vater er ermordet, und Zerlina, ein junges Bauernmädchen, das eigentlich gerade heiraten will. Don Giovanni fürchtet nichts so sehr wie Bindung, Verantwortung und das Einhalten von Versprechen. In der Paargeschichte von Sandra und Peter (siehe S. 168) begegnet uns ein zeitgenössischer Don Juan.

August Strindberg: »Totentanz«

Edgar und seine Ehefrau Alice leben in August Strindbergs Theaterstück *Totentanz* (1900) seit 25 Jahren in einem Turm auf einer Insel. Die Insel wird von ihren Bewohnern »Vorhölle« genannt. Das Eheleben der beiden ist durch gegenseitige Beleidigungen, Vorwürfe und Sticheleien geprägt.

Edward Albee: »Wer hat Angst vor Virginia Woolf«

In dem Theaterstück des US-amerikanischen Schriftstellers Edward Albee *Wer hat Angst vor Virginia Woolf* (1962) sind George und seine Frau Martha seit 20 Jahren verheiratet. Sie führen unter massivem Alkoholeinfluss einen nächtlichen Ehekrieg vor. Martha zu George: »*Du ... Du kotzt mich an.*« ... »*Mensch, bist du ein Waschlappen!*« ... »*Ehrlich, George, du machst mich krank!*« George versucht, Martha zu erwürgen, diese macht George dann vor den inzwischen eingetroffenen Gästen nach allen Regeln der Kunst lächerlich. Das Ende der Geschichte deutet jedoch darauf hin, dass das Ehe-Mobbing mit einem Verlust bzw. einer Traumatisierung aus der Vergangenheit in Verbindung steht. Erst die Bearbeitung dieser Verlust-Thematik kann eine Veränderung in ihrer Ehekonstellation bewirken.

Wer hat Angst vor Virginia Woolf wurde vor allem auch durch die legendäre Verfilmung mit Elizabeth Taylor und Richard Burton berühmt (1966). Die beiden waren zur Zeit der Dreharbeiten verheiratet, sprachen exzessiv dem Alkohol zu und führten mit großer Medienresonanz ihren eigenen Ehekrieg vor. Sie versuchten, die filmische Realität noch zu übertreffen: »*Richard beschimpfte Liz als ›Fettarsch‹, ›Affentitte‹, ›Affenarsch‹, und sie brüllte ihn an, ›endlich sein beschissenes Maul zu halten‹.*«[84]

Das Stück *Wer hat Angst vor Virginia Woolf* zeigt, wie eng Liebe und Hölle beieinanderliegen und wie schnell Liebe zum Desaster werden kann. Das Mobbing in der Partnerschaft ist eben deshalb oft so heftig, weil die Liebe sehr intensiv war und vielleicht noch ist. Wie dieses Beispiel und die oben genannten zeigen, gibt es aber auch offenbar den Weg zurück vom Desaster zur Liebe. Im wirklichen Leben war es so, dass Elizabeth Taylor und Richard Burton sich nach zehn Jahren Ehe scheiden ließen und dann wieder heirateten, wenn auch nur für kurze Zeit ...

»Ein Herz und eine Seele« – Ekel Alfred

Echtes Mobbing in der Partnerschaft gab es schon 15 Jahre vor der *Schrecklich netten Familie* im deutschen Fernsehen zu sehen. In Wolfgang Menges Serie *Ein Herz und eine Seele* (1973–1976) nörgelt *Ekel Alfred* alias Alfred Tetzlaff (Heinz Schubert) permanent an seiner Frau Dorothea herum (Elisabeth Wiedemann / Helga Feddersen). Er beschimpft sie immer wieder als »*dusselige Kuh*«, wenn sie seinen politischen Tiraden nicht folgen kann oder wenn sie denkt, Alfred meine mit *Hertha* die Nachbarin Hertha Suhrbier und nicht seinen Lieblingsclub.

Loriot: *»Das Frühstücksei«*

Alltags-Mobbing stellt Loriot in seinem wunderbaren Sketch *Das Frühstücksei* vor. Ein Ehepaar streitet sich am Frühstückstisch über ein Ei, das die Frau für ihren Mann gekocht hat. Das Ei ist dem Mann zu hart. Am Ende des unsäglich quälenden Dialogs sagt der Mann vollkommen entnervt und düster vor sich hin: »*Ich bringe sie um ... morgen bringe ich sie um!*« Nachzulesen ist das Gespräch in Loriots Buch mit dem vielsagenden Titel *»Männer und Frauen passen einfach nicht zusammen«*.[85]

Danny DeVito: *»Der Rosenkrieg«*

Danny DeVitos Film *Der Rosenkrieg* (1989) spielte insgesamt 83 Millionen US-Dollar ein und hatte allein in Deutschland vier Millionen Besucher.[86] Der Filmtitel fand als Bezeichnung für eine Scheidung mit heftigen Auseinandersetzungen Eingang in die Umgangssprache. Oliver (Michael Douglas) und Barbara Rose (Kathleen Turner) sind lange Zeit ein Traumpaar. Nach 17 Ehejahren startet Rose einen erfolgreichen Partyservice. Oliver, ein angesehener Jurist, reagiert missgünstig auf Barbaras Erfolge. Sie hat schließlich seine Bevormundungen satt, reicht die Scheidung ein und will die gemeinsame Luxusvilla. Oliver entfacht daraufhin einen vehementen Scheidungskrieg, vor allem um das Haus.

Am Ende des Films liegen beide nach einem Kampf und Sturz vom Kronleuchter tot auf dem Fußboden ihres Hauses. Die zur Versöhnung ausgestreckte Hand ihres Mannes hatte Barbara kurz vor ihrem Tod zurückgewiesen.

»Mr. & Mrs. Smith« und »Trennung mit Hindernissen«

Zu den beiden Filmen »Mr. und Mrs. Smith« mit Angelina Jolie und Brad Pitt sowie »Trennung mit Hindernissen« mit Jennifer Aniston siehe S. 222 und S. 223.

Teil II

Psychosomatische Folgen von Mobbing in der Partnerschaft

1

»A Bad Marriage Can Make You Sick«

Ich glaube, dass Krankheiten Schlüssel sind,
die uns gewisse Tore öffnen können.
Ich glaube, es gibt gewisse Tore,
die einzig die Krankheit öffnen kann.

André Gide

Dass seelischer Stress krank machen kann, ist uraltes Volkswissen:
· Es schlägt einem etwas auf den Magen.
· Es bereitet einem etwas Kopfzerbrechen.
· Es geht einem etwas an die Nieren.
· Man hat ein schweres Kreuz zu tragen (Rückenschmerzen).
· Es geht einem etwas unter die Haut.
· Die Probleme rauben einem den Schlaf.
· Du machst mich krank.
· Man kann die ständigen Angriffe nicht mehr hören (Hörsturz).
· Die Untreue des Partners bricht einem das Herz.

Die Psychosomatik beschreibt das Zusammenwirken von Körper und Seele, genauer, wie unbewältigte seelische Konflikte die Gesundheit beeinträchtigen.

Die folgende Mindmap gibt eine Übersicht über die häufigsten psychosomatischen Erkrankungen:

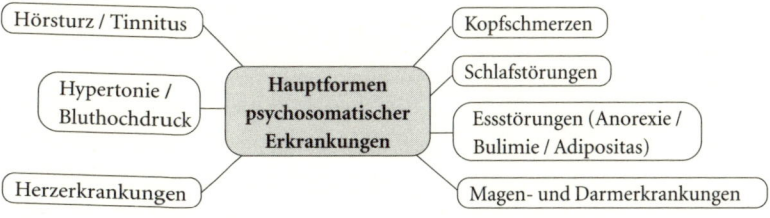

Relativ gut untersucht ist, welche Auswirkungen ein schlechtes Betriebsklima und Mobbing am Arbeitsplatz auf die seelische und körperliche Gesundheit haben. Die psychosomatischen Folgen einer unglücklichen Partnerschaft bzw. Ehe wurden in der psychosomatischen Forschung bisher wenig thematisiert. Dies ändert sich nun allmählich.

2

Zwei Studien zum Thema Partnerschaft und Krankheit / Gesundheit

Unter allen Leidenschaften der Seele
bringt die Traurigkeit am meisten
Schaden für den Leib.

Thomas von Aquin

Von den zahlreichen Studien zum Thema Partnerschaft und Krankheit führen wir hier stellvertretend zwei an:
Unter der Überschrift »*A Bad Marriage Can Make You Sick*« fasste der amerikanische Fernsehsender CBS eine Studie der Ohio State University zusammen.

Diese Studie fand heraus, dass unglückliche Paarbeziehungen krank machen und der Heilungsprozess von Wunden bei Stress in der Partnerschaft deutlich verlängert wurde. Es wurden 42 Paare untersucht, die im Durchschnitt ca. 12 Jahre verheiratet waren.

Es stellte sich heraus, dass es auch einen Zusammenhang zwischen dem Erfolg einer Operation und der psychischen Befindlichkeit der Patienten vor der Operation gibt. Das bedeutet, dass Krankenhäuser nicht nur auf korrekte Blutwerte, Hygiene und Nüchternheit des Patienten achten sollten, sondern zusätzlich auf seine psychische Befindlichkeit.[87] Der zentrale Aspekt dabei ist die Schwächung des Immunsystems durch dauerhaften Stress, was zu Erkrankungen generell erheblich beitragen kann.

Die zweite Studie stammt von der Brandeis Universität in Waltham, Massachusetts, USA, und kommt zu dem Ergebnis, dass entgegen landläufiger Meinung Männer genauso unter Beziehungsproblemen leiden und mit psychosomatischen Symptomen reagieren wie Frauen. Sowohl Männer als auch Frauen sind gleichermaßen gesundheitlich gefährdet, wenn die Beziehung zum Problem geworden ist.

Für die Studie befragten Wissenschaftler 105 Angestellte im Öffentlichen Dienst. Bei den Probanden wurde die Ausschüttung von Cortisol (einem Stresshormon) und der Blutdruck gemessen. Menschen mit Partnerschaftsproblemen berichteten von erhöhtem Stress. Sie zeigten einen höheren Blutdruck als Paare ohne Beziehungsstress. Die Folge von Ehestress ist laut dieser Studie somit ein erhöhtes Risiko für Herzerkrankungen, Schlaganfall, Krebs und gesundheitlicher Probleme aller Arten.

Aus der Studie war zu ersehen, dass Menschen mit dauerhaftem Stress in ihrer Ehe oder Partnerschaft körperliche und seelische Beeinträchtigungen erleiden, was auch Folgen für das Berufsleben hat. Ihre Leistungsfähigkeit ist massiv eingeschränkt. Früher dachte man, Arbeitsplatzprobleme werden mit nach Hause geschleppt und belasten das Privatleben. Das Umgekehrte gilt ebenso.[88]

Die folgende Mindmap fasst die gesundheitlichen Folgen von permanenter feindseliger Kommunikation in der Partnerschaft zusammen:

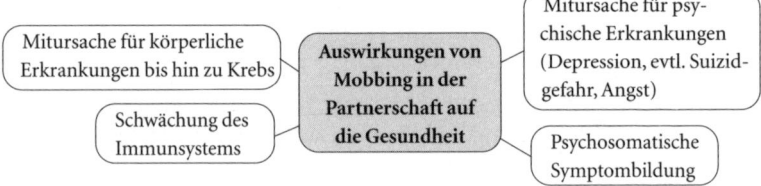

3

Krebserkrankung und Ehe-Problematik: Frau M.

Wenn die Seele schweigt, schreien die Organe.

Carl Gustav Jung

Die Psychoonkologin Margarete Isermann[89] berichtet über eine 48-jährige Patientin. Frau M. ist mit einem Unternehmer verheiratet und hat drei Kinder. Die Tochter ist 14 Jahre, die beiden Söhne sind 21 und 23 Jahre alt. Frau M. wollte eigentlich Ärztin werden. Als sie mit ihrem ersten Sohn schwanger wurde, brach sie ihr Medizinstudium ab. Sie übernahm die Rolle der Hausfrau und Mutter. Sie geriet in eine tiefe Krise, als sie erfuhr, dass ihr Ehemann seit langer Zeit eine Affäre mit seiner Sekretärin hatte. Frau M. wollte sich zunächst trennen, aber aus Rücksicht auf die Tochter und auch aus finanziellen Existenzängsten blieb sie in der Ehe mit ihrem Mann.

Zwei Jahre nachdem die Affäre ihres Ehemannes aufgeflogen war, erkrankte sie an Brustkrebs. Frau M. begann eine Psychotherapie, zu deren Beginn sie die Überzeugung äußerte, dass ihre Krebserkrankung im Zusammenhang stehe mit den Problemen in ihrer Ehe und der Untreue ihres Ehemannes, die sie als Beziehungs- und Lebensbruch erlebt habe. *»Sie habe damals versucht, die Gedanken daran wegzuschieben und ihr Leben normal weiterzuleben, sie habe auch mit niemandem darüber gesprochen. Dies sei wahrscheinlich falsch gewesen, und der Krebs sei jetzt die Folge.«*[90]

Zu dieser Fallgeschichte ist anzumerken, dass Krebs wie jede andere Krankheit multifaktorielle Ursachen hat. Die psychische Verfassung vor oder zur Zeit einer Erkrankung spielt eine große Rolle. In diesem Fall scheint bedeutend zu sein, dass Frau M. ihren Kummer in ihrem Herzen verschlossen hat und kein Ventil, keine Gesprächsmöglichkeit zur Verarbeitung, Bewältigung und Neuorientierung fand.

Die Erkrankung könnte für Frau M. ein Hinweis sein, dass sie eigene Interessen und Bedürfnisse zugunsten einer Anpassungsleistung an die Ehe und Familie zu sehr zurückgestellt hat. Dies deutete sich schon im Verzicht auf das Medizinstudium an.

Der New Yorker Psychoonkologe Lawrence LeShan hat die Beobachtung gemacht, dass den Ausbruch einer Krebserkrankung begünstigt, wenn die Betroffenen ihre *»eigene Lebensmelodie«* noch nicht gefunden haben.[91]

In diesem Sinne hatte – wie alles im Leben – sogar das Fremdgeh-Mobbing im Fall von Frau M. zwei Seiten. Der Ehebruch des Mannes könnte dahingehend verstanden werden, dass er stellvertretend für sie ihre Wünsche nach Freiheit, Autonomie und Abenteuer auslebt. Dieser Zusammenhang ist Frau M. allerdings nicht bewusst.

Die Weisheit der Seele oder des »höheren Selbst« schaltet sozusagen die Krebserkrankung dazu, um Frau M. in eine Entwicklung zu zwingen. Gewissermaßen gilt dann auch hier, dass sie ihrem untreuen Ehemann fast dankbar sein könnte für das, was aus seinem Fremdgehen für sie resultiert. Erst durch die Erkrankung findet sie wieder zu sich selbst zurück. Sie hat sich im Lauf der Ehe sehr weit von sich entfernt durch ihre rein dienende Funktion. Auch hier trifft zu: *»Thank you for being such a pain.«*[92]

Alexander Mitscherlich sprach im Hinblick auf Frauen davon, dass es für sie eine große Aufgabe sei, aus der »dienenden Funktion« herauszukommen. Das scheint bis heute zu gelten. In seinem Aufsatz *»Die Ehe als Krankheitsursache«* beschreibt er, wie Beziehungen zum Glück oder Unglück, zu Gesundheit oder auch Krankheit beitragen.[93]

4

Die Ehe als Krankheits- und Gesundheitsursache

In seinem Aufsatz »*Die Ehe als Krankheitsursache*« bemerkt Alexander Mitscherlich: An der Institution der christlich-bürgerlichen Ehe haftet »*neben dem Glück, das sie vermitteln kann, ein so unermessliches Quantum von Leid, von Missverständnissen und Misslingen, dass es kaum glaubhaft erscheint, sie als eine endgültige soziale Institution aufzufassen*«.[94] Die nicht mehr zu bewältigenden Gefühlsspannungen zwischen den Ehepartnern können so unheilvoll anwachsen, dass Krankheiten die Folge sind.

Viele Ehepaare sind von der positiven Möglichkeit einer Ehe, humane Eigenschaften zu entfalten und eine friedliche Gemeinschaft zu schaffen, leider weit entfernt. Manch einer kann der Ehe-Falle und Ehe-Hölle nur durch eine tödliche Krankheit entkommen.

Gelingt allerdings eine Ehe, trägt sie zur Persönlichkeitsentwicklung, Lebensqualität und, wenn es gut läuft, zur Krankheitsvermeidung bei. Es gibt Statistiken, die besagen, dass Menschen in guter Paarbeziehung eine höhere Lebenserwartung haben als Alleinstehende.

5

Psychosomatik – Die Sprache der Seele

Auslöser für psychosomatische Symptome sind Konfliktsituationen in der Partnerschaft, Familie oder am Arbeitsplatz.

Eine klassische Theorie der Psychosomatik nach Alexander Mitscherlich besagt, dass die Seele zunächst versucht, mit problematischen Situationen ohne den Körper fertig zu werden. Gelingt die Konfliktlösung nicht, kommt es eventuell zu einem psychischen Symptom, z. B. einer Depression.

Ist die Seele weiterhin unter erheblichem Dauerstress, folgt in einer zweiten Phase der »rätselhafte Sprung ins Körperliche« (Sigmund Freud). Hier dient der Körper als Sprachorgan der Seele.

Ein Beispiel: Ein Paarkonflikt führt zu Wut bei einem der Partner. Die Wut findet keinen Ausdruck auf der sprachlichen Ebene oder wird von einem aggressionsgehemmten Menschen nicht einmal empfunden. Es stellt sich eine Niedergeschlagenheit (Depression) ein. Das Wort Depression leitet sich von dem Lateinischen »deprimere« ab und heißt übersetzt »niederdrücken«.

Hält die Konfliktsituation an oder spitzt sie sich zu, während die Wut weiterhin unterdrückt bleibt, schaltet sich ein Alarmsignal ein. Dieses Mal manifestiert es sich auf der Ebene des Körpers. Das kann beispielsweise eine Schmerzsymptomatik sein, für die keine organische Ursache gefunden wird. Bei Frauen stellen sich häufig bei Paarkonflikten Unterleibsschmerzen ein.

Die Aufgabe, die sich bei Krankheitssymptomen stellt, ist es, die Körpersprache in Seelensprache zurückzuübersetzen. Zu fragen: Was will uns das Symptom sagen? Was bedeutet es übersetzt?

Ein anderer wichtiger Aspekt bei der Symptombildung ist nach Sigmund Freud der so genannte sekundäre Krankheitsgewinn. Dieser besagt, dass die Person über die Krankheitssymptome Zuwendung und Aufmerksamkeit erfährt, die sie sonst nicht bekommt.

Wir würden noch einen weiteren Krankheitsgewinn hinzufügen: Das

Symptom fungiert auch als Aggressionsventil, indem man den anderen damit tyrannisiert. Psychosomatische Symptombildung wäre in diesem Sinne eine unbewusst eingesetzte Mobbing-Methode.

Ein Beispiel für psychosomatisches Mobbing wäre folgende Wochen-end- oder Urlaubssituation. Das Paar plant, etwas Schönes zu unternehmen oder ist im Urlaub. Aber daraus wird nichts. Einer der Partner beginnt mit dem »Psychosomatik-Terror«.

Der Vorteil beim Mobbing über ein psychosomatisches Symptom ist die Verdeckung der Täter-Opfer-Thematik. Der Kranke ist zunächst nur Opfer. Bei genauerer Betrachtung ist der Kranke aber auch Täter, indem er seinen Partner mit seinem Kranksein traktiert. Die Täterseite ist durch die Krankheit maskiert.

Manchmal wird das »*Krankheitstheater*« (Thomas Bernhard) auch wechselseitig inszeniert, indem sich beide Partner mit ihren Symptomen »duellieren«. Bekommt ein Partner Kopfschmerzen, antwortet der andere mit Herzbeschwerden.

Im Unterschied zur psychosomatischen Symptombildung beim Mobbing am Arbeitsplatz kann man sich im Privatleben bei belastenden Situationen nicht einfach durch Krankmeldung der Situation entziehen. Das Symptom eröffnet einem am Arbeitsplatz zumindest die Möglichkeit, eine unerträgliche Situation kurzzeitig zu verlassen. Dieser Rettungsweg ist in der Partnerschaft schwieriger. Entweder man schafft es, die Situation zu verändern, sich zu trennen oder man muss in die Klinik.

Ist der Beziehungsstress dermaßen eskaliert, dass eine psychosomatische Erkrankung bei einem der beiden oder bei beiden eingetreten ist, ist ein Dolmetscher in Gestalt eines qualifizierten Beraters notwendig, sei es ambulant oder in einer psychosomatischen Fachklinik. Es ist auch nicht einfach, die psychosomatische Körpersprache in Seelensprache zurückzuübersetzen. Nur Münchhausen war in der Lage, sich am eigenen Schopf aus dem Sumpf zu ziehen.

6

Burnout als Folge von Mobbing in der Partnerschaft

Geliebt wirst du einzig,
wo du schwach dich zeigen darfst,
ohne Stärke zu provozieren.
                    Theodor W. Adorno

Der Begriff Burnout stammt aus der Arbeitswelt und beschreibt den Prozess starker körperlicher und / oder psychischer Erschöpfung. Burnout ist wie ein Kurzschluss und zeigt sich vor allem im Empfinden von Stress wie von Leere und Sinnlosigkeit.

Ähnlich wie Mobbing wurde Burnout bisher hauptsächlich als Thema des Arbeitslebens betrachtet. Nach unseren Beobachtungen zeigt sich das Phänomen Burnout jedoch – wie auch das Mobbing – ebenso im Bereich der Partnerschaft.

Der Freiburger Professor für Psychiatrie und Psychotherapie Joachim Bauer kritisiert, dass das Konzept Burnout in der Medizin noch nicht etabliert ist.

Nach Joachim Bauer gibt es drei zentrale Kennzeichen des Krankheitsbildes:

Burnout am Arbeitsplatz
1. Anhaltende emotionale Erschöpfung
2. Das Gefühl, dass die eigene Arbeit ineffektiv und sinnlos geworden ist
3. Einen inneren Widerwillen gegen die Menschen, die einem am Arbeitsplatz begegnen[95]

Dies gilt ebenso für die Partnerschaft. Auch ungute Paarbeziehungen haben negative gesundheitliche Folgen, seelisch wie körperlich. Analog zu den drei zentralen Kennzeichen des Krankheitsbildes von Burnout in der Arbeitswelt gibt es folgende drei Hauptmerkmale für:

Burnout in der Partnerschaft
1. Anhaltende emotionale Erschöpfung
2. Das Gefühl, dass die Partnerschaft sinnlos geworden ist
3. Einen inneren Widerwillen gegen den Partner

Burnout ist sowohl im Arbeitsleben wie auch bei Paarbeziehungen oft Folge eines länger anhaltenden Mobbing-Prozesses. Im Arbeitsleben wie in Partnerschaften kommt es während eines Burnout-Prozesses häufig zur *inneren Kündigung*. Viele Partner leben nur noch formal als Paar, innerlich aber haben sie sich längst verabschiedet.[96]

Die folgende Mindmap zeigt die unterschiedlichen Phasen von Burnout in der Partnerschaft:

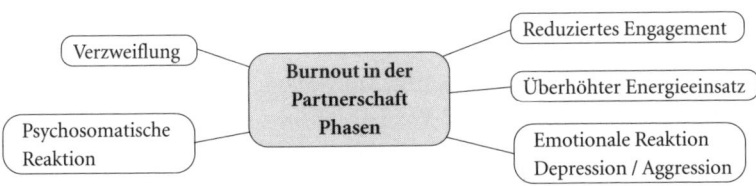

In ähnlichen Phasen wie im Arbeitsleben verläuft der Burnout-Prozess auch in Liebesbeziehungen:[97]

1. Anfangsphase: Überhöhter Energieeinsatz
· Hyperaktivität, großes Engagement für den Partner
· Gefühl der Unentbehrlichkeit
· Gefühl, nie Zeit für sich selbst zu haben
· Verleugnung eigener Bedürfnisse
· Verdrängung von Enttäuschungen
· Beschränkung sozialer Kontakte auf den Partner

2. Phase: Reduziertes Engagement
· Verlust positiver Gefühle gegenüber dem Partner
· Zynismus, Kälte
· Verlust von Empathie
· Fluchtphantasien
· Gefühl mangelnder Anerkennung
· Gefühl, ausgebeutet zu werden

3. Phase: Emotionale Reaktionen

Depression

· Schuldzuweisung, Schuldgefühle
· Selbstmitleid
· Angst und Nervosität
· Abrupte Stimmungsschwankungen
· Bitterkeit
· Erschöpfung, Energiemangel

Aggression

· Schuldzuweisung an den Partner
· Nörgeleien
· Hassgefühle
· Misstrauen
· Häufige Konflikte mit dem Partner

Abbau

· der kognitiven Leistungsfähigkeit, Motivation, Kreativität
· Entdifferenzierung: Schwarz-Weiß-Denken
· Widerstand gegen Veränderungen

4. Phase: Psychosomatische Reaktionen

· Schlafstörungen
· Geschwächtes Immunsystem
· Engegefühle in der Brust
· Kopfschmerzen, Rückenschmerzen
· Magen-Darm-Erkrankungen
· Essstörungen, Suchtsymptomatik
· Herzinfarkt, Hörsturz, Tinnitus
· Krebs
· Erhöhte Unfallgefahr etc.

5. Phase: Verzweiflung

· Negative Einstellung zum Leben
· Hoffnungslosigkeit
· Gefühl der Sinnlosigkeit und Leere
· Selbstmordgedanken
· Hilflosigkeit
· Existentielle Verzweiflung
· Verlust an Selbstwertgefühl

Burnout in der Partnerschaft – was tun?

Erholung ist das Salz der Arbeit.

Plutarch

Ähnlich wie bei psychosomatischen Symptomen ist das Ausbrennen als ernstzunehmendes Alarmsignal zu verstehen. Nach unseren Idealvorstellungen sollte eine Beziehung in der Flirt-Phase bleiben. Der Flirt-Zustand bedeutet das angenehme und positive Gefühl der ersten Begegnung mit dem anderen, die Entdeckung gemeinsamer Interessen, Ziele und Möglichkeiten und das weitere »Beschnuppern« und »Bestäuben« wie beim Schmetterling.

Ist die Flirtzeit jedoch vorbei, sollten erste Anzeichen von Mobbing und Ausbrennen rechtzeitig erkannt und Gegenmaßnahmen ergriffen werden (siehe »Erste-Hilfe-Koffer«, Seite 237).

Das Burnout-Syndrom zeigt in drastischer Weise, dass die Partner in ihrer Beziehungskonstellation ins Ungleichgewicht gekommen sind. Die Balance von Geben und Nehmen stimmt nicht mehr.

Wie bei allen Konfliktfällen ist es ratsam, wieder miteinander ins Gespräch zu kommen. Denn es geht nicht ohne die Arbeit an sich selbst und an der Beziehung. Die Methodik der Gewaltfreien Kommunikation kann sich hier bewähren, um unerfüllte Bedürfnisse, Wünsche und Frust und das Aushandeln neuer Spielregeln zu thematisieren (siehe S. 274).

Der erste Schritt ist, sich wieder vermehrt auf sich selbst zu besinnen, gut für sich selbst zu sorgen und die »leeren Akkus« wieder aufzuladen. Oft schafft man das alleine nicht und braucht professionelle Hilfe.

7

Die Posttraumatische Belastungsstörung

Schweres Mobbing in der Partnerschaft, insbesondere in der Form körperlicher, psychischer oder sexueller Gewalt, kann eine *Posttraumatische Belastungsstörung* zur Folge haben. Darunter werden seelische und körperliche Reaktionen verstanden, die nach einem extrem belastenden Erlebnis (einem Trauma) auftreten. Bei einer Traumatisierung ist der Betroffene überfordert, das Geschehen zu bewältigen. Auch mehrere einzelne psychische Belastungen über einen längeren Zeitraum, wie sie für Mobbing typisch sind, können sich zu einer traumatischen Erfahrung mit den entsprechenden Folgen summieren.

Typische Merkmale einer Posttraumatischen Belastungsstörung:[98]
· das Gefühl von Hilflosigkeit und Ohnmacht
· ein Wiedererleben des Traumas
 – in wiederholt sich aufdrängenden quälenden Erinnerungen
 – in sich wiederholenden und quälenden Träumen
 – in intensiven psychischen Qualen bei Ereignissen, die dem ursprünglichen Trauma ähneln oder dieses symbolisieren (z.B. Jahrestage)
· Übererregungs-Symptome (Schlafstörungen, Schreckhaftigkeit, vermehrte Reizbarkeit, Konzentrationsstörungen)
· emotionale Stumpfheit (innere Teilnahmslosigkeit und allgemeiner Rückzug, Gleichgültigkeit gegenüber anderen Menschen, Verlust der Lebensfreude)
· ständiges Bemühen, Aktivitäten zu vermeiden, die Erinnerungen an das Trauma wachrufen können

Therapie der Posttraumatischen Belastungsstörung
Der erste Schritt ist das Herstellen einer sicheren Umgebung zum Schutz vor weiterer Traumatisierung. Frühzeitig empfiehlt sich die Konsultation eines professionellen Beraters möglichst mit Erfahrung in der Behandlung von Posttraumatischen Belastungsstörungen.

In der psychotherapeutischen Behandlung der Posttraumatischen Belastungsstörung nach Mobbing und Gewalterfahrungen in der Partnerschaft überlagern sich mehrere Prozesse, die in der folgenden Mindmap zusammengefasst sind:[99]

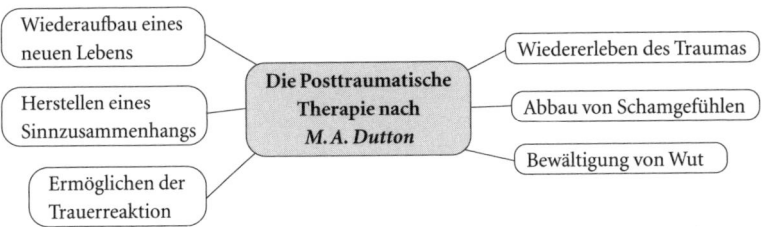

Wiederaufbau eines neuen Lebens

Herstellen eines Sinnzusammenhangs

Ermöglichen der Trauerreaktion

Die Posttraumatische Therapie nach M. A. Dutton

Wiedererleben des Traumas

Abbau von Schamgefühlen

Bewältigung von Wut

Teil III

Mobbing in der Partnerschaft – Ursachen und Hintergründe im Überblick

Gott bringt sie auf die Welt,
der Teufel bringt sie zusammen.
Portugiesisches Sprichwort

Fragt man nach den Gründen für Feindseligkeit in der Partnerschaft, so wird sich in der Mehrzahl der Fälle nicht eine alleinige Ursache ausfindig machen, sondern der Blick fällt auf ein Mosaik von Aspekten, die sich wie Teile eines Puzzles zu einem Ursachengeflecht verdichten. Diese Vernetzung von Ursachen lässt sich gut in Mindmaps darstellen.

Mit Feindseligkeit ist die destruktive und negative Variante der grundlegenden Lebenskraft »Aggression« gemeint. Wie die ursprüngliche Wortbedeutung zeigt (vom Lateinischen *adgredi* = herangehen), ist Aggression zunächst eine positive, vital-urtümliche Kraft, die Voraussetzung für jede Art von Aktivität ist.

Die folgende Mindmap gibt eine Übersicht zu den Ursachen für Feindseligkeit (destruktive Aggression) – nicht nur in Partnerschaften :

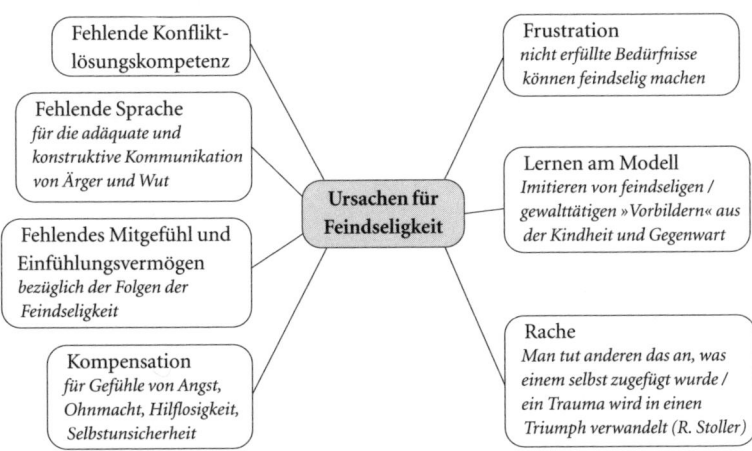

Die Fallgeschichten in diesem Buch zeigen eine Häufung folgender Ursachen für Mobbing in der Partnerschaft:

1

Enttäuschte Erwartungen

Oft richten sich an den Partner Erwartungen, wie sie nur eine Mischung von idealer Elternfigur (Vater und Mutter perfekt in einer Person) und Märchenprinz/-prinzessin erfüllen könnte. Das Gewahrwerden der Nichterfüllbarkeit dieses Ideals löst oft große Enttäuschung und Verbitterung aus, bis hin zur Feindseligkeit.

Die Sehnsucht des Menschen nach idealen Zuständen beschreibt am besten das Gedicht »Das Ideal« von Kurt Tucholsky:[100] Der Mensch würde am liebsten ganz unterschiedliche Dinge gleichzeitig haben wollen, wie zum Beispiel eine Villa im Grünen, aber bitte auch in der Stadt, den Bergen und am Meer. Und dies gilt auch für die Sehnsucht nach dem idealen Partner. Und selbst wenn man ihn hat, wird es problematisch: »*Hast du die Geisha, stört dich der Fächer.*«[101]

2

Infantile, prä-ödipale Beziehungsform

Jede Partnerschaft beinhaltet Momente von potentieller Regression in kindliche Verhaltens- und Erlebnisweisen. Eric Berne spricht von Kind-Ich, Erwachsenen-Ich und Eltern-Ich. In einer positiven Beziehung sind beide Partner vermehrt auf der Erwachsenenebene. Eine erwachsene Form der Beziehung beinhaltet aber auch, dass man bereit ist, hin und wieder den Partner zu »bemuttern« oder zu »bevatern«. Im Idealfall erfolgt dies abwechselnd und je nach Bedarf. Wenn jedoch Kind- und Eltern-Ich bzw.

die orale und anale Erlebnisweise aus der frühen Kindheit vorherrschen, gibt es keine Möglichkeit der Entwicklung einer Partnerschaft hin zu einer erwachsenen Ebene im Sinne des Reifungsmodells von Sigmund Freud.

3

Konkurrenzkampf und Machtstreben

Friedrich Nietzsche sprach von der Macht als dem »Dämon des Menschen«. Wenn einer der Partner oder beide nur Macht im Auge haben oder nur an der Frage interessiert sind, wer »die Hosen anhat«, ist das Unglück in der Beziehung vorprogrammiert. Das Machtstreben scheint umso stärker zu sein, je ohnmächtiger und hilfloser man sich in der Tiefe seiner Seele fühlt. Auch dies kann ein Reflex aus der Kindheit sein, wenn man sich als kleines Kind den Erwachsenen ausgeliefert gefühlt hat, auf die man aus Überlebensgründen angewiesen war.

4

Unbewusste Partnerwahl nach dem Modell der Eltern

Mobbing in einer Partnerschaft entsteht häufig aus Gefühlen von Hass, die eigentlich das Erbe aus der Zeit mit den Eltern sind. Der Partner bekommt oft den Hass ab, der eigentlich den frühen Bezugspersonen gilt. Die Psychoanalyse bezeichnet diesen Vorgang der Neuinszenierung von

Gefühlen aus der Kindheit in der Gegenwart als *Übertragung* (siehe auch S. 241).

Es besteht die Neigung, sich unbewusst analog zum inneren Elternbild einen Partner zu suchen, der fast haargenau der schwierigen Mutter bzw. dem schwierigen Vater aus der Kindheit gleicht. Konrad Lorenz hat in seinen Studien über Graugänse festgestellt, dass kleine, auf Pappfiguren geprägte Entenküken ein Leben lang den Pappfiguren hinterherlaufen.

Übertragen auf den Menschen bedeutet das: Hatte man zum Beispiel in der Kindheit die schwere Hypothek, einen *nervenkranken* Elternteil zu haben, ist man als Erwachsener in der Gefahr, sich mit dem Partner erneut eine *offene Psychiatrie* zu Hause zu erschaffen. Der Partner ist dann eventuell suchtkrank, manisch-depressiv oder eine Borderline-Persönlichkeit. Und man kann mit dem Partner die von Kindheit her vertraute Rolle und das vertraute Elend weiterspielen.

Es ist eine schwere Hypothek für Partnerschaften, wenn man in der Kindheit mit einem körperlich oder psychisch kranken oder einem autoritär-aggressiven, gefühlskalten oder emotional abwesenden Elternteil aufgewachsen ist. Ohne psychologische Bearbeitung und Reflexion gibt es aus diesem Teufelskreis auch fast kein Entrinnen: Man zieht als Erwachsener magisch Partner an, die den Elternfiguren gleichen. Es gilt die vereinfachte Formel: Aus »kranken« und mobbenden Eltern folgt oft die Wahl eines »kranken« und mobbenden Partners.

Gleichzeitig könnte der »Erwählte« einem jedoch die Chance bieten, durch Bewusstwerdung des Beziehungsmusters an den alten Mustern zu arbeiten und neue Verhaltensweisen einzuüben. Erst wenn die Loslösung von den Eltern weitgehend geschafft ist, hat man die Grundlage für die Wahl eines positiveren Partners und für eine mobbingfreie Beziehung.

Viele Männer haben sich nicht ausreichend von ihren Müttern abgelöst. Sie schleppen diese Hypothek in ihren Partnerschaften mit, und wegen des unbewussten Hasses auf die Mutter mobben sie ihre Partnerinnen auf Teufel komm raus.[102] Ein Musterbeispiel für die mangelnde Ablösung von der Mutter zeigt Loriots legendärer Film *Ödipussi*.[103]

Frauen haben es auch schwer. Oft ist der Vater für die Tochter nicht ausreichend positiv präsent. Die Mutter-Tochter-Beziehung ist wie im berühmten Märchen von Aschenputtel oft von Neid, Rivalität und Missgunst geprägt – eine ebenso schwere Hypothek für Partnerschaften. Die Identifizierung mit dem Weiblichen ist oft nicht gut gelungen. Dadurch kommt die Frau in einer Partnerschaft durch ihre eher unbewusste Identifikation mit dem Männlichen in eine Konkurrenzsituation mit ihrem Partner.

5

Unbewusste Neuinszenierung der Mobbing-Ehe der Eltern

Obwohl viele Menschen unsagbar unter der Mobbing-Ehe ihrer Eltern gelitten haben, zeigt die Erfahrung in der Beratung von Paaren, dass sie leider dazu neigen, genau das »gleiche Spiel« in ihrer eigenen Partnerschaft zu wiederholen. Sie haben kein positives Modell für Beziehung und Partnerschaft in ihrer Kindheit erfahren und gelernt.

6

Neid

> *Das Gegenteil von Neid ist Großzügigkeit. Großzügigkeit erlaubt uns nicht, auf irgendjemanden neidisch zu sein. Im Gegenteil, wenn wir in jemandem etwas Wertvolles entdecken, sind wir dankbar dafür und ziehen noch Nutzen daraus.*
>
> Mahatma Gandhi

Neid ist häufig eine unbewusste Quelle für Mobbing in der Partnerschaft. Eigenschaften des Partners, die man anfänglich besonders attraktiv fand, weil sie einem selbst fehlen, stören plötzlich im weiteren Verlauf der Beziehung.

7

Fehlende Balance zwischen Nähe und Distanz

»... Lasst einander Raum in eurem Zusammensein!
Lasst die Winde des Himmels zwischen euch tanzen!
Liebt einander, doch macht die Liebe nicht zur Fessel!
Sie sei vielmehr eine wogende See zwischen den Ufern eurer Seelen.
Füllt einander den Becher, doch trinkt nicht aus dem gleichen Gefäß!
Teilt euer Brot miteinander, doch esst nicht vom selben Laib!
Singt und tanzt zusammen und seid fröhlich, doch wahrt eure Eigenständigkeit!
Seid wie die Saiten einer Laute, die einzeln stehen,
auch wenn die gleiche Musik auf ihnen ertönt.
Verschenkt eure Herzen, doch gebt sie nicht einander in Verwahr,
denn nur die Hand des Lebens kann eure Herzen bewahren.
Steht zusammen, doch nicht zu nahe beieinander, denn auch des Tempels Säulen
stehen einzeln; und weder Eiche noch Zypresse gedeihen im Schatten des anderen.«   Khalil Gibran, Der Prophet[104]

Ein Gleichgewicht von Nähe und Distanz – oft unterschiedlich gewünscht und gewichtet – ist das A und O für das Gelingen einer jeden Partnerschaft. Zu viel Nähe oder zu viel Distanz bzw. zu wenig Nähe und zu wenig Distanz können Mobbing auslösen. Durch Mobbing wird versucht, Distanz herzustellen, wo zu viel Nähe war (oder empfunden wurde) oder Nähe herzustellen, wo zuviel Distanz war.

Mobbing in der Partnerschaft kann aber auch auf einer tieferen Ebene den verdeckten, unbewussten Wunsch signalisieren, mehr Nähe herzustellen. Dies geschieht über den von der Psychoanalyse erforschten Mechanismus der Verkehrung ins Gegenteil und erinnert an Kinder, die durch negativ-aggressives Verhalten im Grunde genommen Zuwendung provozieren wollen.

8

Sexuelle Probleme

Unausgesprochene Konflikte und Beziehungsschwierigkeiten wirken sich häufig auf die Sexualität aus. Oft hat zu viel Nähe in der Beziehung zur Folge, dass man sich auf körperlicher Ebene aus dem Weg geht. Sexualität wird dann weniger gelebt. Man kann sich nur »vereinigen«, wenn man ansonsten auch »getrennt« ist. Symbiotische Beziehungen erschweren langfristig Sexualität. Gibt es Mobbing in der Partnerschaft, sind sexuelle Probleme in der Regel die Folge.

Eine befriedigende Sexualität bedeutet, Sinnlichkeit zu entwickeln. Wie bei einem Geschenk ist die Verpackung auch sehr entscheidend. Sexualität ist in unserer Gesellschaft viel zu sehr mit Leistung und dem reinen Sexualakt nach Art der Pornodarsteller assoziiert. Die Zärtlichkeit bleibt oft auf der Strecke. Die Unterschiede in den sexuellen Erlebnisweisen bei Mann und Frau sind zu berücksichtigen. Ein Gespräch über die jeweiligen Wünsche der beiden Partner (sinnliche Massage, Duftöl, Räucherstäbchen, was einem am meisten gefällt etc.) kommt häufig zu kurz. Vielen Menschen fällt es auch im 21. Jahrhundert immer noch schwer, über eigene sexuelle Wünsche und Phantasien offen mit dem Partner zu sprechen. Auch Sexualität hat viel mit einer Win-Win-Situation zu tun, in der beide zu ihrer Zufriedenheit finden.

9

Unzureichende Gesprächs- und Streitkultur

Ein wichtiger Hintergrund für Mobbing in der Partnerschaft ist eine unzureichende Kommunikation zwischen den Partnern. Es gibt Untersuchungen, dass die durchschnittliche Gesprächszeit pro Tag bei einem Ehepaar bei nur sieben Minuten liegt. Es fehlt nicht nicht nur an Zeit, sondern auch an Wissen, wie Gespräche speziell bei Konflikten geführt werden können.

Wir verweisen hier auf die ausführlichen Ausführungen in den Kapiteln »Das Gespräch mit dem Partner« (siehe Seite 274) und »Konfliktmanagement« (siehe Seite 281).

10

»Schwierige« Charaktere: Die Mobbing-Akteure

Die vier Elemente Feuer, Erde, Luft und Wasser werden mit typischen Charaktereigenschaften verbunden und führen zu folgenden Typisierungen: Man spricht vom »Feuerkopf«, vom »Erdverbundenen«, vom »Luftikus« und von dem, der »dicht am Wasser gebaut« ist.

Die Lehre von den vier Elementen geht auf den griechischen Philosophen Empedokles zurück. Sie bezeichnet nicht nur eine Ordnung der

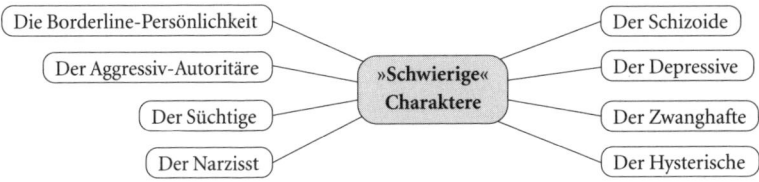

Welt und der Schöpfung. Die vier Elemente oder Urstoffe stehen auch für die vier Temperamente (Grund-Charaktere) des Menschen. Empedokles lehrte, dass die beiden Urkräfte Liebe und Streit »im ewigen Kampf die vielfältigen Mischungen dieser Urstoffe bewirken«.[105] Hippokrates ordnete den Elementen Körperflüssigkeiten und Charaktere zu, Aristoteles die Blutbeschaffenheit:

Feuer: Choleriker, gelbe Galle, warmblütig
Erde: Melancholiker, schwarze Galle, schwerblütig
Luft: Sanguiniker, Blut, leichtblütig
Wasser: Phlegmatiker, Schleim, kaltblütig

Die Astrologie ordnet die 12 Tierkreiszeichen den vier Elementen zu:
Feuer: Widder, Löwe, Schütze
Erde: Stier, Jungfrau, Steinbock
Luft: Zwillinge, Waage, Wassermann
Wasser: Krebs, Skorpion, Fische

Um festzustellen, welche Elemente bei einem Menschen betont und welche weniger ausgeprägt sind oder gar fehlen, betrachtet man in der Astrologie allerdings nicht nur die Stellung der Sonne in einem Tierkreiszeichen (Sonne im Widder, Stier usw.), sondern man untersucht unter anderem die Platzierung der anderen in die Deutung einbezogenen Planeten (Mond, Merkur, Mars usw.) in den Tierkreiszeichen.

Allein durch die Möglichkeit, das eigene Temperament, den »Grund-Charakter«, zu bestimmen, ist das Horoskop ein kostbares Instrument der Selbst- und Fremderkenntnis. Es ermöglicht, nicht nur sich selbst, sondern auch den Partner besser zu verstehen. (Mehr zur Astrologie siehe S. 248)

Auf einen Begriff gebracht sind Menschen mit einer Betonung des Elements:

Feuer: Willens-Menschen
Erde: Wirklichkeits-Menschen
Luft: Verstandes-Menschen
Wasser: Gefühls-Menschen

Der Psychoanalytiker Fritz Riemann hat in seinem wunderbaren Buch »Grundformen der Angst«[106] vier Menschentypen beschrieben, die den vier Elementen der Antike und der Astrologie weitgehend entsprechen.[107]

Fritz Riemann war stark von der Astrologie beeinflusst und hat Horoskope in seine psychotherapeutische Arbeit einbezogen, worüber er in seinem Buch »Astrologie als Lebenshilfe«[108] berichtet.

Seine Charakterlehre ist keine medizinisch-psychologische Klassifikation, auch wenn er Begriffe aus der Neurosenlehre verwendet. Seine Typologie ist eine nicht wertende Beschreibung der vier Temperamente mit jeweils ganz spezifischen grundlegenden Ängsten, wie sie in unterschiedlicher Mischung und Gewichtung in jedem Menschen vorhanden sind. Das Optimum wäre ein Gleichgewicht, eine ausgewogene Balance der vier Temperamente. Bei vielen Menschen überwiegt eine Struktur. Viele sind jedoch auch Misch-Strukturen. Das Zusammenleben mit einem Menschen, der eine extreme Ausprägung eines oder mehrerer der hier dargestellten Elementen- und Charaktermerkmale zeigt, erweist sich oft als schwierig und kann mit Mobbing-Verhaltensweisen einhergehen.

Der Schizoide

Der *schizoide* Mensch entspricht dem Element Luft. Nach einem Bild Riemanns symbolisiert dieser Typ die Drehung der Erde um sich selbst. Er ist eher verstandesorientiert und kühl, sieht sich selbst im Mittelpunkt allen Geschehens und hat *Angst vor Nähe und Selbsthingabe* an einen anderen Menschen, da er Ich- und Autonomie-Verlust und vor allem Abhängigkeit fürchtet.

Der Depressive

Der entgegengesetzte Typus ist der *depressive* Mensch. Er steht in Analogie zum Element Wasser. In der bildhaften Beschreibung Riemanns repräsentiert dieser Typus das Kreisen der Erde um die Sonne. Diese Menschen schweben wie ein Satellit mit einer manchmal überschwemmenden Gefühlsintensität um andere und vergessen in ihrem *starken Be-*

dürfnis nach Nähe ihre eigene Entwicklung und ihre individuellen Wünsche und Bedürfnisse. Sie haben *Angst vor der Selbstwerdung,* die sie unbewusst mit Ungeborgenheit und Isolation verbinden. Sie weisen Züge auf, wie sie auch beim Co-Abhängigen und Süchtigen zu finden sind (siehe S. 99-121).

Nach dem Motto »Gegensätze ziehen sich an« sind Partnerschaften zwischen dem schizoiden, *nähefürchtenden* und dem depressiven, *nähesuchenden* Typus sehr häufig. Man sucht beim anderen, was einem selbst fehlt. Der schizoide Typ hofft insgeheim, beim Depressiven etwas über Hingabe- und Nähefähigkeit zu lernen. Und der Depressive sehnt sich danach, sich vom Schizoiden »eine Scheibe« zur Thematik Selbstwerdung, Distanz und Ich-Zentrierung »abschneiden« zu können.

Während der Depressive seine Aggressionen eher unterdrückt, sind diese beim Schizoiden oft ausgeprägt nach außen gerichtet, was sich in Mobbing in der Partnerschaft zeigen kann. Die mitmenschliche Ungeborgenheit und Bindungslosigkeit sowie das aus ihnen resultierende Misstrauen lassen den schizoiden Menschen die Annäherung eines anderen als Bedrohung erleben, die er zuerst mit Angst, der sofort die Aggression folgt, beantwortet. Dieses Lebensgrundgefühl Schizoider macht manche oft unverständliche Reaktionen verstehbar. Eine archaische, nicht integrierte, abgespaltene Aggression kann bis zur Gewalttätigkeit gehen, die einen anderen wie ein lästiges Insekt beseitigt, wenn man sich bedrängt fühlt.[109]

Der Zwanghafte

Der *zwanghafte* Mensch entspricht dem Element Erde. Er ist zu verstehen in Analogie zur Schwerkraft der Erde, die etwas von einem »festhalten und anziehen wollenden Sog«[110] hat. Das Bedürfnis nach Dauer ist zentral für diesen Typus.

»*Einmal zu Stein erstarren! Einmal dauern!*«, zitiert Riemann in diesem Zusammenhang ein Wort von Hermann Hesse.[111] Die *Angst vor der Wandlung* wird als Vergänglichkeit und Unsicherheit erlebt. Selbst- und Fremdkontrolle sowie ein ausgeprägtes Machtstreben beherrschen das Leben. Angestaute Aggressionen können sich vulkanartig entladen.

Der Hysterische

Der *hysterische* Mensch entspricht dem Element Feuer und repräsentiert die Fliehkraft:»Sie strebt zentrifugal nach außen, sie drängt in die Weite und hat etwas von einem loslassen, sich ablösen wollenden Zug.«[112] Der hysterische Mensch hat *Angst vor der Notwendigkeit,* vor der Festlegung, die er als Endgültigkeit und Unfreiheit erlebt. Ein starkes Bezogensein auf die Welt der zukünftigen Möglichkeiten beherrscht diesen Typus. Er ist risikofreudig, ungeduldig, abenteuerlustig, dramatisch-impulsiv und innerlich sozusagen immer »auf dem Sprung«.

Aufgrund seines Konflikts zwischen dem Wunsch nach Bindung und der Angst, sich festzulegen, liiert sich der hysterische Typ gern mit dem zwanghaften, bei dem er die Stabilität und »Erdenschwere« findet, die ihm selbst so sehr fehlt. Umgekehrt liebt der zwanghafte Mensch im hysterischen Gegenüber den »bunten und kreativen Vogel« und die feurige Lebendigkeit, die er in sich selbst nicht zulässt. Wird dies nicht als wechselseitige Ergänzung und Bereicherung erlebt und bekämpft man im anderen unbewusst die eigene Schattenseite, dann kommt es zu Mobbing. Der Zwanghafte beschneidet seinen Partner oder seine Partnerin mit rigider Kontrolle. Umgekehrt wehrt sich der hysterische Typus gegen die Einengung durch den Zwanghaften, bis hin zum Gegenmobbing.

Ergänzend zur Typologie von Fritz Riemann seien hier noch kurz vier weitere Charaktere vorgestellt, die gern zum Mobbing greifen: der Narzisst, der Süchtige, der Aggressiv-Autoritäre und die Borderline-Persönlichkeit.

Der Narzisst

Fritz Riemann erzählt die Fabel vom Pfau, der eine einfache Henne heiraten will:

»*Auf dem Standesamt drückt die standesbeamtete Krähe ihr Erstaunen darüber aus, dass ein so prächtiger Pfau die unscheinbare Henne heiraten wolle, worauf er gravitätisch nur sagt:* ›*Ich und meine Frau lieben* **mich** *bis zum Wahnsinn.*‹*«* [113]

Der *narzisstische,* selbstverliebte Mensch weist in seiner Selbstbezogenheit Züge des hysterischen und des schizoiden Typs auf. Seine *Ich-Haftigkeit* ist allerdings noch ausgeprägter. Die Beziehungspersonen des Narzissten sind in der Regel keine mit Respekt behandelten Individuen. Sie existieren lediglich, »um den Glanz des grandiosen Narzissten widerzuspiegeln oder sich dem Narzissten als Schmuckstück anzubieten«.[114] Entsprechend gehen Narzissten mit ihrem Gegenüber oft abwertend, manipulativ, machtzentriert und ausbeuterisch um. Das Mobbing dient dazu, die eigene Großartigkeit unter Beweis zu stellen, indem man den anderen klein macht.

Der Süchtige

Beim *süchtigen* Menschen dominiert die Droge, sei es Alkohol, die Arbeit oder etwas anderes in einem solchen Ausmaß, dass nichts anderes auf der Welt Platz hat. Das destruktive Potential überschattet die Partnerschaft. In unserem Kapitel über die Sucht (siehe S. 99) haben wir ausführlich das Mobbing bei Süchtigen und die Dynamik der Co-Abhängigkeit beschrieben.

Der Aggressiv-Autoritäre

Beim *aggressiv-autoritären* Menschen überwiegen Züge von Tyrannei und Rücksichtslosigkeit. Er ist der streitlustige Typus. Es kostet sehr viel Mühe, nach der Empfehlung von Marshall B. Rosenberg»die Schönheit in seinem Herzen« hinter der feindseligen Fassade zu sehen. Er verkörpert den ungekonnten Umgang mit Aggression. Er ist einfach nicht in der Lage, seine Wünsche, seine Bedürfnisse und seine Gefühle auf konstruktive Weise auszudrücken. Seine Sprachlosigkeit lässt nur eine destruktive Form der Aggression bis hin zur Gewalt zu.

Die Borderline-Persönlichkeit

Die Borderline-Persönlichkeitsstörung (BPS) ist für das Thema Mobbing in der Partnerschaft besonders wichtig und wird deshalb etwas ausführlicher behandelt. Das Motto dieser Persönlichkeiten ist »*Ich hasse dich – verlass mich nicht*«.[115]

Die Borderline-Persönlichkeit ist gekennzeichnet durch eine besondere emotionale Instabilität. Dies zeigt sich in den zwischenmenschlichen Beziehungen, im Selbstbild und einer verminderten Impulskontrolle. Der Beginn einer Borderline-Störung liegt oft im frühen Erwachsenenalter. Im Zentrum der Borderline-Störung steht das Unvermögen, Gefühle zu steuern.

Die weiteren Merkmale einer Borderline-Persönlichkeit sind:
· Ein ständiger verzweifelter Kampf, um Verlassenwerden zu vermeiden
· Extremer Wechsel zwischen Idealisierung und Entwertung anderer Personen
· Identitätsstörung
· Impulsivität und selbstschädigendes Verhalten in den Bereichen Geldausgeben, Sexualität und Sucht
· Selbstverletzung durch Zufügen von Schnittwunden an den Armen oder Selbstverstümmelung der Haut durch Brandwunden per Zigaretten
· Selbstmorddrohungen und suizidale Handlungen
· Affektive Instabilität (starke Stimmungsschwankungen, Reizbarkeit, Angst)
· Chronische Gefühle von Leere
· Unangemessene, heftige Wutausbrüche und die Schwierigkeit, Wut adäquat auszudrücken, bis hin zu körperlichen Auseinandersetzungen
· Vorübergehende, durch Belastungen ausgelöste paranoide Vorstellungen oder schwere dissoziative Symptome (extremes Schwarz-Weiß-Denken und Spaltungsprozesse)[116]

Die Borderline-Persönlichkeit und Mobbing in der Partnerschaft
Die Beziehungen sind geprägt von einem Hin-und-her-Pendeln zwischen Angriffen, Vorwürfen, Idealisierung, Entwertung, anklammerndem Verhalten und klammernder Abhängigkeit. Sie demütigen oft die Person, die sie lieben, und wollen trotzdem, dass ihr Partner bleibt. Sie haben große Trennungsängste und provozieren unbewusst immer wieder, dass der Partner sie dann doch verlässt. Sie haben auch große Schwierigkeiten, Nähe und Intimität zuzulassen, auch wenn sie ständig danach suchen.

Die Kindheit und Jugend von Borderline-Persönlichkeiten
Studien zeigen, dass viele PBS-Patienten traumatische Erfahrungen in der Kindheit und Jugend erlitten haben:
· häufig sexueller Missbrauch
· gestörte Beziehungen zu den Eltern
· Schwanken zwischen Verwöhnung und Vernachlässigung
· Zuckerbrot und Peitsche
· frühe Trennungen
· wenig fürsorgliche und wenig emotional unterstützende, autoritäre Elternfiguren
· diffuse Erziehungsstile und Überkontrolle.

BPS führt zu verminderter Belastbarkeit im Berufs- und Arbeitsleben. Die Betroffenen laufen Gefahr, die traumatisierenden Erfahrungen der Kindheit später zu wiederholen. Sie werden entweder Opfer von Gewalt oder tragen durch ihre eigene Impulsivität zur Gewalteskalation bei.

Leben in einer Schwarz-Weiß-Welt – alles oder nichts
Menschen mit BPS leben in einer Schwarz-Weiß-Welt. Sie handeln nach dem Motto alles oder nichts, entweder oder. Sowohl als auch gibt es nicht. »Genug ist ihnen nie genug, das Loch ihrer inneren Leere ist nicht zu stopfen, egal, wie viel Glück, wie viel Liebe, Fürsorge und Hingabe man auch aufbringt.«[117]

Karussell und Achterbahn der Gefühle – Verminderte Impulskontrolle
Die Borderline-Persönlichkeit weist eine verminderte Impulskontrolle auf. Es kommt zu urplötzlichen, gewalttätigen Ausbrüchen. Man hat manchmal den Eindruck, es mit einem großen oder kleinen »Terroristen« zu tun zu haben.

Die Borderline-Persönlichkeit sieht das Leben aus der Sicht eines Kindes und nicht eines Erwachsenen. Sie erinnert in ihren Wutausbrüchen an ein trotziges, impulsives dreijähriges Kind. Die Borderline-Persönlichkeit ist in diesem Alter irgendwie stecken geblieben. »Sie ist ein Kind, das im Körper eines Erwachsenen lebt.«[118] Das erklärt die extreme Reizbarkeit, die unkontrollierten Wut- und Mobbingausbrüche, für die ein kleiner Anlass als Auslöser ausreicht. Ihr impulsiver Charakter wird für sie selbst oder andere sogar zu einer Gefahr. »Dabei ist ihr Zorn meist ein Hilferuf, er dient als Erprobung von Treue und ist Ausdruck der Angst vor Intimität.«[119]

Typisch sind auch Drogenmissbrauch, Spielsucht, sexuelle Promiskuität und Heißhungeranfälle. Oft kommt es zu einem schnellen Wechsel von einer Sucht zur nächsten. Dahinter verbirgt sich eine Abwehr von Einsamkeit und Isolation. Mobbing, Sucht und Borderline treten häufig auch gemeinsam auf und sind »verschwistert und verschwägert« – ein *Trio Infernale.*

Das kreative Potential der Borderline-Persönlichkeit
Der Psychologe Borwin Bandelow meint, dass viele Stars am Borderline-Syndrom leiden. Sie können es trotzdem durchaus als Musiker, Schauspieler oder in anderen Künsten zu Topleistungen bringen. Sie sind oft süchtig nach dem besonderen Kick, brauchen das Rampenlicht und die

Selbstdarstellung. Treten jedoch Krisen oder Kränkungen auf, sind oft Depressionen und Suchtverhalten die Folge. Dies zeigen die Beispiele von Marilyn Monroe, Elvis Presley und zahlreichen aktuellen Stars. Die Borderline-Symptomatik könnte auch eine Reaktion auf gesellschaftliche Bedingungen sein. Die Borderline-Gesellschaft zeigt sich in den brüchigen familiären Beziehungen, den unsicheren Arbeitsbedingungen, der Informationsüberflutung, dem Individualisierungsdruck und dem Fehlen stabiler Werte und Normen.

Tipps für den Umgang mit einer Borderline-Persönlichkeit (siehe S. 285)

11

»Schwierige« Charaktere: Die Mobbing-Betroffenen

Nach der Erfahrung aus unserer Beratungstätigkeit weisen Mobbing-Betroffene häufig die folgenden Merkmale auf:[120]

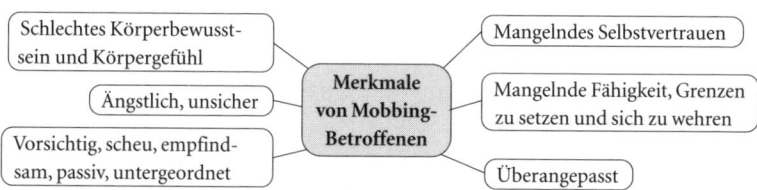

Zusammenfassend lässt sich sagen, dass jeder Täter auch Opfer ist, weil er meist selbst passiv Erlittenes aktiv rächend weitergibt. Und das Mobbing-Opfer ist irgendwie auch Mobbing-Akteur, weil es dem Mobber eine Bühne zur Verfügung stellt, auf der er sich austoben kann. Der Mobbing-Betroffene ist unbewusst identifiziert mit der aggressiven Seite des Täters. An ihn hat er seine eigene gehemmte Aggressivität delegiert. Und da beide in diesem Sinne wirklich so gut zueinander passen wie der Schlüssel zum Schloss, sind diese Mobbing-Paarbeziehungen oft auch so haltbar.

12

Die Mobbing-Krise als Möglichkeit zur Weiterentwicklung

Das chinesische Schriftzeichen für Krise besteht aus zwei Zeichen: *Wei* (Gefahr) und *Chi* (Chance). In einer Krise ist immer auch eine Chance enthalten: auf einen Wendepunkt, auf Entwicklung, Wachstum und Wandlung. Der verborgene Sinn in der unbewussten Inszenierung des Mobbing-Dramas hilft uns, das Leid in Beziehungen zu verstehen und zusätzlich eine positive Funktion zu erkennen.

Mobbing nicht persönlich, sondern als »Lehrstück« zu nehmen fällt schwer. Zu erkennen, dass in dem Mobber auch ein verletztes Kind steckt, das jetzt Täter wird und damit unbewusst weitergibt, was ihm angetan wurde, ist eine Herausforderung. Wenn Mobbing aber so eingeordnet werden kann, fällt das Distanzwahren leichter.

Der Mobber wiederholt unbewusst die traumatische Kindheitserfahrung, verlassen zu werden. In vielen Fällen provoziert der Mobbing-Akteur seinen Partner so weit, bis dieser die Trennung vollzieht. Dies ist eine Hauptparallele zum Mobbing in der Arbeitswelt.[121]

Der Mobber in der Partnerschaft wird dann wieder zum verlassenen Kind. Mobbing-Akteure waren häufig ungeliebte Kinder. Sie sind unbewusst aber auch auf der Suche nach Bindung und testen den Partner, ob sich das Verlassenwerden entsprechend den frühen Erfahrungen wiederholt. Vielleicht verhält sich der Partner auch anders als die Bezugsperson in der Kindheit und schafft es, den anderen aus der Mobbing-Verlassenheitsspirale herauszuholen. Manchmal bleibt ein Partner trotz oder gerade wegen der Probleme.

Das Verstehen der Mobbing-Dynamik erweitert für beide Seiten die Perspektive in Richtung Erwachsenwerden und Loslassen. Wenn kein gemeinsamer Lernprozess, keine Konfliktlösung und keine Veränderung im Kommunikationsstil möglich sind, dann ist in den meisten Fällen eine behutsame Trennung und ein kreativer Neuanfang der Ausweg.

Die folgende Mindmap fasst zum Abschluss dieses Kapitels noch einmal die wichtigsten Ursachen von Mobbing in der Partnerschaft zusammen:

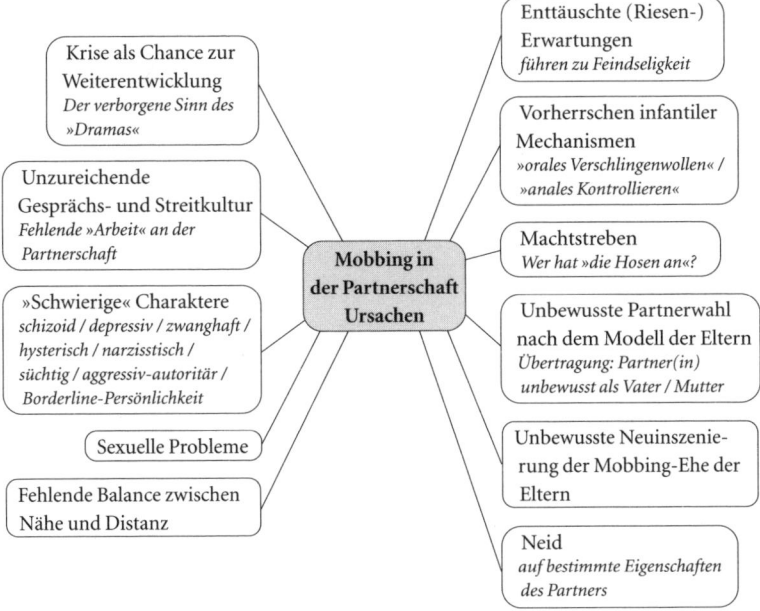

Teil IV

Sucht und Co-Abhängigkeit

Sucht-Mobbing im Weißen Haus?

Ich verbringe nicht viel Zeit mit dem
Versuch, aus mir schlau zu werden...
Ich halte einfach nichts von Psychogelaber.

George W. Bush[122]

Unter der Überschrift: »*Bush säuft wieder... und die First Lady flieht aus dem*
Weißen Haus« *berichtet der* »*Berliner Kurier*« *aufgrund von US-Medien über*
einen angeblichen Alkohol-Rückfall des Präsidenten der USA.[123]

Die beiden Kriege gegen Afghanistan und den Irak sind während der Amtszeit von George W. Bush angezettelt worden und scheinen bis zum Ablauf seiner Amtszeit 2009 im Entgleiten. Die Umfragewerte von Bush in den USA sind im Keller. Wichtige Wahlen hat er verloren. Vor dem Hintergrund dieser Misserfolge und des Scheiterns hat er laut US-Medienberichten wieder zur Flasche gegriffen.

Es gab jedoch schon in den vergangenen Jahren wiederholt Rückfallgerüchte. Jetzt scheint es ernst, denn seine Ehefrau Laura hielt es offenbar nicht mehr aus, verließ das Weiße Haus und stieg im Hay-Adams Hotel ab. Allerdings soll es zwischen dem Ehepaar ein Abkommen geben, dass bis zum Ende der Präsidentschaft von George W. Bush im Januar 2009 keine Scheidung erfolgt.

George W. Bush und der Alkohol, das ist eine lange Geschichte. Die Alkoholkrankheit von George W. Bush begann im Alter von 16 Jahren. Bis zu seinem 40. Geburtstag hing er laut Medienberichten an der Flasche: »Die Zeit bis dahin verbrachte er im Dauerrausch.«[124]

Eine ausführliche Analyse über Bush, seine Alkoholkrankheit und die Folgen hat der amerikanische Psychoanalytiker Justin A. Frank in seinem Buch »Bush auf der Couch« vorgenommen.[125]

1

Sucht

Es hat keinen Sinn,
Sorgen im Alkohol ertränken zu wollen,
denn Sorgen sind gute Schwimmer.

Robert Musil

Bei den Paargeschichten über Mobbing in der Partnerschaft fällt auf, dass sehr häufig Sucht und Abhängigkeit eine Rolle spielen. Wir bezeichnen Mobbing als die *Schwester der Sucht.* Sucht ist ähnlich wie die psychosomatische Symptombildung eine Mobbing-Methode.

Die von Mobbing Betroffenen haben wie Partner von Süchtigen Schwierigkeiten, den Akteuren Grenzen zu setzen bzw. sich sogar zu trennen. Mobbing-Opfer verhalten sich oft ähnlich wie Co-Abhängige.

In jeder Sucht gibt es einen zwanghaften Aspekt. Der findet sich ebenso bei Mobbing. Die Akteure wiederholen fast zwanghaft das gleiche »Mobbing-Theaterstück«.

Es gibt stoffgebundene Suchtformen (wie Alkoholismus, Heroin, Kokain, Nikotin etc.) und stoffunabhängige Abhängigkeiten (wie Arbeitssucht, Beziehungssucht, Sexsucht, Spielsucht, Internetsucht, Kaufsucht, Fitnessstudio-Sucht, Fernsehsucht etc.). Eigentlich kann jedes menschliche Verhalten süchtig entgleisen. Und es gibt kaum jemanden unter uns, der frei wäre von süchtigen Fehlhaltungen.

In diesem Kapitel über Sucht und Co-Abhängigkeit konzentrieren wir uns auf die häufigsten, sogar gesellschaftlich tolerierten und »geförderten« Suchtformen, nämlich Alkoholismus und Nikotinabhängigkeit.

Alkohol in Deutschland – Zahlen und Fakten
Mehr als zehn Millionen Menschen konsumieren Alkohol in gesundheitlich riskanter Form. 1,6 Millionen Männer und Frauen im Alter zwischen 18 und 59 Jahren gelten als alkoholabhängig. Es dürften real weitaus mehr sein, die Dunkelziffer ist hier sehr hoch. Für Personen mit chronischem Alkoholmissbrauch verkürzt sich die Lebenserwartung um durchschnittlich 23 Jahre. Jährlich sterben ca. 42 000 Menschen direkt oder indirekt an den Folgen des Alkoholismus. Fast jedes dritte Gewaltdelikt wird unter Alkoholeinfluss begangen. Die volkswirtschaftlichen Kosten alkoholbezogener Krankheiten werden auf mehr als 20 Milliarden Euro pro Jahr geschätzt. Die staatlichen Einnahmen aus Bier-, Schaumwein- und Spirituosensteuer im Jahr 2005 betrugen 3,4 Milliarden Euro.[126] Ein großes Problem ist der zunehmende Alkoholmissbrauch bei Jugendlichen – Stichwort »Komatrinken«. Bei einer von der Universität Bielefeld an »Szeneorten« in einigen Städten in Nordrhein-Westfalen durchgeführten Befragung wurden etwa 25 Prozent der 165 befragten Jugendlichen als stark suchtgefährdet eingestuft.[127]

Die folgende Mindmap zeigt die Hauptmerkmale einer süchtigen Persönlichkeit:

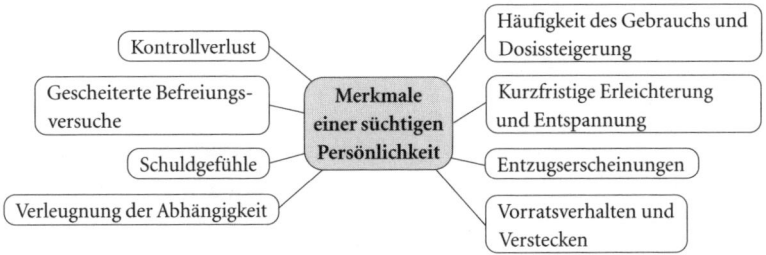

2

Die Kindheitserfahrungen von Süchtigen

Wie der Psychiater Harald Searles einmal bemerkt hat, dass jeder Verrückte ein von jemand Verrücktgemachter sei, so könnte man analog hierzu den Nachweis antreten, dass jeder Fanatiker und jeder Süchtige ein von jemand Ausgesogener ist. In jeder Sucht ist das Motiv am Werk, dass das Subjekt die Souveränität über das, was es füllt, verloren hat.

Peter Sloterdijk[128]

Viele Süchtige wachsen in einer sucht- oder alkoholkranken Familie auf. Die Suchtproblematik wird von einer Generation an die nächste weitergegeben. Kinder kopieren das kranke Verhalten ihrer Eltern, sie haben keine anderen Lösungsstrategien erlernt. Außerdem besteht eine unbewusste Identifikation mit den primären Bezugspersonen.

So wird einem »trockenen« Alkoholiker oft nicht in einer Selbsthilfegruppe der Anonymen Alkoholiker (AA), sondern erst in einer Selbsthilfegruppe erwachsener Kinder aus alkoholkranken Familien (EKA) bewusst, dass seine Sucht und Abhängigkeit etwas mit dem alkoholkranken Vater oder der alkoholkranken Mutter zu tun hat. Als Kind haben sie darüber hinaus meist emotionalen oder sogar sexuellen Missbrauch erfahren.

Die Kindheit von Süchtigen ist geprägt von extremen Einsamkeits-, Verlassenheits- und Trennungserfahrungen oft in den ersten Lebensjahren. Vor allem die ersten zwei Lebensjahre führen bei starken Entbehrungserlebnissen zu einer so genannten oralen Fixierung. Es tritt eine Art von unstillbarem Hunger ein. Man bleibt sozusagen gebunden in der Suche nach dem Mutter- oder Liebesobjekt, das einen versorgt.

Die Droge wird zu einem Ersatz für das entbehrte Mutterobjekt. Die Sucht ist gewissermaßen auch eine Art »Selbstheilungsversuch«, die vermisste nährende Mutterperson zu ersetzen. Man ist als Süchtiger sozusagen wie ein Fass ohne Boden und versucht permanent und verzweifelt, das Fass zu füllen. Wer die Biographie und das Schicksal eines Alkoholikers oder Süchtigen kennt, der weiß ihm zu verzeihen.

> *Man darf nicht vergessen,*
> *welche Tragödie die Kindheit*
> *gewesen ist. Jede Kindheit.*
> Thomas Bernhard

3

Psychoanalytische Aspekte zum Alkoholismus

Wer sich verheizt fühlt,
ist meistens auch versucht,
mit Alkohol zu löschen.
Helmut Qualtinger

Jede Sucht hat aggressive und autoaggressive Züge. Die selbstzerstörerischen Impulse sind ursprünglich Aggressionen, die dem versagenden Objekt der frühen Kindheit – in den meisten Fällen der Mutter – gelten. Die aggressiven Impulse gegen die Mutter werden später gegen die eigene Person gerichtet. Die Droge im Übermaß zerstört jedoch auch den eigenen Körper. Sie ist Gift. Man spricht auch von »vergifteter Muttermilch«.

Unbewusst fungiert die Droge als eine Attacke auf die verinnerlichte unzureichende Mutter. Das ist der hohe Preis der Droge und der Sucht.

In der Psychotherapie mit Alkoholikern machte der Suchtexperte Wolf-Detlev Rost die Erfahrung, dass viele Alkoholiker bei ihren »Mamis« wohnen bleiben und die Loslösung von der Mutter nicht schaffen, weil sie nie satt wurden und an einer Frühstörung leiden.

Nur wer sich am Tisch der Eltern satt essen konnte,
kann gehen und sich von den Eltern ablösen.
Liz Greene

Von Bedeutung ist ebenso, dass sie die Ambivalenz hinter der guten Mutter, nämlich der sadistisch-destruktiven Mutter, nicht erkennen. Die orale Fixierung führt dann auch zu Trennungsschwierigkeiten im Erwachsenenleben (Herkunftsfamilie, Arbeitsplatz und Partnerschaft).

Hintergrund einer Alkoholkrankheit ist häufig eine Angststörung. Der Alkohol wird dann als Narkotikum benutzt, um die unerträglichen Ängste zum Schweigen zu bringen. Aus Studien über Kriegsveteranen ist bekannt, dass Kriegstraumatisierungen langfristig zu einer Posttraumatischen Belastungsstörung führen. Kriegstraumata als höchste Stufe von Traumatisierung können selbst mit einer spezialisierten Psycho- oder Traumatherapie nur schwer verarbeitet werden. Viele Kriegsflüchtlinge aus dem Zweiten Weltkrieg, die Flucht, Vertreibung, Vergewaltigung, Bombendrohungen und kriegerische Gewalt eventuell sogar als Kind miterleben mussten – oder auch Veteranen des Vietnamkrieges –, endeten als Alkoholiker.

Mit einem Alkoholiker oder Süchtigen zu leben löst ebenso eine posttraumatische Belastungsstörung aus wie bei Menschen, die Krieg und Terror erlebt haben (zur posttraumatischen Belastungsstörung siehe Seite 74). Mit einem Alkoholiker verheiratet zu sein ist eine Kampfehe auf Leben und Tod. Süchtige und alkoholisierte Menschen neigen vermehrt zu destruktiver oder gar mörderischer Aggression, da das Über-Ich bzw. das Gewissen sich im Alkohol auflöst. Das Zerstörerische und Destruktive des Süchtigen zeigt sich auch in der alles überschwemmenden und niederreißenden Haltung »*Nach mir die Sintflut*«. Die destruktive Gewalt des Alkoholismus ist mit einem *Tsunami* vergleichbar.

Alkoholismus ist mittlerweile als Krankheit anerkannt. Eine Kenntnis über die Ursachen von Abhängigkeitserkrankungen und die enormen Ängste der Abhängigen tragen zu einem gewissen Verständnis für Alkoholkranke bei. Man weiß, dass sie sich eben nicht einfach nur »zusaufen« und »böse« sind. Sie sind auch auf ihre Weise Opfer ihres Umfelds, ihrer Erziehung, ihrer Kindheit und ihrer Generation. Der Mensch ist nicht immer Herr im eigenen Haus, wie Sigmund Freud feststellte.

Im Rausch wird unbewusst auch eine Erlösung von den Anforderungen und Widrigkeiten des Alltags- und Erwachsenenlebens angestrebt. Im »Suff« wird das meist strenge Über-Ich ausgeschaltet. Die regressiven Bedürfnisse nach Entspannung und letztlich der Wunsch, in den Mutterleib zurückzukrabbeln, übernehmen die Führung.

Süchtige müssen in ihrem Heilungsprozess lernen, sich ohne die Droge zu entspannen, aus dem Leistungsprinzip aufgrund des strengen Über-Ichs herauszukommen, um etwas mehr Freude und Genuss in ihrem Leben zu empfinden.

4

Hilfe bei Alkoholismus

Bei Sucht sind Psychotherapeuten oft mit ihrem Latein am Ende. Nach einer Sitzung lassen sich süchtige Patienten oft in der nächstgelegenen Kneipe »volllaufen«. Deshalb bevorzugen Suchtkliniken oft ehemals Süchtige als Mitarbeiter, weil sie sich mit der Sucht auskennen. So gibt es im Suchtbereich einen Ex-Alkoholiker als Teamleiter, Suchttherapeuten oder als Krankenpfleger. Vom Alkoholiker zum Klinikchef ist eine noch eher seltene Karriere, aber eine gelungene Verarbeitung – und sicher besser als umgekehrt.

Neben den Entzugskliniken sind vor allem die Selbsthilfegruppen der Anonymen Alkoholiker (AA) und ähnliche Organisationen äußerst hilfreich und auch erfolgreich im Kampf gegen die Sucht (Adressen siehe S. 373).

Die AA arbeiten seit 1938 nach den »zwölf Schritten«. Der Erfolg der Selbsthilfegruppen beruht darauf, dass trockene Alkoholiker Hilfe und die Experten für andere, noch »nasse« Alkoholiker sind, weil sie den Weg aus der Sucht heraus kennen und damit stabilisierenden Einfluss nehmen können.

Warum die AA so erfolgreich sind, könnte man wie folgt interpretieren: Das Programm der AA ist wie eine Verschreibung oder paradoxe Intervention. Da Süchtige unter Kontrollverlust leiden, wird jetzt nicht länger versucht, die Kontrolle über die Sucht zu erlangen, sondern die Kontrolle wird abgegeben an Gott oder an eine höhere Macht, die diese Welt irgendwie erschaffen hat und die den Weg aus der Sucht kennt und ihn auch weist.

Diese Schicksalsmacht – manche nennen sie Gott – übermittelt dem Süchtigen seine Aufgabe, um die es in seinem Leben nun geht. Durch die Beziehung zur höheren Macht wird eine Art Unabhängigkeit von anderen Menschen erschaffen, die Ur-Abhängigkeit von der Mutter gelöst. Die Droge Alkohol wird nicht ersetzt durch eine Abhängigkeit von anderen Menschen.

Zum anderen wird durch die zwölf Schritte eine klare und feste Struktur eingeführt, an die sich der Einzelne und die Gruppe halten. Sucht hat etwas mit Chaos zu tun. Klare Regeln helfen nicht nur bei Süchtigen, sondern sind in jeder Art von System hilfreich und notwendig, sei es in einer Partnerbeziehung, Familie, einer Firma oder bei den Gesetzen eines Landes. Hinzu kommt die emotionale Seite, die in den Selbsthilfegruppen der AA berücksichtigt wird. Durch den offenen und ehrlichen Austausch kommt es zu einem »mediterranen« und emotional wärmeren Klima als sonst in der Gesellschaft. Man könnte von einem therapeutischen Klima sprechen. Die Selbsthilfegruppe fungiert aufgrund der meist katastrophalen Erfahrungen mit der Herkunftsfamilie als eine positive Ersatzfamilie.

Jeder in der Gruppe dient zudem für den anderen als Spiegel zur Selbsterkenntnis. Dieses Phänomen gibt es auch in der Gruppentherapie. Der Unterschied zu einer Gruppentherapie besteht allerdings darin, dass in der Selbsthilfegruppe kein Bezug auf den anderen genommen wird und kein Therapeut da ist, der Deutungen und Wertungen vornimmt.

Dadurch, dass jeder nur von sich selbst spricht, seinen Gefühlen, Erlebnissen, Problemen und eigenen Zielen, und nicht kommentierend Bezug nimmt auf seinen Vorredner, wird der Co-Abhängigkeit, die ja unter der Sucht liegt, entgegengewirkt. Jeder muss sich auf seinen eigenen inneren Prozess einlassen. Deswegen sind die zwölf-Schritte-Gruppen vermutlich auch so erfolgreich.

Die zwölf Schritte der AA sind die Basis für alle Zwölf-Schritte-Selbsthilfegruppen, wie z.b. EKA (Erwachsene Kinder aus alkoholkranker Familie), CoDA (Co-Dependent Anonymous), Narcotics Anonymous etc.

Viele trockene Alkoholiker berichten, wie schwer es ist, trocken zu werden und zu bleiben. Es ist eine große Leistung, den Sumpf und das Elend hinter sich zu lassen. Es gibt viele Beispiele von Menschen, die in ihrer zweiten Lebenshälfte für sich und auch für andere sehr viel Positives geschaffen haben.

Sollte es aber zu einem Rückfall kommen, ist es für den Süchtigen das Wichtigste, wieder den ersten Schritt zu tun. Das würde bedeuten, sich einzugestehen, dass Menschen bei Sucht machtlos sind und nur der Schritt zurück zum Programm der AA weiterhilft. So wie die Sucht ein Leben lang besteht, ist auch AA ein Programm für das gesamte Leben.

Es wird leider in unserer Gesellschaft verdrängt, wie viel Leid mit Sucht verbunden ist. Das Leid ist immens, wenn man die Sucht eines Elternteils in der Kindheit oder später im Erwachsenenleben in der unbewussten Wiederholung des Schicksals mit einem süchtigen Partner erleben muss.

Ivan und Christiane – Pack schlägt sich, Pack verträgt sich

Kurze Szene am Bahnhof Zoo in Berlin, Eingang zum S-Bahn-Bereich. Ein Mann und eine Frau beschimpfen sich plötzlich in voller Lautstärke in der Öffentlichkeit. Er ist sportlich salopp gekleidet. Die Kleidung steht allerdings im Kontrast zum ruinenhaften Zustand seiner Zähne.

Sie trägt eine silberne kurze Jacke, nicht ganz passend zu ihrer Leggings. Ihre Haar sind rot gefärbt, und an ihrer Schulter baumelt eine Damenhandtasche. Sie erinnert entfernt an Uschi Obermaier in reiferen Jahren.

Die beiden waren in ihrer Anfangszeit sicher einmal sehr attraktiv. Davon ist heute nicht viel übrig. Ihr gemeinsamer Auftritt hat eher etwas Kriegerisches.

Er beschimpft sie, und sie läuft ihm hinterher wie eine kleine Ente. Sie lässt nicht von ihm ab. Er sagt:»Du begreifst nichts, hör doch endlich mal auf zu weinen, dich kann man überhaupt nicht ernst nehmen. Werde doch mal normal.«

Sie sagt zu ihm:»Dies ist das letzte Mal, dass du mich quälst. Immer wenn du Bier getrunken hast, wirst du so aggressiv.« Statt ihn stehen zu lassen, läuft sie weiter hinter ihm her.

Fazit

Die Szene lässt vermuten, dass beide in alkohol- oder suchtkrankem oder gar gewalttätigem Milieu aufgewachsen sind. Das Drehbuch für das Stück vom Bahnhof Zoo kennen sie somit aus ihrer Kindheit.

Besser für das Paar wäre gewesen, wenn einer von ihnen bei der Zunahme der Eskalation gelernt hätte, auszusteigen, um die Diskussion auf einen späteren Zeitpunkt zu verlagern. Dass Christiane an ihm attackierend kleben bleibt, ist für Ivan unerträglich. Darin zeigt sich die wechselseitige Abhängigkeits-Thematik. Wären sie beide autonom und innerlich erwachsen, brauchten sie die Stütze nicht, sei es die Droge Alkohol oder die andere Person. Und es könnte aufhören, dass einer des anderen Quälgeist ist.

5

Die zwölf Schritte der Anonymen Alkoholiker Selbsthilfegruppen

---

Die zwölf Schritte der Anonymen Alkoholiker

1. Schritt
Wir gaben zu, dass wir dem Alkohol gegenüber machtlos sind – und unser Leben nicht mehr meistern konnten.

2. Schritt
Wir kamen zu dem Glauben, dass eine Macht, größer als wir selbst, uns unsere geistige Gesundheit wiedergeben kann.

3. Schritt
Wir fassten den Entschluss, unseren Willen und unser Leben der Sorge Gottes – wie wir Ihn verstanden – anzuvertrauen.

4. Schritt
Wir machten eine gründliche und furchtlose Inventur in unserem Inneren.

5. Schritt
Wir gaben Gott, uns selbst und einem anderen Menschen gegenüber unverhüllt unsere Fehler zu.

6. Schritt
Wir waren völlig bereit, all diese Charakterfehler von Gott beseitigen zu lassen.

7. Schritt
Demütig baten wir Ihn, unsere Mängel von uns zu nehmen.

8. Schritt
Wir machten eine Liste aller Personen, denen wir Schaden zugefügt hatten, und wurden willig, ihn bei allen wiedergutzumachen.

9. Schritt
Wir machten bei diesen Menschen alles wieder gut – wo immer es möglich war –, es sei denn, wir hätten dadurch sie oder andere verletzt.

10. Schritt
Wir setzten die Inventur bei uns fort, und wenn wir unrecht hatten, gaben wir es sofort zu.

11. Schritt
Wir suchten durch Gebet und Besinnung die bewusste Verbindung zu Gott – wie wir Ihn verstanden – zu vertiefen. Wir baten Ihn nur, uns Seinen Willen erkennbar werden zu lassen und uns die Kraft zu geben, ihn auszuführen.

12. Schritt
Nachdem wir durch diese Schritte ein spirituelles Erwachen erlebt hatten, versuchten wir, diese Botschaft an Alkoholiker weiterzugeben und unser tägliches Leben nach diesen Grundsätzen auszurichten.

© Copyright AA-Grapevine Inc. New York / Anonyme Alkoholiker Interessengemeinschaft e.V. München[129]

Der Wortlaut der zwölf Schritte unterscheidet sich etwas, je nach Thematik der Gruppe z. B. EA, Emotion Anonymous.[130]

6

Co-Abhängigkeit

Der Partner als Entziehungskur.

Anonym

Dieses Zitat eines Betroffenen, der jahrelang mit einem Süchtigen gelebt hat, besagt, dass der Co-Abhängige abhängig vom Süchtigen ist wie der Süchtige von seiner Flasche. Positiv gesehen bedeutet jeder Partner eine Lern- und Entwicklungschance. In den meisten Fällen inszenieren Menschen mit dem Partner erneut die Kindheitssituation. Im Idealfall gelingt durch den Partner eine Veränderung und ein Entzug von ihm oder der Droge und damit auch die Ablösung von der Herkunftsfamilie.

Der Begriff Co-Abhängigkeit stammt aus der Erkenntnis, dass die Angehörigen und Partner von Süchtigen ebenfalls betroffen sind und auch dringend Hilfe benötigen. Co-Abhängigkeit wird jedoch in der Fachwelt als eigenständige Problematik eher verleugnet.

Das hat Gründe. Auch Helfen kann im Extremfall zu einer Sucht oder Co-Abhängigkeit führen, sollte die Helferrolle nicht selbstkritisch reflektiert und eventuell Gegenmaßnahmen eingeleitet werden. Dies gilt ebenso für alle helfenden Berufe einschließlich der Psychotherapeuten.[131]

Über Sucht und Co-Abhängigkeit Bescheid zu wissen bedeutet, dass professionelle Helfer sich mit sich selbst konfrontieren, mit ihren eigenen Süchten, Frühstörungen und Co-Abhängigkeiten.

Auch die Co-Abhängigen haben – wie der Name schon sagt – ein Abhängigkeitsproblem. Sie sind nicht abhängig von einer Droge wie z.B. Alkohol. Sie sind abhängig von einer süchtigen oder kranken Person. Sie suchen sich eine Beziehung, in der sie gebraucht werden. Durch ihr co-abhängiges Verhalten tragen sie jedoch unbewusst zur Aufrechterhaltung des Systems Sucht bei.

Mit co-abhängigem Verhalten ist gemeint, dass der Co-Abhängige eigene Bedürfnisse, Interessen und Gefühle unterdrückt und zurückstellt zugunsten des anderen. Der Co-Abhängige ist gefühlsmäßig permanent beim anderen und nie bei sich selbst. Das kann bis zum kompletten

Selbstverlust gehen. Der Partner wird zur Droge. Man spricht in diesem Zusammenhang auch von *Personensucht.*

Dieses Verhalten lernte der Co-Abhängige allerdings meist schon in seiner Kindheit durch süchtige oder co-abhängige Eltern. Bereits die Eltern haben sich selbst und ihre eigenen Bedürfnisse missachtet und konnten weder körperlich noch seelisch gut für sich sorgen, geschweige denn für ihre Kinder.

Sucht und Co-Abhängigkeit sind zwei Seiten einer Medaille. Hinter jeder Sucht steckt quasi eine Co-Abhängigkeit. Süchtiger und Co-Süchtiger sind füreinander wie ein Spiegel. Der Co-Abhängige sollte seine eigene Suchtstruktur und der Süchtige sein co-abhängiges Muster erkennen.

Jeder Partner repräsentiert ein Teil von einem selbst, weshalb eine Trennung manchmal so schwerfällt. Der Süchtige lebt meist mit einem co-abhängigen Partner zusammen.

Der Co-Abhängige ist der von Wolfgang Schmidbauer beschriebene »hilflose Helfer«. Alle Helfer, auch die professionellen, sollten über das »hilflose Baby« in sich selbst nachdenken und es nicht nur auf andere, den süchtigen oder kranken Partner, oder im professionellen Bereich auf die Patienten/Klienten projizieren.[132]

Es kommt sogar vor, dass der Süchtige und der Co-Abhängige ihre Rollen tauschen. Der alkoholkranke Partner wird trocken. Und der andere fängt irgendwann zu trinken an und landet im gleichen »Sumpf« wie vorher sein »nasser« Partner.

Wir erweitern die Typenbildung im Kollusionsmodell von Jürg Willi um die Dimension Süchtiger und Co-Abhängiger. Die Kollusion besteht darin: Je mehr der eine seine Sucht auslebt, desto co-abhängiger wird der andere. Und je co-abhängiger der eine Partner, desto mehr wird der andere in die Sucht »getrieben«.

Die Kollusion zu beenden bedeutet auch, das Kind beim Namen zu nennen, die Verleugnung zu beenden und die Alkoholproblematik zu thematisieren.

Auch hier gibt es einen Bezug zum Arbeitsplatz, da Suchtprobleme bei Mitarbeitern oder Chefs ebenfalls häufig verleugnet werden. Es gilt aber: Mobbing und Sucht sind Chefsache. Die Führungskraft hat die Verantwortung und Fürsorgepflicht. Sie ist zuständig für den Kommunikationsstil, die Arbeitsatmosphäre und die Prävention von Krankheit. Der Pferdefuß ist nur, dass Chefs oft selbst massive Sucht- oder Co-Abhängigkeitsprobleme haben.

Beide, Süchtiger und Co-Abhängiger, müssen lernen, ihre Gefühle und

Bedürfnisse wahrzunehmen und ihre Interessen und Ziele zu verfolgen. Es geht darum, auf sich zu achten und gut für sich selbst zu sorgen. Das heißt, eine gute Mutter und ein guter Vater für sich selbst zu sein.

Jede Sucht birgt letztlich die Aufgabe, nachzureifen, erwachsen zu werden, Ich-Stärke zu gewinnen und die Droge nicht durch eine andere Droge, sondern möglichst durch etwas Konstruktives, Sinnvolles und Kreatives zu ersetzen. Viele Süchtige haben eine nicht gelebte kreative Seite, die es zu entfalten gilt.

Sucht und Co-Abhängigkeit müssen immer auch im gesamtgesellschaftlichen Zusammenhang betrachtet werden, beispielsweise durch Legalisierung der Drogen Nikotin und Alkohol und durch das Hinauszögern von Nichtraucher-Schutz-Gesetzen oder die Einführung von Sondergenehmigungen für Raucher durch abhängige und korrupte Politiker.

Sucht kann jeden treffen. Kein Mensch, keine Kultur und keine Religion ist frei davon. Im Islam ist der Alkohol verboten. Mittlerweile leiden auch Muslime – speziell nach der Migration in »Suchtländer« – unter Abhängigkeitserkrankungen. Das Thema Heimatverlust, mangelnde Orientierung bzw. bi-kulturelle Konflikte scheinen hier eine der Hauptursachen für eine Zunahme von Suchterkrankungen zu sein.

Hilfe bei Co-Abhängigkeit

Die Hölle, das sind die Anderen.
Jean-Paul Sartre

Wie bei Alkoholismus gibt es auch bei Co-Abhängigkeit das Zwölf-Schritte-Programm der AA. Die CoDA, die Anonymen Co-Abhängigen, Codependent Anonymous, geben – wie die Anonymen Alkoholiker – ihr Wissen und ihre Erfahrungen an andere Betroffene weiter.

Drei Schritte aus der Co-Abhängigkeitsfalle:
1. Schritt
Der Co-Abhängige macht sich seine Situation und die Sucht- oder Gewaltbeziehung bewusst, in der er sich befindet.
2. Schritt
Er setzt sich selbst und sein Leben an die allererste Stelle (seine Interessen, Ziele, Bedürfnisse, Gefühle, Wünsche, Vorhaben usw.).
3. Schritt
Er sucht sich Hilfe (Adressen siehe S. 373).

Auswege für den Süchtigen und den Co-Abhängigen

Hilfe zur Nichthilfe ist oft der einzige Ausweg. Indem der Co-Abhängige in die Selbsthilfegruppe Al Anon geht (s. S. 373), eventuell eine Psychotherapie beginnt und so anfängt, sich primär um sich selbst zu kümmern, statt die »Therapeutenrolle« für den Süchtigen zu spielen, desto mehr wird der Süchtige auf sich zurückgeworfen. Und oft gelingt ihm erst dann mit Hilfe der AA und / oder einer Entzugsklinik der Weg aus der Sucht.

Die folgende Mindmap fasst die wichtigsten Empfehlungen für Co-Abhängige zusammen:

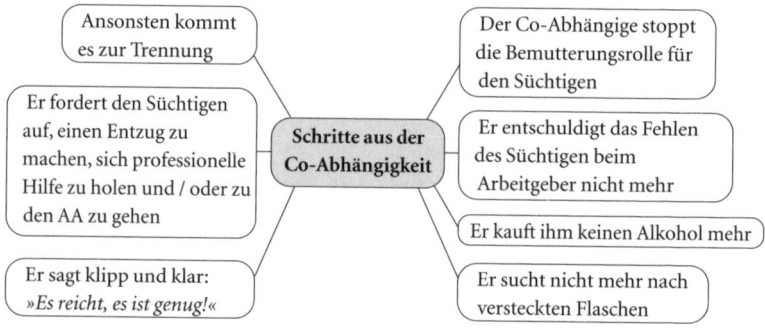

Nicht wenige Alkoholiker sagen im Nachhinein, dass sie ihr Loskommen von der Sucht der klaren Ansage und der eventuellen Trennung von Seiten des Partners verdanken.

Gott gebe mir die Gelassenheit,
Dinge hinzunehmen, die ich nicht ändern kann,
den Mut, Dinge zu ändern, die ich ändern kann,
und die Weisheit, das eine vom anderen zu unter-
scheiden.

Reinhold Niebuhr[133]

7

Was hat Sucht und Co-Abhängigkeit mit Mobbing in der Partnerschaft zu tun?

Die Liebe ist ...
mir zu philosophisch.
Ich bleib beim Bier!
Postkartenspruch[134]

Wenn die Liebe zum Desaster wird, ist häufig Sucht im Spiel. Sucht ist oft verbunden mit körperlicher und / oder seelischer Gewalt und führt zu Mobbing in der Partnerschaft.

Der Süchtige leidet auf den ersten Blick mehr als der Co-Abhängige. Statistisch gesehen stirbt der Co-Abhängige jedoch früher als der Partner, der sich mit Leberzirrhose zu Tode saufen könnte.

Dies verdeutlicht das hochgradig destruktive Potential einer Partnerschaft mit einem Süchtigen. Süchtige sind meistens äußerst aggressiv. Es gibt selten Menschen, die langfristig unter Alkoholeinfluss lustiger werden. Auch zahlreiche Morde passieren unter Alkoholeinfluss. Hier ist auch der Übergang zum Thema Gewalt in der Partnerschaft.

Dabei ist zu beachten, dass nicht nur bei den stoffgebundenen Süchten wie Alkoholismus, Drogenabhängigkeit, sondern auch bei den nicht stoffgebundenen Süchten wie *Personensucht, Co-Abhängigkeit und Arbeitssucht* katastrophale Folgen bis hin zur Gewalt zu befürchten sind.

Einen alkoholkranken Partner oder Familienangehörigen zu haben ist die Hölle auf Erden. Den körperlichen und seelischen Verfall des Partners täglich mit ansehen zu müssen ist wie Folter. Der betrunkene und unzurechnungsfähige Zustand lässt aber irgendwann kein Mitgefühl und Verständnis mehr aufkommen.

Die verbalen Attacken des Alkoholikers, meist noch in der Öffentlichkeit, führen zu erheblichen Scham- und Schuldgefühlen, zu Wut, Hass,

Hilflosigkeit und Ohnmacht. Man bekommt Wut auf den Alkoholabhängigen, weil er einem das Leben so kaputt macht. Es ist für den Betroffenen sehr schwer, die Alkoholabhängigkeit des Partners als Krankheit und nicht als bewusste Böswilligkeit zu verstehen.

8

Alkoholismus und Nikotinabhängigkeit

Kate und Albert – Schweigen im Rauch

> *Toleranz kann man von Rauchern lernen:*
> *Noch nie hat sich ein Raucher über einen*
> *Nichtraucher beschwert.*
>
> Alessandro Pertini

Ein Paar in einem Restaurant in Berlin, beide etwa Ende 50. Sie rauchen gleichzeitig. Die Zigarette halten sie beide ganz ähnlich. Sie ziehen parallel und klicken auch die Asche fast zeitgleich in den Aschenbecher. Das Nikotin hat bei beiden ähnliche Spuren in ihrer Haut hinterlassen. Sie war einmal sehr schön.

Die Frau redet kaum. Und schon wieder zünden sich die beiden eine Zigarette an. Sie sind vereint im Genuss, in der Sucht. Sie sind noch im Gespräch und lächeln zugewandt. Die langen gemeinsamen Jahre haben sie anscheinend nicht abgestumpft.

Im Rauchen haben sie vermutlich ihr nach außen wie nach innen gerichtetes Aggressionsventil gefunden. Das parallel getaktete Saugen, der rußende Schnuller-Ersatz repräsentiert sowohl die orale Bedürftigkeit wie auch das Zerstörerische und das Selbstzerstörerische. Vielleicht brauchen sie deshalb kein Mobbing in ihrer Partnerschaft.

Alkoholismus und Nikotinabhängigkeit gehen oft Hand in Hand. Das Glas hält sich einfach besser, wenn man in der anderen Hand noch eine Zigarette hat.

Ein Chefarzt der Chirurgie in einem Berliner Krankenhaus formulierte einmal, dass er Raucher sogar für schlimmer halte als Alkoholiker. Er muss sich stets sehr zurücknehmen, wenn er einen Patienten nach einer langwierigen und komplizierten Operation wieder mit einer Zigarette sieht.

Der Alkoholiker kreist schon in der Früh um seine Flasche, so wie der Raucher mit dem Ersatzschnuller Zigarette beschäftigt ist. Der Partner des Alkoholkranken wird isoliert und vereinsamt. Mit dem Süchtigen hat er kein Gegenüber. Er fühlt sich zunehmend allein gelassen und ausgegrenzt, vergleichbar mit Mobbing-Betroffenen in der Arbeitswelt.

Der Raucher bleibt – im Gegensatz zum Alkoholiker – noch ein Ansprechpartner, wenn auch im Dunst. Hier kommt allerdings neben der selbstzerstörerischen die fremdaggressive Seite ins Spiel. Der Raucher verpestet den Raum, und der Partner muss wohl oder übel die karzinogenen Stoffe mit einatmen. In den seltensten Fällen nimmt der Raucher auf den Nichtraucher Rücksicht.

Raucherbein:
Er steht mit einem Fuß im Grabe.
Gerhard Uhlenbruck

Der Alkoholiker verliert die Kontrolle über sich, seinen Alkoholkonsum und seinen Alltag bis hin zum Berufsleben. Die meisten Alkoholiker verlieren zuerst ihre Jobs, dann häufig ihre Wohnung und später oft auch ihre Familie bzw. Beziehung. Die Sexualität mit einem Alkoholkranken ist meist gestört, weil chronischer Alkoholismus zu Impotenz führen kann.

Wenn ein Alkoholabhängiger alles verloren hat, kann das unkonventionelle Folgen haben, wie das folgende Beispiel zeigt:

Der Waldmensch aus Berlin

Nach einem Streit mit seiner Frau zog Konrad S. (60 Jahre) in den Berliner Wald, wo er seit 28 Jahren in einem Zelt lebt. Er war früher einmal gelernter Zaunsetzer, sogar in Kuwait verdiente er viel Geld. Aber er verlor alles. Er verlor seinen Job, seine Frau und seine Wohnung.

Er verfiel auch dem Alkohol. Früher war es der Eierlikör, der wie Pudding schmeckte. Heute bleibt er beim Bier. Trotz Zelt schafft er es, ein einigermaßen gepflegtes Äußeres zu wahren. Er lebt vom Sammeln von Pfandflaschen in der Innenstadt. Er lebt ohne Papiere und ist aus dem Hartz-IV-Netz auch rausgeflogen. Aber er überlebt, und dies seit 28 Jahren nach dem Motto: Lieber bei Mutter Natur als Stress mit der Frau.[135]

Je mehr der Alkoholiker die Kontrolle verliert, desto stärker versucht der Co-Abhängige den Alkoholabhängigen und seinen Alltag zu kontrollieren. Der Süchtige und der Co-Abhängige sind wie ein Schlüssel und ein Schloss. Sie ergänzen sich. Beide sind sowohl Täter als auch Opfer. Der Süchtige terrorisiert und mobbt den Partner mit seiner Trunkenheit, seinen verbalen Ausfällen und seiner Aggressivität. Der Co-Abhängige unterstützt unbewusst das Suchtsystem des Abhängigen und trägt so auch zur Aufrechterhaltung der Aggressivität des Süchtigen bei. Für Außenstehende sind solche Beziehungen katastrophal, sie gehören jedoch zu den haltbarsten. Trennungen und Loslösung aus Beziehungen dieser Art sind harte Arbeit.

Eine *sadomasochistische Beziehung* ist ähnlich strukturiert wie die eines Süchtigen und Co-Abhängigen. Der Masochist identifiziert sich unbewusst mit dem Sadisten und erfährt so aggressive Triebbefriedigung. Ebenso unbewusst leidet der Sadist auch mit dem Masochisten mit.

Aber nicht nur Alkohol- und Nikotinabhängigkeit, sondern beispielsweise auch Arbeitssucht wirkt sich schädlich auf die Partnerbeziehung aus. Ein Workaholic-Chef macht seine Mitarbeiter »krank«, indem er unmenschliche und ungesunde Maßstäbe setzt.

Beziehungen funktionieren wie im Wirtschaftsleben. Gibt es Einzahlungen oder nur Abhebungen vom Konto? Wie ist der gemeinsame Kontostand? Gibt es eine halbwegs gerechte Verteilung und Balance von Geben und Nehmen?

Sucht und Co-Abhängigkeit sind letztlich als Entwicklungskrise für beide Partner zu verstehen, die den Sinn hat, die eigene Persönlichkeit weiterzuentwickeln.

Unter jedem Dach ein Ach.
Berliner Spruchweisheit

Teil V

Gewalt

Was du nicht willst, dass man dir tu,
das füg auch keinem andern zu.

Deutsches Sprichwort

Aus dem Grundgesetz der Bundesrepublik Deutschland:
Artikel 1,1:
Die Würde des Menschen ist unantastbar. Sie zu achten und zu schützen ist Verpflichtung aller staatlichen Gewalt.

Artikel 2,2:
Jeder hat das Recht auf Leben und körperliche Unversehrtheit. Die Freiheit der Person ist unverletzlich. In diese Rechte darf nur auf Grund eines Gesetzes eingegriffen werden.

Aus dem Gesetz zum zivilrechtlichen Schutz vor Gewalttaten und Nachstellungen (Gewaltschutzgesetz):

§ 1 Gerichtliche Maßnahmen zum Schutz vor Gewalt und Nachstellungen
(1) Hat eine Person vorsätzlich den Körper, die Gesundheit oder die Freiheit einer anderen Person widerrechtlich verletzt, hat das Gericht auf Antrag der verletzten Person die zur Abwendung weiterer Verletzungen erforderlichen Maßnahmen zu treffen. Die Anordnungen sollen befristet werden; die Frist kann verlängert werden.

Das Gericht kann insbesondere anordnen, dass der Täter es unterlässt,
1. die Wohnung der verletzten Person zu betreten,
2. sich in einem bestimmten Umkreis der Wohnung der verletzten Person aufzuhalten,
3. zu bestimmende andere Orte aufzusuchen, an denen sich die verletzte Person regelmäßig aufhält,
4. Verbindung zur verletzten Person, auch unter Verwendung von Fernkommunikationsmitteln, aufzunehmen,
5. Zusammentreffen mit der verletzten Person herbeizuführen,

soweit dies nicht zur Wahrnehmung berechtigter Interessen erforderlich ist.[136]

Die Feindseligkeit in Partnerschaften – von uns als Mobbing bezeichnet – nimmt verschiedene Formen an. Sie unterscheidet sich quantitativ und qualitativ.

Die Feindseligkeit verläuft in einem *quantitativen Kontinuum* und geht von leicht ausgeprägter nonverbaler Feindseligkeit (vorwurfsvolle Mimik, Schweigen usw.) über verbale Feindseligkeit (Dauerkritik, Beschimpfen, Vorwürfe usw.) bis hin zu körperlicher Gewalt, Vergewaltigung und Mord.

Unser Thema *Mobbing in der Partnerschaft* wird in der wissenschaftlichen und in der an eine breitere Öffentlichkeit gerichteten Literatur unter der Überschrift »Häusliche Gewalt« abgehandelt. Häufig synonym verwendete Begriffe sind *Gewalt in der Familie* und *Gewalt in Ehe und Partnerschaft.*

In der wissenschaftlichen wie populären Literatur zum Thema *Häusliche Gewalt* wird zwar psychische Gewalt erwähnt, der Schwerpunkt der Forschung liegt aber auf der physischen Gewalt. Das hängt damit zusammen, dass psychische Gewalt oft nicht wahrgenommen wird und wissenschaftlich schwer zu erfassen ist. Außerdem ist der Begriff »Gewalt« umgangssprachlich eher mit körperlicher Gewalt assoziiert. Psychische Gewalt wird hingegen kaum polizei- oder justizkundig.

Die psychische Gewalt ist deshalb selten im Blickfeld. Es sollte allgemein jedoch ein Bewusstsein dafür geschaffen werden, dass psychische Gewalt ähnlich verletzende und traumatisierende Auswirkungen haben kann wie körperliche Gewalt.

Alles, was mit Trieb, Macht, Sucht, Gewalt und den dunklen Seiten der Seele zu tun hat, unterliegt Mechanismen der Verleugnung und Tabuisierung. Positive Lösungsansätze wie der Erfolg von Selbsthilfegruppen oder der Ansatz von Marshall B. Rosenberg, die gewaltfreie Kommunikation im Sinne einer Friedensarbeit im Kleinen, schaffen es nicht in die breite öffentliche Wahrnehmung.

Mobbing kennt jeder aus der Arbeitswelt. Angewendet auf die Partnerschaft ermöglicht der Begriff *Mobbing* eine Auseinandersetzung und Reflexion im größeren Rahmen zum Thema Gewalt in Beziehungen.

Der Vorteil des Mobbing-Begriffs ist, dass er die psychische und sprachliche Gewalt einbezieht, die der körperlichen Gewalt in der Regel vorausgeht. Ein frühzeitiges Erkennen psychischer Gewalt und eine adäquate Grenzziehung und Intervention kann das Auftreten körperlicher Gewalt dann eventuell verhindern.

Denn Mobbing in der Partnerschaft kann tödlich sein. Mobbing kann sogar bis zum Suizid eines Partners führen. Oder ein jahrelanger quälender Mobbing-Verlauf kann zu Krankheit bis hin zu einer Krebserkrankung beitragen. Mobbing in der Partnerschaft kann als letzte Steigerungsmöglichkeit destruktiver Feindseligkeit bis zum Mord gehen.

Machtstreben spielt beim Mobbing eine große Rolle. Nach der klassischen Definition von Max Weber: »*Macht bedeutet jede Chance, innerhalb einer sozialen Beziehung den eigenen Willen auch gegen Widerstreben durchzusetzen.*«[137]
Macht und Gewalt ist ein Tabu-Thema mit großer Dunkelziffer. Gewalt von Frauen gegen Männer wird seltener von Seiten der Männer angezeigt. Gewalt von Männern gegen Frauen erscheint häufiger in der Statistik.
Im Bewusstsein der Öffentlichkeit haben Männer eher die Täterrolle und Frauen die Opferrolle bei Gewaltausübungen. Obwohl wir im Zeitalter der weltweiten Kommunikation und Globalisierung leben, geht es im zwischenmenschlichen Bereich oft zu wie im Mittelalter.

Die eigentliche Kunst also
wäre es zu lieben, ohne
den zugehörigen Hass zu speichern.
Elias Canetti

1

Stalking

Stalking – »Heirate mich, mein Opfer«
Ein liebestoller Stalker lässt die blonde Geschäftsfrau Vera T. (32) nicht einmal vor Gericht in Ruhe. Der »Liebes-Terrorist« Lars A. (35) aus Berlin Friedrichshain ist angeklagt wegen Stalking. Stallking-Opfer Vera T. bekam durch das Martyrium Hautausschlag.

Mit einem Satz springt der Zwei-Meter-Mann von der vergitterten Anklagebank mitten im Gerichtssaal 820. Richtet sich auf, ruft: »Ich liebe dich, willst du mich heiraten? Ich frage dich das nicht noch mal!« Die Frau vor ihm bricht zitternd in Tränen aus – aber nicht vor Freude ...

Berlins bizarrster Heiratsantrag – der Richter spendierte die Ringe: Er ließ den Mann in Handschellen legen.

ER heißt Lars A. (35). Braungebrannt, Hartz IV. Ein liebeswahnsinniger Stalker.

SIE heißt Vera T. (32). Geschäftsfrau. Blond. Attraktiv. »Seit vier Jahren terrorisiert er mich mit kranker Liebe«, sagt sie. »Sperrt ihn endlich weg!«

ER fixiert sie wie ein Jäger die Beute. »Ich hasse die Macht, die du über mich hast«, schrieb er – »du bist ein Vampir, der die Kraft aus mir saugt.«

SIE ist nirgendwo sicher. Weder im Büro (Kuss-Attacken) noch daheim (schlug Tür mit Vorschlaghammer ein).

ER ist von ihr besessen: »Du süße, ausgekochte Hexe, ich bin dein Liebeskasper, ich weiß, dass du mich liebst!«

SIE zeigte ihn 40-mal an. Anfangs machten sich die Polizisten noch lustig: »Das bilden Sie sich doch alles nur ein.«

ER ignorierte zwei Einstweilige Verfügungen. Überfiel sie kurz vor dem Prozess erneut.

SIE bettelte den Richter an: »Schützen Sie mich!« Der Richter befahl, die Polizei solle ihn festnehmen, zur Psycho-Klinik bringen: »Eilig!«

ER blieb tagelang auf freiem Fuß. Lauerte ihr wieder auf. Bei der Polizei hieß es: »Wir wissen von nichts.« Beim nächsten Überfall gelang es ihren Kollegen, ihn einzusperren – jetzt sitzt er vor Gericht.

ER grinst sie diabolisch an und brüllt: »Ich verurteile dich zu lebenslang, du gehörst mir!«[138]

Wir sehen Stalking als eine Sonderform von Mobbing. Der Begriff Stalking wie Mobbing kommt aus dem Englischen, und beide englischen Worte wurden in die deutsche Sprache integriert. Stalking entstammt der Jagdsprache und bedeutet, einem Beutetier auf der Spur zu sein und es zu verfolgen.

Man versteht unter Stalking die obsessive Verfolgung und obsessive Belästigung, die gegen ein bestimmtes Individuum gerichtet ist. Nach Westrup sind drei Merkmale für Stalking bedeutsam:

· Das Stalking-Verhalten tritt mehr als einmal auf und richtet sich gegen eine bestimmte Person.
· Die Kommunikation und Annäherung wird als grenzverletzend und unerwünscht empfunden.
· Das Stalking löst beim Stalking-Betroffenen Angst und Besorgnis aus.

Ähnlich wie beim Thema Gewalt gibt es Stalking etwa gleich häufig von Seiten beider Geschlechter. Die meisten Stalking-Opfer der aggressiveren Variante sind jedoch Frauen. Frauen betreiben auch Stalking, jedoch meist in einer weniger aggressiven Form.

Die folgende Mindmap gibt eine Übersicht über die Arten von unerwünschter Kontaktaufnahme durch Stalker (angeordnet nach Häufigkeit rechts oben beginnend):[139]

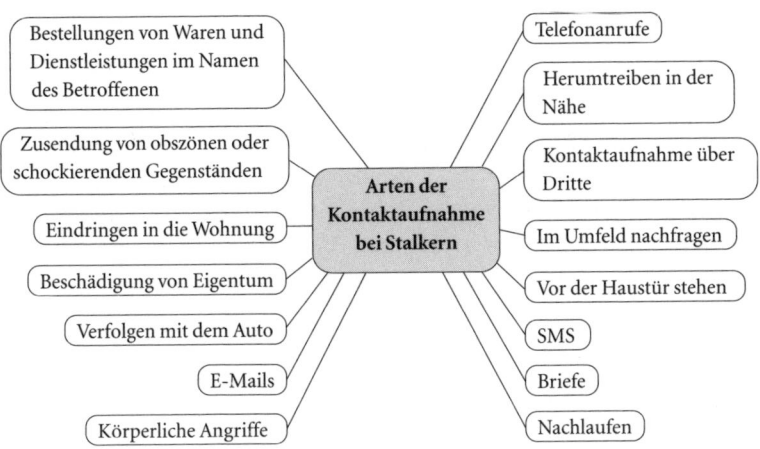

Zur Beziehungskonstellation zwischen Stalkern und Betroffenen:
Die häufigsten Stalker sind *Ex-Partner* (fast 50 %). Die anderen 50 % verteilen sich auf Bekannte, Fremde, Arbeitskollegen, so genannte Freunde, professionelle Kontakte (z.b. Kunden, Patienten, Schüler, Mandanten), Familienmitglieder.[140]

Die Motive von Stalkern lassen sich in vier Gruppen einteilen:[141]
· Der abgewiesene und verlassene Stalker
· Der beziehungssuchende Stalker
· Der wahnhafte Stalker (auch Prominenten-Stalker)
· Der rachemotivierte Stalker

Wissenschaftliche Studien haben ergeben, dass es unter den Stalkern eine Häufung von *Borderline*-Persönlichkeiten gibt (Näheres zur Borderline-Persönlichkeitsstörung, siehe S. 91).

Die von Stalking Betroffenen reagieren mit ähnlichen Beschwerden wie Mobbing-Betroffene: Die Symptome reichen von Angst, Schreckhaftigkeit, Depressionen, sozialem Rückzug, Misstrauen bis hin zu massiven psychosomatischen Beschwerden, vor allem Schlafstörungen.

2

Rache am Ex

Häufig kommt es nach einer Trennung vom Partner zu einer Eskalation, die sich in Gewalt, Stalking und auch Rache zeigen kann. Eine Parallele zur Arbeitswelt ist die Rache am Chef, besonders häufig nach dem Verlust eines Arbeitsplatzes. Die Rache kann bis zum Amoklauf gehen, wie vor allem Beispiele aus den USA zeigen. Viele Angestellte rächen sich auch während eines noch bestehenden Anstellungsverhältnisses an ihrem Chef für vermeintliche oder tatsächliche Kränkungen. Ihre Macht zeigt sich beispielsweise in innerer Kündigung, Computersabotage, Unterschlagung, Diebstahl etc.[142]

Wie das Sprichwort sagt: *Rache ist süß.* Der Psychoanalytiker Leon Wurmser sieht Rache als Ausdruck des grundlegenden menschlichen Bedürfnisses, etwas passiv Erlittenes in eine aktive Handlung umzuwandeln.[143] Der Racheakt am Ex-Partner kann von leichter bis zu massiver Schädigung und Gewalt gehen.

Manche Racheakte von verlassenen Partnern lösen bei Nicht-Betroffenen eher ein Schmunzeln aus. So gab eine Frau, deren Ehemann sie mit drei kleinen Kindern sitzen ließ und eine Arbeitskollegin schwängerte, folgende Zeitungsanzeige auf:»*Dem erfolgreichen ... Kollegen-Fortpflanzungsduo Jürgen ... + Bettina ... Herzlichen Glückwunsch zum außerehelichen ›Firmen-Unfall‹!!! Es gratulieren die Ehefrau ;-)) des Befruchters sowie die ehelichen Söhne!*«[144]

Andere Rache-Aktionen sind allerdings weniger witzig. Eine Frau lud ihren Ex zum ungarischen Gulasch ein. Sie servierte stattdessen jedoch Hundefutter der Geschmacksrichtung Wild. Der Phantasie für Racheakte verlassener oder betrogener Partner sind keine Grenzen gesetzt, vom Aussetzen einer Ratte in der Wohnung des Ex bis zur anonymen Anzeige beim Finanzamt.[145]

Das Prinzip *Auge um Auge, Zahn um Zahn* ist zwar verständlich, aber es bedeutet keine erwachsene und zivilisierte Form des Umgangs miteinander. Ähnlich wie der Hass bedeutet die Rache eine unbewusste Form der Aufrechterhaltung einer Bindung, wenn auch in negativer Form. Rache und Hass helfen nicht bei der Ablösung. Sie haben vielmehr die unbewusste Funktion, vom eigenen Anteil an der entstandenen Situation abzulenken. Statt den eigenen Schmerz zu spüren, wird dem anderen Schmerz zugefügt nach dem Motto: *lieber du als ich.*

3

Einfluss der Medien

Beim Thema Gewalt ist der Einfluss der Medien auf die Gewaltbereitschaft nicht zu übersehen. Im Fernsehen und in den neuen Medien wird sehr viel Gewalt gezeigt. Laut einer Untersuchung der Programme von sieben Fernsehsendern in Deutschland flimmern pro Woche ca. 481 Morde über den Bildschirm.[146]

Die Medien fokussieren insgesamt sehr stark auf Negatives, selten auf Positives. Es geht meist um *Sex and Crime*. Die Sexualisierung der Gesellschaft ist auch eine Maskierung der oralen, emotionalen und kindlichen Bedürfnisse.

Es fällt immer wieder auf, wie mediterrane Völker in der Mehrheit ein für Kinder und Erwachsene freundlicheres Klima schaffen. Interessant wäre in zukünftigen Studien den Vergleich zu ziehen, wie in anderen Ländern, Religionen und Kulturen mit dem Thema Liebe, Partnerbeziehung und Trennung umgegangen wird. Durch die Globalisierung gibt es auch immer mehr bi-nationale und bi-kulturelle Paarbildungen bzw. Mischehen. Vielleicht kommt es nicht allein auf die Kultur und Religion an als vielmehr auf das mehr oder weniger komplizierte Mischungsverhältnis von Kindheitserfahrungen, Charakterstrukturen und kulturellen Prägungen.

4

Gewalt und Trennung

Im Brennpunkt der Gewalt steht häufig die Trennung. Nach der Trennung wird manchmal eine ganze Familie ausgelöscht, in der Regel vom Ehemann, der am Schluss Selbstmord begeht.

Sinnvoll wäre es, den Partner in Liebe loszulassen, nach dem Bild einer Brücke zwischen zwei Nationen, im Sinne des Prinzips »sowohl als auch«, eine neue Art der Verbindung trotz Trennung zu bilden. Wenn ein Partner auf einen Schlag alles verliert, besteht die Gefahr einer Gewalt-Eskalation. Erfolgt die Trennung jedoch behutsam, allmählich und menschlich für beide Seiten, kann eine neue Form des Kontakts gefunden werden. Im Idealfall ist ein friedliches Auseinandergehen möglich. Abrupte Trennungen beinhalten das Risiko von Gewaltzuspitzung als Reaktion auf die erlebte Hilflosigkeit, Ohnmacht und die narzisstische Kränkung.

Eine unmenschlich durchgeführte, den Partner verachtende Trennung spricht nicht für ein reifes Verhalten. Man wird dadurch auch zum Täter. Vielleicht hat man als Kind eine schwierige Trennung passiv erlebt, die man im Erwachsenenalter im gleichen Stil aktiv-rächend weitergibt.

Wie kommt es dazu, dass Menschen bei Trennungen »durchdrehen«? Ein wichtiger Aspekt bei Mord und Gewalt ist mitunter der missglückte und misslungene Ausdruck von Gefühlen. Gewalt geht einher mit Sprachlosigkeit und mangelnder konstruktiver Konfliktfähigkeit. Wer Gewalt ausübt, hat meist in der Kindheit auch Gewalt erlebt und erfahren. Er läuft Gefahr, im Erwachsenenleben entweder Täter oder erneut Opfer zu werden, weil er unbewusst die Kindheitserfahrung und Kindheitsmuster wiederholt.

Gewalt bedeutet immer Schwäche. Nach Marshall B. Rosenberg ist Gewalt der tragische Ausdruck eines unerfüllten Bedürfnisses.[147] Wenn es nicht gelingt, Gefühle wahrzunehmen und in Sprache zu verwandeln, sucht sich die Seele andere Ventile. Das kann sich in psychosomatischen Symptomen zeigen oder in Gewalthandlungen. Gewalt ist der letzte verzweifelte Versuch, einen Konflikt zu lösen.[148]

Gewalt ist in diesem Sinne auch eine Sprache. Es geht darum, sowohl für den Täter als auch das Opfer einer Gewaltbeziehung eine neue Sprache zu finden. Die meisten Fertigkeiten müssen wir erlernen. So gibt es auch Regeln, die das Zusammenleben und Zusammenarbeiten ermöglichen. Ohne Beachtung dieser Regeln gäbe es nur Chaos und Krieg. Wichtig dabei ist, sich über die Regeln auszutauschen und sie zu kommunizieren. Es fährt kein Autofahrer bei Rot über die Ampel, außer er möchte Punkte in Flensburg riskieren. In Beziehungen ist es nicht viel anders. Auch hier brauchen wir hin und wieder eine Ampel, die auf Grün, Gelb oder Rot schaltet und damit freie Fahrt oder Stopp signalisiert.

Überall, wo es zu dauerhafter körperlicher oder seelischer Gewalt kommt und damit die Gefahr der Gewöhnung und Gewaltsteigerung für Akteure und Betroffene gegeben ist, empfehlen wir dringend ein ähnliches Vorgehen wie bei Sucht:

· Das Thema Gewalt nicht verleugnen.
· Die Wahrheit sagen, z.B. nicht:»Ich bin die Treppe runtergefallen«, sondern »Mein Partner hat mich geschlagen«.
· Gespräche mit professionellen Helfern suchen, z.B. eine Psychotherapie beginnen.
· Beratungsstellen für Eheberatung und Gewalt in der Ehe kontaktieren.

Das Wichtigste beim Thema Gewalt ist, das Schweigen zu durchbrechen. Wir empfehlen bei Gewalt dringend, sich an professionelle Beratungsstellen zu wenden. Sich allein aus dem Sumpf zu befreien gelingt selten.

Menschen, die mit einem Partner zusammenleben, der zu Gewalt neigt, haben es bei einer Trennung noch schwerer. Sie befürchten die gewalttätige Rache des Partners. Sie werden vom Partner oft manipuliert und eingeschüchtert. Oft droht der Partner sogar mit Suizid oder Mord im Fall einer Trennung. Damit versucht er die Trennung zu vermeiden. Das erklärt die Abhängigkeit und warum viele zu einem gewalttätigen Partner zurückkehren. Die Flucht ins Frauenhaus war dann umsonst. Der Kreislauf von massiver Aggression und anschließenden Versöhnungsszenarien ist teuflisch. Beratung kann Auswege aufzeigen.

Gewalt birgt immer
ein Element der Verzweiflung.
Thomas Mann

Das Tiger- und das Affenbaby

> *Wir haben wohl manches vor dem Tiere voraus;*
> *aber es ist nichts im Tiere,*
> *was nicht auch in uns wäre.*
>
> Ludwig Börne

In einer indonesischen Tierklinik entwickelte sich eine vollkommene Freundschaft zwischen dem vier Wochen alten Tigerbaby Dema und dem fünf Monate alten Orang-Utan-Baby Irma.[149] Beide Tierbabys wurden von ihren Müttern verstoßen. Was in der freien Wildbahn unmöglich wäre, ist unter diesen Bedingungen möglich. In der Natur würden sich Tiger und Orang-Utan nicht zueinander gesellen. Im Gegenteil, Menschenaffen könnten leicht ein Snack für einen Tiger werden.

Diese kleine Geschichte dient dazu, sich in einer Gewaltsituation vorzustellen, dass der destruktive Partner in Wahrheit ein verstoßenes kleines Tigerbaby und eigentlich nur auf der Suche nach Liebe ist, was in der Akut-Situation bis zur Unkenntlichkeit entstellt ist.

Die folgende Paar-Geschichte zeigt, dass Gewalt nicht nur gegen Frauen existiert, sondern dass auch Männer von Frauen Gewalt erfahren. Gewalt gegen Männer ist ein noch größeres Tabuthema in unserer Gesellschaft als Gewalt gegen Frauen. Wissenschaftliche Studien weisen darauf hin, dass Gewalt von beiden Geschlechtern gleichermaßen verübt wird.[150]

Gewalterfahrung bei Männern ist jedoch mit enormen Scham- und Minderwertigkeitsgefühlen verbunden, da es die männliche Identität betrifft. Es gibt auch noch keine Männer-Häuser. Anti-Gewalt-Beratungsstellen für Männer gibt es eher für männliche Täter.

Die Gewalt gegen Frauen soll nicht verharmlost werden. Körperliche Gewalt bis hin zu Mord wird in der Mehrheit von Männern gegenüber Frauen ausgeübt. Es ist vergleichsweise selten, dass eine Frau ihren Partner umbringt.

Die Gefahr der Gewaltkriminalität von Männern gegenüber Frauen ist besonders hoch im Fall von Trennung und Scheidung, vor allem wenn die Trennung von der Frau betrieben wird und der Mann den Verlust und die Trennung nicht verkraftet.

Italienische Polizeibeamtin bedroht Ehemann mit ihrer Dienstwaffe
Eine italienische Polizeibeamtin mit dem Spezialgebiet sexueller Missbrauch ist seit neun Jahren mit einem Chinesen verheiratet. Maria ist 45 Jahre alt. Ihre Vorfahren väterlicherseits kamen aus Moskau. Wang ist 39, Chinese und wuchs in Shanghai auf. Er ist pakistanischer Abstammung. Die Angehörigen seines Familienclans sind seit Generationen Moslems.

Wang war bei Freunden in Rom zu Besuch, als er Maria in einem Café in der Nähe des Kolosseums kennen lernte. Maria hatte aus erster Ehe mit einem italienischen Schuhverkäufer einen fünfjährigen Sohn Luca.

Wang zog nach Italien und heiratete Maria bereits nach sechs Monaten. Die Ehe dauerte neun Jahre. Nach dem verflixten siebten Jahr nahmen die Konflikte allerdings überhand. Wang arbeitete hart als Küchenhilfe in einem China-Restaurant und kam meist sehr spät und todmüde nach Hause. Seine Frau hatte kein Verständnis, wenn er an seinem freien Tag Ruhe und Zeit für sich brauchte.

Auch die kulturellen Eigenheiten der Muslime, sich mit Freunden im Café zu treffen und die Moschee zu besuchen, waren ihr unverständlich. Sie wollte immer wissen, mit wem und worüber er gesprochen und was der Imam in der Moschee gesagt hat. Und sie wollte überall dabei sein. Einmal beschimpfte sie ihn als »dummen Hilfsarbeiter-Primitivling«.

Wenn sich Wang schick anzog, unterstellte sie ihm Frauen-Bekanntschaften. Die Ehe mit Maria wurde für ihn zur Hölle. Eines Tages, als er gerade wieder in die Moschee gehen wollte, unterstellte sie ihm, dass er bestimmt nur seine Freundin besuchen wolle. Sie holte ihre Dienstwaffe aus dem Schlafzimmer und hielt ihm die Pistole an die Schläfe. Sie sagte zu ihm: »*Wenn das so weitergeht, bist du tot.*«

Wang kann sich nicht erinnern, wie er aus dieser gefährlichen Situation herauskam. Offenbar ließ Maria von ihm ab, als der Sohn schrie. Nach dieser Gewaltszene lief Wang wie in Trance durch die Straßen Roms. Eine innere Stimme sagte zu ihm: Du ziehst da jetzt sofort aus. Er übernachtete bei einem Freund und siedelte einige Wochen später zu Freunden nach Berlin um.

Fazit

In der Beratung wird offensichtlich, dass Wang immer noch unter einer posttraumatischen Belastungsstörung leidet. Er ist froh, seine Erfahrungen erstmalig im Gespräch schildern zu können. Bisher hatte er mit niemandem darüber gesprochen. Im Gespräch erst wird ihm bewusst, dass das Erlebte außerhalb der Normalität anzusiedeln ist. Durch die Beratung erlangt er eine neue Perspektive, die Dynamik zu verstehen.

Aus der Kindheit von Maria wusste er, dass sie streng katholisch erzogen und recht früh in ein Internat gegeben wurde. Dieses strenge Regime führte sie unbewusst in ihre Ehe ein. Sie gab aktiv weiter, was sie passiv erlitten hatte. Der erste Ehemann, ein Italiener, brach schnell aus dem bereits damals von ihr konstellierten Ehe-Gefängnis aus. Der zweite Ehemann Wang kam aus einem fremden Land und einer ganz anderen Kultur und Religion. Er bekam durch die Eheschließung mit Maria das Aufenthaltsrecht. Dadurch bestand eine Abhängigkeitsbeziehung. Maria dachte, ihn so »anketten« zu können.

Gewalterfahrungen in der Partnerschaft lassen häufig keinen anderen Ausweg zu, als sich zu trennen. Auf der anderen Seite ist die Trennungsphase eine äußerst sensible Phase, in der es auf die soziale und menschliche Kompetenz von beiden Partnern ankommt.

Teil VI

Trennung

> *Trennung per Handy: Prinz William trennt sich von Kate*
> Per Handy soll Prinz William aus England, Sohn von Diana, seine fünfjährige
> Beziehung zu Kate Middleton beendet haben.
> Das ist kaum die »feine englische Art«, eine Beziehung durch ein Telefonat
> oder eine SMS zu beenden. Sicher ist ein persönliches Trennungsgespräch
> schwierig, jedoch menschlicher.[151]

Hin und wieder mag es Gründe geben, sich auf diesem Weg zu trennen.
Sei es aus Angst vor sich selbst, da man befürchtet, im persönlichen Gespräch die Trennungsabsicht nicht durchsetzen zu können. Oder Angst
vor der Reaktion des Partners, die Befürchtung, die Situation gemeinsam
mit dem anderen nicht bewältigen zu können, Angst vor Weinanfällen,
vor Vorwürfen, hysterischen Anfällen bis hin zu Gewalt.

Aber auch eine Trennungserklärung per SMS kann aggressionsaus-
lösend sein. Sehr viele haben Probleme bei der Kontaktanbahnung und
beim Flirten, und ebenso viele haben ein Problem, sich auf menschliche,
liebevolle Art zu trennen.

Schuldgefühle können ebenfalls eine Rolle spielen. Vielleicht gibt es
schon jemand anderen. Man möchte das aber nicht offen sagen und auch
nicht dabei ertappt werden.

Es ist aber auch Ausdruck unserer schnelllebigen Zeit, dass wir uns
nicht mal die Zeit nehmen, dem anderen persönlich eine Trennungsent-
scheidung mitzuteilen. Der Psychoanalytiker und Paartherapeut Michael
Lukas Moeller sagt, wir leben in einer Zeit der *beziehungsreichen Beziehungslosigkeit*. Mit der Quantität geht die Qualität verloren.

Nach einer Umfrage des englischen Meinungsforschungsinstitutes
Mori hat jeder fünfte Jugendliche bereits einmal per SMS Schluss gemacht.[152] Da sich viele im Internet und durch Chatten kennen lernen, ist
eine Trennung per SMS das elektronische Pendant.

Die junge österreichische Sängerin Christina Stürmer beschreibt in
ihrem Lied *Scherbenmeer* die seelischen Schmerzen, die Trauer und die
Wut nach einer Trennung.[153]

> *Delphin in Trauer*
> Das Delphin-Weibchen Mary G. aus dem Delphinarium von Riccione verfiel
> nach dem Mord an seiner Pflegerin in so tiefe Trauer, dass es die Nahrung ver-

weigerte. Die 37-jährige Pflegerin war von ihrem Nachbarn erstochen worden, weil angeblich ihre Hunde zu laut gebellt hatten. Delphin Mary nahm nach dem Tod der Pflegerin 50 Kilo ab. Sie erbrach nach jeder Nahrungsaufnahme.[154]

Dieses Beispiel zeigt, dass Trauer ein archaisches Verhaltensmuster ist, das Menschen und Tiere haben. Delphine sind sehr sensible und sozial orientierte Säugetiere, die über eine hohe Intelligenz verfügen. Bei der Therapie autistischer Kinder sind Delphine oft die einzigen akzeptierten »Therapeuten«.

In der Trennung zeigt sich der wahre Charakter.
Rosa Luxemburg

Warum haben viele Menschen eine so große Angst vor Trennung? Jede Trennung aktiviert und aktualisiert eine Trennungs- oder Verlusterfahrung aus der Kindheit.

Außerdem wird in Partnerschaften oft die Beziehung zu den Eltern wiederholt. Gefühlsmäßig rutschen wir in traumatische kindliche Verlassenheitssituationen zurück.

Für Kinder sind Trennungen und Verlassenheitssituationen von den Eltern mit Todesängsten verbunden. Kleinkinder sind immer extrem hilflos und von Versorgung und Fürsorge abhängig. Anders in der Tierwelt: Krokodile beispielsweise kommen mit Zähnen auf die Welt und können schwimmen.

Erwachsene müssen in einer Trennungssituation den Verstand einschalten, um sich von den kindlichen Ängsten zu distanzieren. Man muss sich vor Augen halten, dass man eben nicht mehr der kleine Anton oder die kleine Susi ist.

Als Erwachsener bestehen ganz andere Möglichkeiten, mit der Verlust- oder Trennungssituation umzugehen, als dies einem Kind möglich ist. Ein Erwachsener kann die Situation verlassen. Er kann sich trennen. Als Kind konnte er nicht einfach gehen, sondern war auf Gedeih und Verderb auf die Eltern angewiesen.

Dennoch erfordert es Mut und Überwindung, ganz zu gehen bzw. sich zu trennen. Oft ist noch ein kindlicher Teil in uns verhaftet. Es kommt allerdings auch auf den individuellen Charakter an.

Zum kindlichen Verhaltensmuster gehört auch, dass man an der Hoffnung festhält, der Partner könnte sich eines Tages ändern. Als Kind hat einem die Hoffnung, Mama oder Papa könnten sich doch noch ändern,

das Überleben gesichert. Viele waren als Kinder in einer *double bind*
Situation. Die Eltern waren unberechenbar, mal lieb, mal böse. Deshalb
die Hoffnung, dass eines Tages nur noch das Gute da ist.

Der Partner im Sinne einer Wiederholung der Kindheitsbeziehung zu
den Eltern dient positiv gesehen als *Entwicklungschance*, weil man jetzt
lernen kann, sich zu trennen, was man als Kind nicht konnte. Wenn der
Partner so ähnlich ist wie der Vater oder die Mutter, ermöglicht uns die
Trennung vom Partner, uns zugleich von den Geistern unserer Kindheit
loszusagen.

Bei Verlust des Partners durch Trennung oder auch Tod ist es wichtig,
sich auf sich, auf die eigenen Kräfte zu besinnen. Dies ist für die Trauerarbeit absolut nötig. Die Trauer um den Verlust ist unvermeidbar. Am Ende
des Tunnels gibt es jedoch auch wieder Licht. Dies lehrt uns die Natur, in
der nach dem Herbst und Winter ein Neubeginn durch Frühling und
Sommer folgt.

Neben der Trauerarbeit gibt es vielleicht auch parallel eine neue
»Grünfläche«, wo etwas Neues entsteht und wo auch Freude ist. Nach
einer Trennung oder beim Verlust des Partners sollte man aktiv werden,
sich nicht verkriechen und isolieren. Das kann eine Anmeldung in einer
Tanzschule oder in einem Fitness-Studio sein. Dort kann es gelingen, aus
der Isolation herauszukommen, unverbindlich neue Leute kennen zu lernen und Spaß zu haben.

Tanz, kreative und sportliche Aktivitäten sind nicht unbedingt vom
Alter abhängig. Jede Art kreativer Betätigung (Malen, Musizieren, Schreiben, Tanzen, Theatergruppe, Lesezirkel, Handarbeit oder Handwerk etc.)
hilft, aus einer zu großen Abhängigkeit vom Partner herauszutreten.

> *Man soll sein Leben nicht nur*
> *an einen Anker ketten.*
> Griechisches Sprichwort

Den Partner als »Entwicklungshelfer« zu sehen, mit dessen Hilfe wir
etwas aus dem früheren Leben Unabgeschlossenes aufarbeiten können,
heißt auch, bei einer Trennung nicht von Scheitern sprechen zu müssen.
Sondern es kann eine *Dankbarkeit* bleiben für das Geschenk, das der
Partner einem durch sich gegeben hat.

Dieser Gedanke hilft, eine liebevolle und behutsame Trennung zu vollziehen und den anderen nicht als schuldig abzuwerten. Eine Trennung in
Liebe und Würde ist ein *sowohl als auch*. Ein Paar trennt sich zum Beispiel

auf dem Papier, aber bleibt in einer Art Liebesbeziehung, Freundschaft oder in losem Kontakt. Manche heiraten sogar ein zweites Mal, weil es offenbar notwendig war, durch die Scheidung mehr Abstand zu schaffen. Trennung in Liebe bedeutet, sich einerseits zwar zu distanzieren, andererseits jedoch eventuell weiter füreinander da zu sein in einer abgewandelten Form.

Oft finden sich Partner, die die gleichen Trennungsschwierigkeiten haben. Sie schaffen über den Weg der langsamen und behutsamen Trennung eine Reifung für sich selbst. Je liebevoller und menschlicher Trennungsprozesse gestaltet werden, desto besser ist dies für beide Partner.

In der Realität kommt Mobbing gerade bei Trennung oft massiv vor. Viele Menschen harren in gewalttätigen und desaströsen Mobbing-Beziehungen aus, weil sie eine große kindliche Angst vor Einsamkeit und Verlassenheit verspüren. Nach dem Motto: *Lieber mit dem Teufel zusammen als allein.* Dann wird Gewalt als eine perverse Form der Liebe akzeptiert, statt auf sich allein gestellt zu sein. Oft bietet der Partner das aus der Kindheit zutiefst vertraute Elend.

Besser auseinandergehen in Einigkeit,
als immerdar beisammen sein
in Zank und Streit.
                    Carl Spitteler

Bernd & Barbara Herzsprung – Ehe aus!
Nach 28 Jahren ist die Ehe von Bernd und Barbara *Herzsprung* am Ende! Das Ehepaar hat zwei Töchter. Eine Tochter verfolgt erfolgreich die Karrierespur des Vaters als Schauspielerin. Barbara Herzsprung »*hat gekämpft wie eine Löwin, aber irgendwann ist auch die stärkste Leidenschaft erloschen. Barbara Herzsprung fährt ihre Liebes-Pranken ein.* ›*Unsere Ehe ist endgültig zu Ende... Jetzt ist der richtige Zeitpunkt für einen radikalen Neuanfang. Deswegen habe ich meinen Job als Ehefrau bei Bernd gekündigt.*‹«[155]

1

Selbsthilfe bei Trennung – Tagebuch und Träume

In einer Trennungssituation ist ein Tagebuch, speziell auch ein Traumtagebuch, hilfreich, wie die folgende Geschichte zeigt:

Stefanies Traum

Stefanie ist verheiratet. Sie lebt getrennt von ihrem Ehemann Wolfgang, genannt Wolf. Dem Begriff der »determinierenden Kraft des Namens« des Psychoanalytikers Karl Abraham macht Wolf alle Ehre, im positiven wie im negativen Sinn. Beide haben Schwierigkeiten mit der Trennung, und es ist ein langsamer Lösungsprozess. Eines Nachts hat Stefanie folgenden Traum, den sie in der Beratung berichtet:

Stefanie ist auf dem Hof vor dem Haus ihrer Eltern. Vor ihr liegt eine rote Reisetasche. An der Reisetasche sind außen Essensreste zu sehen. Stefanie packt die Tasche und will sie reinigen. In diesem Moment wird sie von einem Schwarm Mücken und Insekten attackiert. Und sie bekommt die Biester nicht los.

Szenenwechsel im Traum:
Stefanie schläft in ihrem Schlafzimmer in ihrer Potsdamer Wohnung. Im Traum hört sie ein Geräusch. Sie träumt, dass sie aufsteht und nach dem Rechten schaut. Da sitzt Wolf mit einem Freund auf ihrem Balkon. Sie sagt zu ihm, dass es nicht gehe, dass er in ihre Wohnung eindringt und sich an ihrem digitalen Terminkalender (PDA) zu schaffen macht. In dem Moment wacht Stefanie schweißgebadet auf.

Interpretation von Stefanies Traum

Wir fragten Stefanie in der Beratung, was ihr zu dem Traum einfällt. Aus den Tagesresten der letzten Tage berichtet sie von Übergriffen durch ihre Nachbarn. Eine versehentlich vor ihrer Wohnungstür stehengelassene Einkaufstüte mit Lebensmitteln wurde gestohlen. Das erlebte sie als Verletzung ihres Wunsches nach einem guten nachbarschaftlichen Miteinander. Außerdem war sie am Vortrag des Traumes in einem Restaurant. Sie ging zur Toilette. Aus Versehen nahm die Kellnerin einen Prospekt mit, in den sie das Rezept für ihre neue Brille gelegt hatte. Der Prospekt mit samt dem Brillenrezept musste aus dem Müll gefischt werden und erinnert sie somit an die Essensreste auf der roten Reisetasche.

Interpretation auf der Objektstufe:[156]
Woran erinnert Stefanie die rote Reisetasche?

Alte Essensreste oder verdorbene Lebensmittel weisen symbolisch auf ein abgelaufenes Verfallsdatum für eine Angelegenheit hin. Das Essen ist nicht mehr genießbar. Man muss es wegwerfen. Das heißt im übertragenen Sinne, das Haltbarkeitsdatum für die Partnerschaft ist abgelaufen. Trennung von etwas Altem steht an, auch weil vielleicht keine andere Lösung möglich ist. Die Abreise ist angesagt. Die Reisetasche steht auch für die Trauer, die mit Abschied und Trennung – auch bei Reisen – verbunden ist.

Die Reisetasche steht natürlich auch für das Thema Reisen. Wenn man den Müll aus der Tasche nicht rechtzeitig entsorgt, ist auch die Reise blockiert. Man riskiert sogar einen Angriff durch Insekten, sprich eventuell eine Krankheit. Die rote Reisetasche ist ein wichtiger Hinweis aus dem Unbewussten, dass man sich von der Herkunftsfamilie bzw. dem jetzigen Partner lösen muss.

Die Beziehung zu Wolf scheint für Stefanie eine massive Wiederholung ihrer Kindheitssituation. Wolf gibt Stefanie erneut das Gefühl ihrer Kindheit, keinen Raum und keine Ruhe für sich haben zu dürfen. Nicht einmal ihr digitaler Terminkalender und ihre eigene Wohnung werden als ihre Privatsphäre respektiert.

Interpretation auf der Objektstufe: Was bedeuten die Insekten?

Stefanie denkt jetzt, hätte sie vielleicht die rote Reisetasche nicht angefasst, wäre die Büchse der Pandora nicht aufgegangen, der Insektenschwarm nicht herausgekommen.

Die Insekten sind vielleicht ein Symbol für eine Grenzverletzung. Stefanies Einkaufstüte wurde gestohlen, und das Eindringen ihres Partners in ihre Wohnung ist eine Grenz- und Revierverletzung.

Insekten kommen überallhin, piksen in die Haut und verletzen unsere Hautgrenze. Träume transportieren zusätzlich zu den aktuellen Themen immer auch Kindheitsthemen, die mit dem aktuellen Geschehen in einer Verbindung stehen. Stefanie hatte in ihrer Kindheit kein eigenes Zimmer. Die Mutter hatte kein interessantes eigenes Leben und saugte vampirmäßig an ihr wie die Insekten. Sie wollte immer alles von und über Stefanie wissen.

Die Insekten dringen in Stefanie ein, wie in der Kindheit die Mutter in ihr Privates eindrang. Und im Traum dringt der Partner ohne Erlaubnis in ihre Wohnung ein. Den Insektenschwarm erlebt Stefanie im Traum als eine massive Attacke und wie einen Überfall.

Interpretation auf der Subjektstufe

Der Traum sagt über die Inhalte hinaus auch immer etwas über den Träumenden selbst aus. Der Träumer ist der *Regisseur* des Traumes.

Auf der Subjektstufe müsste sich Stefanie fragen, inwieweit hat sie selbst Aspekte einer roten Reisetasche oder eines Insekts. Was ist das Positive an Insekten und der roten Reisetasche?

Insekten und Reisetasche symbolisieren auch Freiheit, ein freiheitliches Leben. Insekten kann man nicht kontrollieren. Sie kommen überallhin. Und manchmal bringt man durch eine Auslandsreise die Kakerlaken mit nach Hause.

Insekten sind resistente Tiere. Sie arbeiten oft im Team, im Insektenschwarm. Aber jedes Insekt ist auch autonom und unabhängig. Insekten sind nicht nur Schädlinge, sondern sie haben auch eine wichtige Funktion in der Natur. Sie dienen der Entsorgung von Abfall wie z.B. die Ameisen. Bienen produzieren sogar Honig und bestäuben Blumen und Pflanzen.

Jedes Insekt sticht für sich. In dieser Symbolik schwingt auch das Aggressive und das Phallische mit. Die Grenzverletzung durch Wolf, im Traum in Stefanies Wohnung einzubrechen und ihren Terminkalender zu kontrollieren, sind Spiegelungen für das in der Beziehung mit Wolf real Erlebte. Während Stefanie auf Weiterbildung war, fuhr er ohne ihr Einverständnis ihren roten Golf.

Der Mini-Computer steht wie das Handy für die moderne Privatsphäre. Hier werden meist persönliche, intime und sensible Daten gespeichert. Früher war es vielleicht das Tagebuch, das von der Mutter inspiriert wurde.

Welche Botschaft hat der Traum für Stefanie?
Stefanie sollte in der Beziehung zu Wolf neue Spielregeln und Grenzen einführen, um das Mobbing zu stoppen. Der Mini-Computer kann zum Beispiel über ein Passwort geschützt werden. Die Wohnung kann über ein neues Schloss besser gesichert werden. Sie wird zukünftig alle Fenster schließen auch im übertragenen Sinn, wenn sie ihre Wohnung verlässt.

Und der Traum sagt ihr weiter, dass sie mit der roten Reisetasche auf Reisen geht. Sie ist unterwegs und in einer Entwicklung.

Die Attacken durch die Insekten entfallen, indem das Alte (die alten Essensreste) entsorgt werden. Die Reisetasche kann dann weiter verwendet werden.

Keiner wird gefragt, wann es ihm recht ist,
Abschied zu nehmen von Menschen, Gewohnheiten,
sich selbst. Irgendwann plötzlich heißt es
damit umgehen, diesen Abschied,
diesen Schmerz des Sterbens, dieses Zusammenbrechen,
um neu aufzubrechen. Margot Bichel

2

_____

Von der Schwierigkeit, sich zu trennen

*Eine Achtzigjährige und ein Neunzigjähriger
kommen zum Scheidungsanwalt und sagen,
dass sie sich trennen wollen.
Fragt der Anwalt:
»Warum kommen Sie erst jetzt, in dem hohen Alter?«
Sagt die Frau: »Wir wollten warten, bis die Kinder tot
sind.«*

Dass viele Menschen Trennungsschwierigkeiten haben, ist gar nicht so bekannt. Von außen betrachtet ist oft nicht verständlich, warum jemand bei einem mobbenden oder gar gewalttätigen Partner bleibt oder nach kurzer Trennung wieder zurückkehrt.

In einer Mindmap ist das Thema Trennung und die Schwierigkeit, sich zu trennen, zusammenfassend dargestellt. Wir beziehen uns dabei auch auf den Berliner Psychoanalytiker Dietmar Stiemerling und dessen Buch *Wenn Paare sich nicht trennen können.*[157]

Ursachen für Trennungsschwierigkeiten, modifiziert nach Dietmar Stiemerling[158]

Der Mann kann nicht mit einer Frau,
aber er kann auch nicht ohne sie leben.
Oscar Wilde

Teil VII

Mobbing in der Partnerschaft – 33 Paargeschichten

1

Allgemeines Mobbing

Paar im Prenzlauer Berg – *»Das ist einfach keine Art«*
Es ist Frühling und Ostern in Berlin. Das Wetter ist freundlich. Ein fröhliches Paar spielt mit seinem Kind.

Plötzlich ein anderes Paar, beide haben einen verschlossenen Gesichtsausdruck. Die Frau sagt zu dem Mann: »Das ist einfach keine Art.« Er dreht sich weg und geht. Sie steht verlassen da, wendet sich dann ihrem schwarzen Sportwagen zu. Sie steigt ein und gibt Gas.

Fazit
Es handelt sich offenbar um einen Streit oder eventuell sogar um ein soeben erfolgtes Trennungsgespräch. Von Liebe war in diesem Moment nichts zu sehen.

Der Mann scheint wie viele Männer in die Sprachlosigkeit und Flucht nach vorn auszuweichen. Die Frau suchte vielleicht das Gespräch und die Auseinandersetzung. Auf jeden Fall kritisierte sie den Stil der Kommunikation.

Der Mann konnte damit jedoch nichts anfangen. Er scheint überfordert und lässt die Frau stehen.

Auch diese kurze Szene zeigt, wie schwer ein konstruktives Gespräch gerade in Konflikt- und Trennungssituationen ist. Leider fehlt uns oft dazu die Übung oder auch das Sprachtalent, um psychologisch einfühlsam für sich und den anderen eine schwierige Situation zu meistern.

Joachim und Kerstin –
Vom Tango-König zum Krüppel

Überall bedarf der Mensch Geduld,
überall muss er Rücksicht nehmen.
Johann Wolfgang von Goethe

Die beiden Tango-Tanzpartner Joachim und Kerstin traten in Hamburg profimäßig bei Tanzveranstaltungen auf und waren auch sonst ein Paar. Joachim riss sich beim Skaten die rechte Archillessehne, musste operiert werden und war erst mal für drei Monate außer Gefecht.

Kerstin dachte jedoch nur an ihre Tanzinteressen. Als Joachim seinen Gips los war, forderte sie ihn auf, sofort wieder zum Training zu kommen. Auf der Tanzfläche in einem öffentlichen Tango-Lokal tanzte sie eifrig mit neuen potentiellen Tanzpartnern. Joachim fühlte sich unter Druck und versuchte, humpelnd mit ihr zu tanzen. Er wurde eifersüchtig auf die anderen Tänzer, weil er natürlich nicht den ganzen Abend mithalten konnte. Die Krücken, die er für die erste Zeit nach der Operation noch brauchte, warf er vor ihren Augen demonstrativ in die Alster.

Fazit

Joachim war schon wegen seiner Probleme mit zwei Ex-Frauen in Beratung. Interessant ist, dass Joachim in dritter Ehe erneut mit einer dominanten Frau verheiratet war, die ihn total kontrollierte und von der er sehr abhängig war.

Auch in der Konstellation mit Kerstin lief er quasi von der Ehe- in die Tango-Falle. Er wurde bei der dominanten Tango-Tänzerin wieder zum Kind. Er verleugnete sich selbst und seine eigenen vitalen Interessen. Er ließ sich von der mobbenden Tanz-Queen regelrecht quälen. Mit seinem Verhalten sorgte er nicht für sich selbst und seinen Genesungsprozess, sondern schädigte sich sogar noch.

Die Mobbing-Methoden seitens der Tanzpartnerin waren:
· ihn vor dem Publikum degradieren,
· die Drohung, ihn als Liebes- und Tanzpartner zu verlassen,
· mangelndes Einfühlungsvermögen,
· keinerlei Rücksichtnahme auf den Gesundheitszustand des Partners.

Jennifer und Ibrahim –
Wer weist wen in die Klinik ein?

Zwischen Jennifer und Ibrahim schwelt seit längerer Zeit eine Ehekrise. Von außen betrachtet sind die beiden das ideale Paar. Beide sind in ihrem Job sehr erfolgreich. Beide sind attraktiv. Sie leben gut situiert in einem Haus im Grünen. Sie haben keine Kinder, aber zwei Hunde. Sie sind mehrmals im Jahr auf Auslandsreisen und könnten eigentlich das Leben in vollen Zügen genießen.

Aber die Realität hinter der Fassade sieht anders aus. Sie können nicht ohne einander, aber auch nicht miteinander.

Der »Ehek(r)ampf« löst sich sozusagen erst, wenn einer der beiden in der »Klinik« ist. Vor sechs Jahren war Ibrahim wegen Depressionen in der Klinik. Jetzt kommt sie wegen Depressionen in die Klinik.

Fazit

Wenn man einander einfach nicht mehr aushalten und sich auch nicht trennen kann, ist die Klinikeinweisung wohl eine Möglichkeit, den anderen zu »ent«-sorgen. Nach dem Motto: *Wohin mit meiner Frau / meinem Mann?*

Sarah und Etienne –
Messie-Mobbing

Sarah und Etienne stammen aus Mozambique und leben seit 15 Jahren in Berlin. Die beiden haben vier Kinder. Der Mann arbeitet als Koch. Sie ist Hausfrau.

Sarah leidet unter einer schweren Form des so genannten *Vermüllungs-Syndroms*. Seit sie das vierte Kind hat, ist die Wohnung zur »Müllhalde« geworden. Sie leidet unter dem Zwang, alles aufheben zu müssen: alte Zeitungen, Kartons, selbst Pfandflaschen werden nicht zurückgebracht.

Etienne kommt in die Beratung, weil er die Situation zu Hause nicht mehr aushält. Er hat in der Fünf-Zimmer-Wohnung keine zwei Quadratmeter für sich. Weil er auch zu Hause gerne hin und wieder kocht, ist es für ihn besonders schlimm, dass inzwischen selbst der Herd von Kartons mit den von Sarah auf Flohmärkten gesammelten Gegenständen vollgestellt ist. Außerdem hat er Angst, dass seine Frau vielleicht schizophren sein könnte.

Nach einigen Beratungsgesprächen zieht er aus und nimmt sich eine Wohnung im Nachbarhaus. Zur Kostendeckung vermietet er ein Zimmer an die 22-jährige Chemie-Studentin Sabrina L.

Es stellt sich jedoch schnell heraus: Sabrina L. ist alles andere als ordentlich. Sie ähnelt seiner Frau Sarah sehr. Sie benutzt alle Sachen von Etienne mit und hinterlässt Bad und Küche regelmäßig wie einen »Saustall«. Am Wochenende gibt sie Partys ohne Ende, so dass Etienne mittlerweile von einem »Messie« (seine Ehefrau) zum nächsten »Messie« (seine Untermieterin) pendelt, je nachdem in welcher Wohnung es für ihn gerade noch auszuhalten ist. Etienne ist wirklich vom Regen in die Traufe gekommen. Er hat anscheinend in dieser Lebensphase mit Frauen kein Glück.

Fazit

Das Mobbing-Verhalten der Ehefrau Sarah in Gestalt des Vermüllungs-Syndroms weist auf zwanghafte Charakterzüge hin, verbunden mit der Unfähigkeit, sich zu lösen und zu trennen. Sie schafft es jedoch mit ihrem Symptom, ihren Ehemann letztlich aus der gemeinsamen Wohnung zu jagen. Mit dieser Vermüllungs-Methode schafft Sarah eine Distanz, die ihr auf andere Weise anscheinend nicht möglich ist. Und sie gibt Etienne am Ende sogar noch die Schuld. Er hätte ja nicht ausziehen müssen.

Die Parallele zur Arbeitswelt ist interessant. Auch hier ist sehr oft die zentrale Absicht hinter dem Mobbing, den Betroffenen vom Arbeitsplatz zu vertreiben.

In der Beratung wird der Blick auch auf Etiennes eigenen Anteil an der Geschichte gelenkt. Etienne ist Koch. Er versorgt und bemuttert gern andere Menschen.

Er ist jedoch nicht in der Lage, rechtzeitig Grenzen zu setzen und seine Bedürfnisse im Zusammenleben zu formulieren. Auch er hat den großen unbewussten Wunsch nach Versorgung und Bemutterung.

Vor drei Jahren musste er wegen eines Magengeschwürs operiert werden. Etienne ist in Gefahr, erneut zu erkranken, falls er kein Ventil für den Stress findet. Für ihn ist es deshalb sehr wichtig zu lernen, gut für sich selbst zu sorgen, adäquat Grenzen zu setzen und in seiner versorgenden Haltung sich selbst nicht zu vergessen.

Walter und Gabriele – Diagnose-Mobbing

> *Vermeide jedwede Bewegung oder Äußerung, die einen anderen kränken könnte.*
>
> Leo N. Tolstoi

Beziehungsverlauf

Walter kommt mit einem klaren Wunsch zur Beratung: Er möchte eine psychologisch-medizinische Diagnose für seine Partnerin Gabriele. Er hält sie für nervenkrank. Er hat beim Friseur in einem Frauen-Magazin über die so genannte Borderline-Persönlichkeitsstörung gelesen und viele Parallelen zu seiner Partnerin entdeckt.

Walter ist von Beruf Maschinenbau-Ingenieur. Er ist 22 Jahre älter als Gabriele, die beiden leben seit sieben Jahren zusammen. Sein Alter, Mitte fünfzig, mache ihm Angst, schließlich sei Gabriele eine relativ junge und attraktive Frau, und sie könnte ja mit einem jüngeren Mann durchbrennen. Und ob er seinen Arbeitsplatz unter den heutigen Bedingungen behalte, wisse er auch nicht.

Aus seiner ersten Ehe hat Walter vier Söhne und zwei Töchter im Alter von 9 bis 17 Jahren. Seine Ex-Frau Eva war Arzthelferin. Er ließ sie mit den sechs Kindern wegen der wesentlich jüngeren Gabriele sitzen. Obwohl Walter einen gut bezahlten Job hatte, tat er alles, um so wenig wie möglich beziehungsweise *gar keinen* Unterhalt zahlen zu müssen. Den Kontakt zu seinen Kindern brach er nach Gutdünken ab, um ihn dann unvermittelt wiederherzustellen. Der jüngste Sohn wurde verhaltensauffällig. Er kiffte nicht nur, sondern fing auch an zu klauen und machte seinem Vater Walter so das Leben schwer.

Mit Gabriele setzte Walter weitere zwei Kinder in die Welt. Die beiden sind jetzt zwei und vier Jahre alt. Gabriele heiratete er erst nach der Geburt des zweiten Kindes. Außer den beiden Kindern haben Walter und Gabriele noch zwei Hunde und drei Katzen.

Walter ist wirklich sehr fleißig darin, Nachwuchs in die Welt zu setzen. Allerdings hapert es dann daran, sich auch um die Kinder zu kümmern. Seine Ex-Frau hat zum Glück einen reichen Partner gefunden, der sie und die sechs Kinder versorgt.

Biographische & psychologische Hintergründe
Gabriele verlor ihren Vater durch einen Unfalltod, als sie acht Jahre alt war. In ihrem Leben war sie sozusagen immer auf der Suche nach dem verlorenen Vater und wählte sich als Partner deshalb einen sehr viel älteren Mann. Walter übernahm mitunter die »Vaterrolle« für sie, finanzierte ihr eine Ausbildung als Modedesignerin und kaufte ihr ein Cabrio. Sie wollte nach Abschluss ihrer Ausbildung unter Hinweis auf die Kinder, Hunde und Katzen nicht arbeiten. Gemeinsam kauften die beiden sich ein Reihenhaus am Stadtrand von Frankfurt/Oder.

Der Vater von Walter hatte eine Top-Führungsposition bei der Stasi. Zu Hause führte Walters Vater ein ähnlich strenges und hartes Regiment. Auch Walter hatte ein Vaterproblem. Er hätte sich in seinem Leben wohl einen liebevolleren Vater gewünscht.

Mobbinghandlungen
Gabriele praktizierte auch »Stasi-Methoden«. Sie fühlte sich als der Chef im Haus und kontrollierte alles. Ihr Kontrollzwang ging so weit, dass sie Walter morgens seine Sachen für den Tag zurechtlegte. Wehe, wenn er etwas anderes anzog und die Sachen nicht wieder ordentlich in den Kleiderschrank zurückräumte. Da gab es dann noch vor dem Frühstück so richtig »Zoff«. Gabriele zeigte auch Anzeichen einer ausgeprägten Putzwut.

Sie sorgte zwar durchaus für Walter. Sie organisierte z.B. einmal für Walters Sportverein ein Gartenfest, was ihr viel Freude machte.

Im Alltag nörgelte Gabriele angeblich ständig an ihm herum, beschimpfte ihn beispielsweise als »senil«, »verkorkst« und »altmodisch« und insgesamt »reif für das Altersheim«.

Er konterte mit Bemerkungen wie: »Wann gehst du endlich zum Schönheits-Chirurgen und lässt dir deine Nase richten?« Außerdem hatte er einen autoritären Ton, der an Kommandos für Haustiere erinnert: »Komm her und sitz.« Ihr wechselseitiges Mobbing war offenbar der bevorzugte Kommunikationsstil.

Er förderte Gabriele im Gegensatz zu seiner Ex-Frau Eva zwar materiell durch Ausbildung, Haus, gutes Leben, Reisen und Auto. Seelisch frustrierte und demotivierte er sie jedoch. Hin und wieder flüchtete sie sich in »Kaufräusche« und leerte sein Bankkonto als Ersatz für eine befriedigende Beziehung und Sexualität.

Sexualität scheint nicht zu funktionieren, wenn der eine Vater und der andere Kind ist. Walter war in dieser Konstellation der Vater und sie das Kind.

Walter war auch in der Beratung tonangebend und hakte zu Beginn des Beratungsgesprächs mittels einer Checkliste Punkt für Punkt seiner Fragen ab. Er wollte wissen, wie er als angehender »Opa« eine junge Frau bei sich halten kann. Zentral war für ihn die Bestätigung seiner Diagnose, dass Gabriele psychisch krank sei.

Astrologische Interpretation

Walters Horoskop zeigt ein extrem stark ausgeprägtes Machtstreben. Gabriele ist das genaue Gegenteil: eher anpassungsfähig und sehr auf Ausgleich und Harmonie bedacht. So gesehen ist der eine des anderen »Schatten-Seite«: Walter repräsentiert für Gabriele ihre nicht gelebte Durchsetzungsseite, und Gabriele realisiert für Walter seine nicht entwickelte Fähigkeit zu Ausgleich, Balance und Nachgeben. Der Horoskopvergleich zeigt ein enormes Konfliktpotential im kommunikativen Bereich.

Ausblick

Walter nannte seine Partnerin krank und erschwerte damit eine konstruktive Bearbeitung der Beziehungsproblematik und der sexuellen Schwierigkeiten. Das war ein Versuch, von seinem Anteil abzulenken. Er schob ihr abwechselnd die Rolle des Bösewichts, der Streitsüchtigen, des Kindes und der Nervenkranken zu.

Auch beim Mobbing am Arbeitsplatz gibt es öfter den Versuch von Chefs, einen Mitarbeiter als nervenkrank zu bezeichnen bzw. eine psychiatrische Untersuchung zu veranlassen.

Ein großer Altersunterschied stellt ebenso wie ein starker Bildungsunterschied oder verschiedene Kulturen einen gewissen Risikofaktor für Partnerbeziehungen dar.

Beide müssten aus den gegenseitigen Abhängigkeiten herausfinden, hin zu einer größeren Autonomie bei gleichzeitiger Bezogenheit. Bei Gabriele wäre eine Bearbeitung ihres Vater-Komplexes mittels Beratung zu empfehlen. Bei ihm wäre eine Beratung auch zu seiner Vater-Problematik anzuraten, da er den in der Kindheit gelernten autoritären Kommunikationsstil unreflektiert an seine Partnerinnen und Kinder weitergibt.

Ehe und Militärdienst sind die
zwei staatlich sanktionierten
Formen von Freiheitsentzug
ohne Gerichtsurteil.
Jean Genet

Sophie und Karl – Der Künstler und die verkappte Künstlerin

Jede Frau möchte irgendwann ein Kind haben.
Und muss dann feststellen, dass sie eins geheiratet hat.
Simone de Beauvoir

Beziehungsverlauf

Karl war Schauspieler an einem städtischen Theater. Sophie war Sekretärin in einer Baufirma. Sophie und Karl haben drei Kinder. Zwei Kinder stammen aus der ersten Ehe von Karl. Seine erste Frau starb kurz nach dem Krieg an Krebs.

Karl war auf der Suche nach einer neuen Mutter für seine beiden Kinder. Sophie lernte er durch Bekannte auf einer Geburtstagsfeier kennen. Sophie war 19 Jahre jünger als Karl. Sophie wurde ungewollt schwanger. Eigentlich wollte Sophie kein eigenes Kind, weil sie sich in ihrer Rolle als Stiefmutter voll ausgelastet fühlte. Ihr gemeinsames Kind wollte sie aber auch nicht abtreiben.

Die Ehe von Karl und Sophie war unglücklich. Nach außen hin schien alles perfekt. Eines der Hauptprobleme war Geld. Sophie beklagte ständig, dass ihre mit einem Industriellen verheiratete Schwester über viel mehr Geld verfügte als sie. Das Gehalt von Karl war ihr zu gering, gemessen an ihren Ansprüchen und Erwartungen.

Karl deprimierte und belastete dies sehr. Er saß am Wochenende stundenlang über dem Haushaltsbuch und rechnete hin und her, wo sich vielleicht noch etwas einsparen ließ.

Sophie fühlte sich allein gelassen von ihrem Ehemann, weil dieser aufgrund seines Berufs abends oft nicht zu Hause war und zusätzlich mit dem Theater häufig auf Tournee ging. Sophie war dann mit den drei Kindern allein und komplett überfordert. Sie entwickelte heftige Migräneattacken. Sophie hatte früh ihre Mutter verloren, sie war unbewusst immer auf der Suche nach einer Mutter. Sie stand oft stundenlang auf dem Balkon und schaute, wann Karl endlich nach Hause kam. Die Beziehung von Sophie zu Karl hatte ausgeprägt symbiotische Züge.

Die Kinder Eva und Rainer waren acht und zehn Jahre alt, als Günther geboren wurde. Sie reagierten mit extremer Eifersucht auf den Halbbruder. Auch Rainer entwickelte aufgrund der Spannungen in der Familie ein psychosomatisches Symptom. Er reagierte mit Bettnässen – nach klassischer psychosomatischer Deutung mit »nach unten verschobenen Tränen«.

Karl wurde von seiner Mutter relativ früh »allein gelassen«. Er wurde von einer Kinderfrau großgezogen. Auch das ist ein unbewusstes gemeinsames Thema von Sophie und Karl. Beide haben ein Mutterdefizit und ungestillte Bedürfnisse nach Bemutterung. Der Vater von Karl war nicht nur autoritär, sondern cholerisch und jagte Karl bei Wutausbrüchen um den Billardtisch. Er musste seinem Vater wie ein Stiefelknecht die Schuhe anziehen und binden. Karls Vater war Unternehmer für Elektrowaren und wollte, dass sein Sohn den elterlichen Betrieb übernahm. Karl konnte sich dem Vater widersetzen, indem er in eine andere Stadt zog und eine Schauspielausbildung machte. Obwohl das für Karl eine große Leistung war, blieb es zeitlebens ein Trauma. Er litt unter schweren Schuldgefühlen und entwickelte vor jeder Theatervorstellung ein extremes Lampenfieber.

Karl war irgendwie gehemmt in seiner Karriere und kam letztendlich nicht so weit, wie er ohne diesen Schuldkomplex hätte kommen können. Man könnte sagen, dass er aufgrund eines unbewussten Strafbedürfnisses größere eigene Erfolge nicht zulassen konnte. Das unsichtbare Damoklesschwert des Vaters schwebte sozusagen immer noch über ihm. Er hatte das System zwar verlassen, der elterliche Betrieb wurde verkauft, und er ging seinen eigenen Weg. Dafür bekam er selbstredend keine Anerkennung von seiner Familie. Auch in seiner für ihn unglücklichen Ehe war das unbewusste Strafbedürfnis wirksam.

Biographische & psychologische Hintergründe

Das Gemeinsame und Verbindende bei Sophie und Karl waren ihre Kindheitserfahrungen mit einem strengen, kühlen und autoritären Vater.

Theodor, der Vater von Sophie, war außerdem geizig und saß im Winter in Hut und Mantel im Wohnzimmer. Statt Toilettenpapier wurde das Papier von gebrauchten Obsttüten verwendet. Theodor war beruflich sehr erfolgreich und in leitender Stellung in einer Bank tätig, aber er war in armen Verhältnissen aufgewachsen. Obwohl er es weit gebracht hatte, war er innerlich auf der gleichen »Armutsstufe« geblieben wie in seiner Kindheit, deshalb konnte er seinen Kindern nichts gönnen.

In der Ehe zwischen Sophie und Karl gönnte man sich wechselseitig ebenfalls nichts. Karl kaufte nur auf ihren massiven Druck hin ein Geschenk für seine Frau. Er wies damit Züge auf wie Sophies Vater Theodor. Sich selbst gönnte Karl auch nichts. Er trug nur alte, abgetragene Sachen.

Zum anderen zeigt sich die defizitäre Muttererfahrung bei Sophie und Karl. Nur wer eine ausreichend gütige Mutter gehabt hat, kann sich selbst und andere bemuttern.

Sophie verlor im Alter von elf Jahren ihre Mutter, die an den Folgen eines Herzinfarktes starb. Hier zeigt sich ein weiteres Wiederholungsthema. Denn Rainer und Eva, die Kinder von Karl aus erster Ehe, verloren ihre Mutter ebenfalls im Alter von neun und elf Jahren. Man könnte fast schon von einer gemeinsamen Trauergruppe sprechen: *Autoritärer Vater, Verlust der Mutter.*

Sophie musste für den tyrannischen Vater den Haushalt führen. Er verbot ihr Freunde und verhinderte die Entwicklung ihrer musikalischen Begabung. Sie durfte keinen Klavierunterricht nehmen, was ihr sehnlichster Wunsch war. Ein Motiv von Sophie für die Ehe mit Karl war sicher, dass ihr in der Kindheit ein künstlerischer, kreativer Ausdruck verwehrt wurde. Sie wählte als Ehemann einen Künstler, der stellvertretend für sie die Kreativität auslebte.

Aber entsprechend dem Motto »brotlose Kunst« verdiente Karl mit seiner Schauspielerei nicht genug Geld für ihre Ansprüche. Auch in ihrer Ehe wiederholte sich, dass sie – wie in ihrer Kindheit durch den Verlust der Mutter – zu kurz gekommen ist. Karl ging es vermutlich ähnlich. Auch er kam in seiner Kindheit und in der Ehe mit Sophie zu kurz.

Karl hatte eine Mutter und doch nicht, weil sie abwesend war. Seine erste Ehefrau, die er sehr liebte, verlor er nach kurzer Zeit. Seine zweite Ehefrau war mit ihren Migräneattacken und diversen anderen psychosomatischen Symptomen häufig »reif für die Nervenklinik« und spielte ständig die »Mater dolorosa«. Eine Tragik durchzieht Karls Beziehungen zu Frauen: Eine positive, mütterliche, weibliche Präsenz schien ihm nicht gegönnt.

Mobbinghandlungen

Die Ehekrise brach während eines Urlaubs auf Rügen aus, als Karl Sophie bat, wieder in ihrem früheren Beruf als Sekretärin zu arbeiten, weil das Geld für die Familie nicht mehr reichte. Sophie war aber schon der Haushalt mit den zwei Stiefkindern und ihrem eigenen Sohn Günther zu viel.

Sophie »flippte« vollkommen aus und entwickelte eine massive Schlafstörung, die eine Krankenhausbehandlung erforderlich machte. Aus der Klinik entlassen, sprach sie mit Karl tagelang kein Wort. Dieses Verhaltensmuster wiederholte sich in den kommenden Jahren. Sie behandelte Karl wie Luft, als ob er in der Wohnung nicht anwesend sei. Eine Parallele zum Mobbing in der Arbeitswelt, wo oft tagelang der Chef oder die Kollegen mit dem Mobbing-Betroffenen nicht sprechen.

Da Karl beruflich oft außer Haus war, machte Sophie ihren Sohn Günther zu ihrem Hauptgesprächspartner. Sie erzählte ihm ihre ganzen Eheprobleme. Vor allem machte sie ihren Ehemann Karl vor den drei Kindern schlecht. Sie zog die Kinder auf ihre Seite, so dass der Vater isoliert und ausgegrenzt wurde.

Dies zeigte sich exemplarisch in folgender Szene: Die Mutter saß mit den Kindern beim Frühstückstisch, der Vater ging schon ins Bad. Als er zurückkam und sich wieder an den Tisch setzen wollte, schickte Sophie ihn weg mit der Bemerkung: »Wir wollen hier noch ein bisschen weiter reden, lass uns bitte allein.«

Sophie nahm ihren Kindern damit emotional den Vater weg. Den Kindern gelang es erst im Erwachsenenalter, eine Beziehung zu ihrem Vater aufzubauen. Auch hier gibt es eine Parallele zur Arbeitswelt: Der Mobbing-Betroffene wird ausgegrenzt, isoliert, in Abwesenheit diffamiert und letztlich zum Verlassen des Arbeitsplatzes gezwungen. Karl konnte die Atmosphäre zu Hause nicht mehr ertragen. Er blieb noch häufiger fern.

Es kam so gut wie nie Besuch. Sophie und Karl hatten keine Freunde. So fehlte es völlig an »frischem Wind«. Den beiden mangelte es an Gesprächspartnern, und alle Affekte konzentrierten sich auf die Mitspieler im häuslichen Drama.

Karl ging mittags essen, statt zu Hause zu essen, und unternahm lange Spaziergänge. Er »duellierte« sich mit Sophie in Form von psychosomatischen Symptomen. Er entwickelte ebenfalls Migräneattacken und psychogene Herzanfälle. Sophie wurde mit zunehmendem Alter medikamentenabhängig und nahm Psychopharmaka. Speziell bei Sophie schien das Mutterdefizit zu einer oralen Fixierung und Suchtsymptomatik geführt zu haben: Heißhungeranfälle, Alkohol-Abusus und Medikamentenabhängigkeit.

Karl hat Sophie sehr knapp gehalten und sie kaum verwöhnt bzw. bemuttert. Sein Schwachpunkt war mangelnde Behauptungs- und Konfliktfähigkeit. Er reagierte nach Kritik sehr schnell mit Rückzug und nahm alle Schuld auf sich. Er war unfähig, seine eigene Meinung zu sagen. Er war deshalb weder als Partner noch als Vater richtig präsent. Sophie hatte in ihm kein richtiges Gegenüber, und unbewusst behandelte sie ihn deshalb auch nicht als Mann. Seine aggressive Seite war versteckt hinter seiner Gleichgültigkeit. Und diese Gleichgültigkeit trieb Sophie neben vielen anderen Faktoren »in den Wahnsinn«.

Astrologische Interpretation

Das Horoskop von Sophie zeigt einen inneren Konflikt: Auf der einen Seite hat sie eine starke künstlerische Begabung mit einem Drang in die Öffentlichkeit, andererseits aber eine Art »inneren Schulmeister«, der ihre kreativen Wünsche und Vorhaben mit den Sätzen »Das kannst du ja doch nicht« oder »Dazu bist du nun wirklich zu dumm« beantwortet. Ihr Horoskop zeigt, dass es sich bei diesem sadistischen Gewissen (Über-Ich) um das Erbe aus der Beziehung zu ihrem strengen Vater handelt.

Das Horoskop von Karl weist Merkmale auf, die dem Vaterbild von Sophie sehr ähnlich sind: Karl ist eher kühl-zurückhaltend, streng, vordergründig angepasst, auf eine versteckte Art machtbetont und sehr leistungsorientiert. Er hat die Neigung, seine eigene aggressiv-durchsetzende Seite auf die Partnerin zu projizieren, mit dem entsprechenden Risiko, in der Ehe an eine »Kriegerin« zu geraten, ohne sich gegen sie behaupten zu können. Seine Mutter hat Karl als wechselhaft und unberechenbar erlebt, Eigenschaften, die in Sophie wieder auftauchen.

Sophie und Karl haben beide ein schlechtes Selbstwertgefühl, was es ihnen erschwert, ihre eigenen Wünsche und Bedürfnisse zu artikulieren. Sophie hat hochgespannte idealistische Erwartungen an die Liebe, die zu Enttäuschungen und Aggressionen führen. Das Lebenszentrum von beiden ist nicht Ehe und Familie, sondern bei Sophie der Beruf und bei Karl der Wunsch, zu einer besseren Gesellschaft beizutragen. Die Partnerschaft erscheint in astrologischer Sicht als sehr stabil, aber mit einer fast gefängnishaften Atmosphäre.

Fazit

Durch die gemeinsamen Themen *autoritärer Vater* und *Defizite in der Muttererfahrung* sind beide unbewusst wie Kinder aneinander gebunden. Jeder erwartet unbewusst vom anderen: Sei doch eine liebe Mutter zu mir und gib mir, was ich in der Kindheit vermisst habe. Sophie konnte allerdings durch die psychologische Beratung ihre kindlichen oralen Versorgungswünsche so weit bearbeiten, dass sie arbeitsfähig wurde und eine Halbtagsstelle als Sekretärin annahm. Sie wollte unabhängiger von ihrem Ehemann Karl werden und machte deshalb auch den Führerschein.

Die Verlustängste aufgrund ihrer Kindheitserfahrungen waren bei beiden so stark, dass sie sich nicht voneinander trennen konnten. Sie machten sich das Leben unendlich schwer, konnten aber auch nicht voneinander lassen. Die Enttäuschungen aus der Kindheit, die sich in der Ehe wiederholten, führten bei beiden zu erheblichen Aggressionen, die sich im Mobbing äußerten. Es schossen sozusagen zwei Opfer aufeinander. Wirklich gemeint waren aber vor allem die früheren Akteure aus der Kindheit.

Abschließend zu dieser Geschichte könnte man anmerken, dass der Beziehungsverlauf der Ehe von Sophie und Karl vielleicht in eine andere, positivere Richtung hätte gehen können, wenn Sophie ihr eigenes künstlerisches Talent selbst gelebt hätte und nicht stellvertretend durch ihren Ehemann Karl.

Jacqueline und Günther – Machtkampf bis zum Ende

Beziehungsverlauf

Günther (50 Jahre) und Jacqueline (30 Jahre) lernten sich in einem Business Club kennen. Günther ist Jurist. Jacqueline ist Geologin und arbeitet an der Universität Leipzig. Ihr Urgroßvater kam aus Frankreich.

Günther kommt aus Franken und arbeitet in einer großen internationalen Firma in Leipzig als Personalchef. Jacqueline hat zwei Zwillings-Töchter aus erster Ehe, die bei ihr leben. Günther und Jacqueline ziehen schnell zusammen. In der ersten Zeit verstehen die beiden sich blendend.

Die Konflikte in der Beziehung begannen, als Günther mehrere Monate auf Auslandsreisen war. Jacqueline fühlte sich allein gelassen. Dazu kam, dass Günther das Golfspielen für sich entdeckte und seine Freizeit fast ausschließlich damit verbrachte. Sie konnte dieser Sportart nichts abgewinnen. Als er dann noch anfing, sich regelmäßig Fernsehübertragungen internationaler Golfwettbewerbe anzuschauen, rastete sie zum ersten Mal richtig aus und schüttete ein Glas Tomatensaft auf seinen Anzug.

Biographische & psychologische Hintergründe

Jacqueline und Günther verbindet, dass beide Elternpaare unglückliche Ehen führten. Bei beiden findet sich erneut das Thema: abwesender, autoritärer oder verdeckt autoritärer Vater. Die Mütter sind beide sehr unglücklich in den Ehen, können sich aber nicht befreien oder erst relativ spät wie Jacquelines Mutter. Der Vater von Jacqueline war alkohol- und nikotinabhängig. Er hat bis zu vier Schachteln Zigaretten pro Tag geraucht. Jacquelines Mutter konnte es irgendwann nicht mehr aushalten und trennte sich auf Zuraten einer Freundin von ihrem Mann.

Die Mütter von Jacqueline und Günther waren aber auch nicht einfach. Die Mutter von Jacqueline war eine Xanthippe. Sie war streng, kühl, distanziert, herb und ähnlich zanksüchtig wie ihre Tochter Jacqueline.

Mobbinghandlungen

Da Günther selten anwesend ist, kommt es zu dem Teufelskreis, den Michael Mary[159] beschrieben hat: Die Frau ist auf der Suche nach dem abwesenden Vater, der im Ehemann / Partner wieder auftaucht. Der Mann ist auf der Flucht vor der häufig als dominierend und vereinnahmend erlebten Mutter (Partnerin).

Je mehr Günther abwesend ist, desto stärker versucht Jacqueline zu klammern. Dauerkritik und Dauernörgeln in typischen Alltagssituationen sind die Folge. Beispiel: »Wenn ich deine lahmarschigen Bewegungen beim Auspacken der Einkaufstüten schon sehe ...«

Aufgewachsen in einer ohnmächtigen Situation mit einem alkoholkranken Vater lernte Jacqueline schon früh zu kontrollieren. Das weitete sie gegenüber Günther regelrecht in Kontroll-Terror aus. Mindestens zehn Kontrollanrufe pro Tag waren an der Tagesordnung: »Wo bist du? Wo bleibst du? Wann kommst du endlich? Ich wollte nur mal hören, wie es dir geht. Mit wem bist du gerade? Was hast du noch für Termine? etc. ...«

Günther reagierte ähnlich wie sein Vater. Er zieht sich zurück, statt seine Meinung und seine Wünsche zu äußern. Günther ist schwer aggressionsgehemmt. Er entwickelt schlechte Laune, wenn er nach Hause kommt, und wird dort zum versteckten Haustyrannen. Er setzt sich mit Jacqueline nicht offen auseinander. Er ist damit nicht präsent als Person, als Mann, als Partner – genau wie sein Vater. Mit der Zeit muss Jacqueline deshalb immer »schwereres Geschütz« auffahren, um irgendeine Reaktion von Günther zu erhalten.

Jacqueline legte es von Anfang an auf einen Machtkampf in der Beziehung an. Für sie war es sehr wichtig abzustecken, wer hier das Sagen hat, nämlich sie. Es gab auch Ansätze von doppelter Moral nach dem Motto: »Was für mich gilt, gilt für dich noch lange nicht.« Sie sagte auch: »Ich finde es gut, wenn du ein bisschen Angst vor mir hast.« Günther scheint hier unbewusst an eine Doppelgängerin seiner Mutter geraten zu sein.

Eine Mobbinghandlung von Günther war, dass er sich sexuell zurückzog, vor allem ausgelöst durch den Satz von Jacqueline: »Ich glaube, wir müssen langsam einen Platz im Altersheim für dich finden.«

Günther und Jacqueline haben ihre Kindheit defizitär verbracht. Auch diese Paarbeziehung ist ein Beispiel für unbewussten Wiederholungszwang. Obwohl Günther gut verdient, ist er zu Hause geizig und verlangt, dass im Winter auch tagsüber die Heizung stark zurückgedreht wird.

Günthers Angriff auf die Gesundheit von Jacqueline und seine eigene eskaliert nachts, indem er verlangt, dass auch bei Minusgraden bei weit geöffnetem Fenster geschlafen wird. Seine rücksichtslosen Züge zeigen sich auch darin, dass Jacqueline für sich keinen eigenen Raum in der großen Wohnung hat und sich niemals richtig zurückziehen kann. Aus Rache kauft Jacqueline mit der Kreditkarte von Günther häufig wie im Rausch Dinge ein, die sie eigentlich gar nicht braucht. Sie leert sein Bankkonto bis zur Schmerzgrenze.

Bevor es zur endgültigen Trennung in einer Mobbing-Partnerschaft kommt, nehmen die Feindseligkeiten auf beiden Seiten meist verstärkt zu. Erst wenn die Mobbinghandlungen in Gewalt eskalieren, wird eine Trennung möglich. Die Trennung ist dann häufig der einzige Ausweg. Beide halten es nicht mehr aus.

Nachdem Günther eines Abends sehr spät von einem Besuch bei einem Freund zurückkam, eskalierte die Situation dermaßen, dass Jacqueline mit einem Regenschirm auf Günther einschlug. Sie verlor vollkommen die Kontrolle, so viel Wut hatte sich bei ihr angestaut. Sie war über sich selbst schockiert und bekam es mit der Angst zu tun.

Günther kam mit einem blauen Auge und Rückenschmerzen davon. Das war der Punkt, wo Jacqueline die Notbremse zog und ausstieg, bevor noch Schlimmeres passierte. Jacqueline stellte Günther die Koffer vor die Tür und bat ihn, ins Hotel oder sonst wohin zu ziehen.

Fazit

Auf einer gewissen Ebene sind beide Opfer ihrer Kindheit. Sie hatten kein Modell für eine glückliche Beziehung. Die Partnerwahl folgte den Erfahrungen mit den Elternfiguren.

Auffällig ist der große Altersunterschied, der auf die Vaterproblematik von beiden aufmerksam macht. Sie sucht den liebevollen Vater. Günther hat durch seinen Vater kein gutes Vorbild für die männliche Rolle und hätte sich ebenfalls einen starken, gütigen Vater gewünscht.

Die in der Kindheit abwesende Mutter verstärkt in beiden Fällen die wechselseitige Dramatik. Man kann weder gute Mutter noch guter Vater für den anderen sein. Und jeder erwartet vom anderen Heilung, Erlösung und Wiedergutmachung.

Die Trennung ist positiv als Entwicklungsaufgabe zu deuten, sich von den Gespenstern der Herkunftsfamilie, die in der Partnerschaft wieder auferstanden sind, zu trennen. Auch das Mobbing hat aus dieser Perspektive betrachtet die Funktion, die Trennung zu ermöglichen.

Beide sind sozusagen auf der Suche nach Befreiung. Nur durch die Trennung finden sie den Weg zu sich selbst. Trotzdem besteht die Gefahr, das Spiel in der nächsten Partnerschaft mit neuen Darstellern fortzusetzen, falls die sowohl guten wie auch schmerzhaften Lektionen nicht reflektiert werden.

Sandra und Peter – Ehe, Lügen und ein Kind
Eine längere Paargeschichte

Beziehungsverlauf

Sandra sieht müde aus, als sie zum Gespräch kommt. Sie hat Sebastian mitgebracht, ihren neun Monate alten Sohn. Er schläft in seinem Kinderwagen. Sandra lernte Peter auf einer Weihnachtsfeier des Fernsehsenders kennen, bei dem sie als Journalistin und Peter als Abteilungsleiter beschäftigt sind.

»Ich kannte ihn ja schon vorher«, sagt Sandra, »nicht persönlich, aber durch die Erzählung meiner besten Freundin Andrea, die mit Peter eine kurze Affäre hatte.« Sie hatte Sandra erzählt, dass Peter verheiratet ist und zwei Söhne im Alter von zwei und vier Jahren hat – und nebenher immer wieder Affären mit anderen Frauen. Ab und zu wurde eine dieser Frauen von ihm schwanger. »Ich wusste ja von Anfang an, dass er einen eher zweifelhaften Ruf hat«, meint Sandra nachdenklich.

Der erste Abend, der Zauber des Anfangs: Peter fragt sie, ob sie nicht die langweilige Weihnachtsfeier verlassen und lieber in einem nahe gelegenen Restaurant noch zusammen ein Glas Wein trinken wollen. Sandra: »Es war dann wirklich ein toller Abend, wir haben uns stundenlang unterhalten. Peter war humorvoll, offen und einfach super nett. Wir hatten so viele gemeinsame Themen. Es war ein Gespräch wie schon lange nicht mehr mit einem Mann.«

Ab da haben sie sich dann jeden Abend gesehen, mit endlosen Gesprächen und Sex. Tagsüber Telefonate und ständiges Hin- und Hersenden von Mails. Sandra: »Wir waren beide wirklich komplett verknallt ineinander.«

Peter schwärmte: »Du bist die Frau meines Lebens«, und er fügte hinzu: »Mit meiner Frau werde ich nicht glücklich. Ich möchte mit dir zusammenleben und ein Kind mit dir haben.« Als Sandra kurze Zeit später schwanger wurde, sagte Peter, dass er sich sehr freue über »dieses Geschenk Gottes«.

Sandra machte ihm aber klar: »Ich will das Kind nur, wenn du dich von deiner Familie trennst und wir zusammenziehen. Wenn du nicht mit mir zusammenleben willst, dann sag mir das bitte.« Dann entscheide ich mich für eine Abtreibung.« Nein – er werde seine Frau und die Kinder verlassen und zu ihr ziehen. Er brauche jetzt allerdings noch ein bisschen Zeit – wegen seiner beiden Söhne.

Die anschließenden Monate erscheinen Sandra im Rückblick schrecklich. Sie richtete ihr Leben nach ihm und seinem Zeitplan aus. Es wurde Winter, sie fühlte sich allein. Sie sahen sich zwar noch jeden Tag, aber es bewegte sich emotional nichts mehr zwischen ihnen, trotz seiner fortgesetzten Beteuerungen, dass sie die Liebe seines Lebens sei und dass sie »eine gemeinsame wunderbare Zukunft« haben. Sie sahen sich weiter oft, zu sich nach Hause ging Peter nur zum Schlafen.

Die Wochen verstrichen. »Aber«, sagt Sandra mit Tränen in den Augen, »zu mir gezogen ist er nicht.« Und sie spürte, wie er sich innerlich immer weiter zurückzog. Er schlief nicht mehr mit ihr. Dabei tat sie während der ganzen Schwangerschaft alles, um attraktiv auszusehen.

Vielleicht interessierte Sex ihn nicht wirklich. Er hatte ihr vom sexuellen Rückzug auch in der Beziehung zu seiner Frau erzählt. »Vielleicht steht er ja auch in Wirklichkeit gar nicht auf Frauen. Oder er nutzt Sex nur als Waffe, weil es um das Beherrschen der Partnerin geht und um seine narzisstische Bestätigung.«

In ihrer Ratlosigkeit besuchte sie Kristin, Peters Schwester, die ein kleines Restaurant in der Innenstadt führt. Hier hatten sie mal in ihrer ersten Zeit gemeinsam gegessen. »Geh, so schnell du kannst«, riet ihr Kristin. »Rette dich, mit Peter gibt es kein Happyend. Es gibt keine Lüge, die er noch nicht erzählt hat.«

Schon viele Frauen vorher hatten sich an Kristin gewandt, um sich auszusprechen. Um etwas über ihren Bruder zu erfahren. Kristin: »Es ist immer genau so, wie jetzt bei dir. So hat Peter bisher alle Frauen behandelt. Irgendwann hat er sich sexuell verweigert und ging zur nächsten weiter. Immer lief da etwas parallel.«

In der Folgezeit häuften sich die Verletzungen. Sie hatten einen Konzertbesuch geplant, aber er konnte dann ganz plötzlich nicht. Oder: Sie wollte so gern den zweiten Weihnachtstag mit ihm verbringen. Heiligabend und am ersten Feiertag war er bei seiner Familie. Aber auch dies sagte er kurzfristig telefonisch ab. Er müsse noch woanders hin zum weihnachtlichen Kaffeetrinken. So war es auch sonst: Wenn er abends nicht zu ihr kommen wollte, kam er nicht. »Da konnte ich mich auf den Kopf stellen, ich hatte nichts, aber absolut gar nichts zu sagen. Wenn Peter etwas nicht wollte, hat er es nicht gemacht. Wenn ihm danach war, hat er mich besucht. Und er hat bestimmt, wie lange er bleibt. Ich war schwanger. Ich fühlte mich total schwach. Ich wünschte mir ein Nest, jemand, der mich wirklich beschützt. Das hatte er mir ja auch die ganze Zeit versprochen: ›Du hast doch mich, ich liebe dich doch. Alles wird gut, ich ziehe zu dir.‹«

Aber nichts passierte. Sandra setzte ihm zwei, drei Ultimaten. Sie bat ihn inständig, sich doch endlich zu entscheiden. »Ich ließ mich immer wieder bequatschen. Er könne jetzt nicht zu ihr ziehen, weil er gerade so viel zu tun hätte, aber in der nächsten Woche ganz sicherlich.«

Schließlich setzte Sandra ihm ein letztes Ultimatum: »Wenn du bis zu diesem Tag nicht da bist, dann ziehe ich nach München. In die Stadt meiner Eltern.« Peter sagte: »Zwingen lasse ich mich von dir überhaupt nicht. Täusch dich da mal nicht. Wenn du mich unter Druck setzt, dann wehre ich mich dagegen.«

Da war sie wieder, diese Dominanz. In den Worten von Peters Schwester: »Du musst dich Peter ergeben. Dich auf den Rücken legen wie ein Hund in der Demutsgebärde. Und wenn du das dann machst, wirst du getreten.«

Sandra handelte schließlich und zog nach München. Sie hatte alles gut vorbereitet, eine kleine Wohnung angemietet. Peter reagierte in einem Telefongespräch sofort mit einem Schuldvorwurf: Sie hätte mit ihrem Wegzug jetzt die Beziehung zerstört. Sie habe dem Kind auf ganz gemeine Weise den Vater genommen. »Du denkst die ganze Zeit nur an dich«, sagte er. Und: »Ich wäre doch schon längst bei dir, wenn du nicht gegangen wärst.«

»Ich komme zurück, wenn du mit mir zusammenziehst«, sagte Sandra – immer noch nachgiebig in der Hoffnung auf die von ihr so sehr gewünschte Lösung. »Aber eben dies kam nicht, dieses sehnsüchtig Erwartete: Komm zurück, und wir ziehen zusammen.«

Acht Wochen nach Sandras Umzug wurde Sebastian geboren. Peter war bei der Geburt dabei. Das hatten sie vorher besprochen. Er freute sich, sagte ihr aber gleich, dass er mit Babys nichts anfangen könne. Er reiste nach ein paar Tagen ab. Nach zwei Wochen kam er noch einmal kurz zu Besuch und dann für drei Monate überhaupt nicht mehr.

Sie telefonierten weiter täglich, aber es war keine herzliche Verbindung von seiner Seite. Alles blieb oberflächlich. Mal wollte er an einem Wochenende kommen, fand dann aber eine Ausrede. »Und wieder hat er gelogen. Peter lügt wirklich wie gedruckt, das ist schon fast pathologisch. Er hat kein Verhältnis zur Wahrheit.«

Nach drei Monaten, in denen er oft nur schlecht erreichbar und wieder mehr in seine Familie integriert war, kam er endlich zu Besuch. Unberechenbar wie immer. Aber es war eine große Enttäuschung: »Ich hatte mich für ihn zurechtgemacht, um ihn geworben. Er wies mich sexuell zurück: ›Eine Frau, die stillt, ist nichts für einen Mann. Du bist jetzt eben nur Mutter.‹« Sandra empfand das als extrem abwertend.

»Ich fühlte mich so unglaublich allein und verlassen. Es ging mir in diesen Monaten sehr schlecht, ich konnte nachts nicht schlafen. Sebastian wurde alle zwei Stunden wach und schrie. Sehnlichst habe ich mir Unterstützung von Peter gewünscht. Gleichzeitig merkte ich, wie ich mich emotional zunehmend von ihm distanzierte. Nach außen hin, auf Spaziergängen, versuchte er das Bild der heilen Familie zu vermitteln. Wie ein Schauspieler. Er wollte signalisieren, dass ich ihm gehöre. Er umarmte und küsste mich. Das war eben auch die Crux an allem, diese schönen Momente, wenn wir zusammen waren. Peter hat eben auch etwas Charismatisches.«

Und dann kam der nächste Schock. Peter eröffnete ihr, dass seine Frau schwanger sei. Sandra dachte: »Das kann nicht wahr sein, mit seiner Frau hat er Sex und mit mir nicht.« Er rechtfertigte sich mit dem Hinweis, dass Sandra ihn ja verlassen hätte. Und sofort wieder die alte Leier: Sie sollten zusammenleben, sie solle zurückkommen, er liebe sie doch.

Sandra hat sich entschieden, sich endgültig von Peter zu trennen. »Ich glaube, er will uns nicht. Und ich kann so nicht leben, er würde mich depressiv machen. Ich will mich auch nicht mehr so schlecht behandeln lassen. Eine vertrauensvolle Beziehung ist mit ihm nicht möglich.«

Seit diesem Entschluss habe sie wieder mehr Kraft. »Ich finde vielleicht langsam wieder zu mir selbst«, sagt sie mit einem Lächeln.

Mobbinghandlungen

»Als ich Peter nach der Geburt gesagt habe, ich kann nicht mehr, ich fühle mich so allein, du kannst doch nicht zusehen, wie ich leide und dass es mir so schlecht geht, dann trenne dich doch bitte, dann geh doch bitte – da hat er nur gesagt: ›Ich hätte ja wirklich nicht gedacht, dass du dermaßen schnell mit deinen Kräften am Ende bist.‹«

Als sie für zweimal zwei Stunden in der Woche eine Babysitterin nehmen wollte, um mal etwas Zeit für sich zu haben, beschimpfte er sie: »Du bist eine richtige Rabenmutter.« Dieser Satz habe sie unglaublich verletzt. Er selbst kümmerte sich wochen- oder sogar monatelang nicht um sie und das Kind.

Und er hatte in diesem Zusammenhang noch eine andere Attacke parat, um Sandra Schuldgefühle zu machen. Sebastian sei so schwierig, weil er spürt, dass Sandra ihn ab und zu abgeben will – und nicht etwa wegen seiner Blähungen.

»Noch niemals in meinem Leben hat jemand mein Selbstwertgefühl derartig in den Keller getreten«, fasst Sandra das »subtile Mobbing« in dieser Beziehung zusammen: »Das schmerzliche monatelange Alleingelassenwerden während der Schwangerschaft und nach der Geburt – als wenn Peter eine sadistische Freude daran hatte, mich so leiden zu sehen. Ich habe wirklich geheult am Telefon, ich habe gesagt, ich kann nicht mehr, ich muss Sebastian versorgen, bitte ... bitte hilf mir.«

Er sagte, ich solle ihm keine Szene machen und ihn nicht so unter Druck setzen, er sei nun mal in einer schwierigen Situation. »Ich hab nicht verstanden, warum er nicht gekommen ist, das habe ich einfach nicht verstanden, weil ich immer gedacht habe, wir gehören zusammen. Ich hatte das Ideal, dass man sich so total liebt und sich trotzdem frei lassen kann. Ich glaube nicht, dass ich ein besitzergreifender Mensch bin.«

Besonders weh getan haben ihr die sexuelle Verweigerung seit Beginn der Schwangerschaft und die Attacken auf ihr Äußeres, wie zum Beispiel: »Du hast ja überhaupt keinen Po mehr!« Sandra: »Es war so verletzend, mir auf diese Weise deutlich zu vermitteln, dass ich keine begehrenswerte Frau mehr für ihn bin. Und dann noch die Schuldvorwürfe, ich sei eine schlechte Mutter. Als degradierend empfand ich auch, dass er es ablehnte, meine Familie und meine Freunde kennen zu lernen.«

Und über all dem liege die bittere Erkenntnis, dass sich seine Versprechungen und die immer wieder gemachten Hoffnungen, sich zu ihr und ihrer gemeinsamen neuen kleinen Familie zu bekennen, als bodenlose Lügen erwiesen haben.

Biographische & psychologische Hintergründe

Peter wuchs als Einzelkind auf. Sein Vater war erfolgreicher Unternehmer und verstarb vor einigen Jahren. Er war eine imposante Erscheinung, mit viel Witz und Charme, gab ständig etwas Schlaues aus Literatur und Philosophie zum Besten. Hinter dieser intellektuellen Fassade lauerte Strenge, er machte immer unmissverständlich klar, wer der Herr im Haus war.

Peters Mutter ist Chemikerin, hat aber nach dem Krieg nicht mehr in diesem Beruf gearbeitet. Peter schilderte sie als kühle Frau. Sie war stark leistungsorientiert und kritisierte ihn als Kind oft. Er konnte ihr nichts recht machen. Peter hatte mal zu Sandra gesagt: »Du bist ja wie meine Mutter, die hat mir auch immer Vorwürfe gemacht.« Peter hat den Kontakt zu seiner Mutter vollkommen abgebrochen. Wenn sie ihn anruft, legt er auf.

Ob hier das Motiv der Rache an der Mutter anklingt, dass Sandra abbekam, was eigentlich der Mutter galt?»Bestimmt. Ich habe zu Peter gesagt: Du zerbrichst in jeder Frau deine Mutter. Du meinst eigentlich deine Mutter. Und so ist es in seiner eigenen Geschichte gewesen, dass er jede Frau kaputtgemacht hat.«

In seiner Kindheit war Peter viel allein, auch schon als ganz kleines Kind. Die Mutter begleitete den Vater auf seinen zahlreichen Auslandsreisen. Man überließ ihn in dieser Zeit der Obhut eines Kindermädchens.

Sandra wuchs als einziges Kind junger Eltern auf. Ihre Mutter war 21 und ihr Vater 20, als sie auf die Welt kam. Beide Eltern arbeiteten als Zahntechniker in einem Zahnlabor. In ihren ersten beiden Lebensjahren war ihre Großmutter ihre Hauptbezugsperson. Diese wohnte mit im Haus, die Mutter war tagsüber oft zu Fortbildungen unterwegs.

Ihre Mutter schildert Sandra als dominant, aber warmherzig. Ihr Vater war der Mutter unterlegen, die Mutter bezeichnete ihn mal als »ihr kleines Kind«. Zu Sandra war der Vater immer sehr lieb, sie haben viel unternommen, Sport zusammen gemacht. »Ich war ein totales Papakind.«

»Meine Kindheit war glücklich. Meine Mutter hat mir oft Märchen vorgelesen. Ich bin mit dem Bild des Märchenprinzen groß geworden. Nach dem Motto: Es kann nur den einen geben. Man streitet sich zwar ab und zu heftig, aber es ist die wahre, die große Liebe.« Dabei sei sie im Streiten eigentlich ganz schlecht.

Aus ihrer Sicht als Kind hatten ihre Eltern eine gute Beziehung. Aus heutiger Sicht stimmt das nicht so. Als Sandra sechs Jahre alt war, lag sie wegen einer Blinddarmoperation im Krankenhaus. Sie erinnert sich, dass sie es gehasst hat, wenn ihre Mutter mit einem Mann zu Besuch kam, den sie auf einer Kur kennen gelernt hatte.

Als Sandra 18 war, kam heraus, dass Sandras Vater sechs Jahre lang eine Beziehung zu einer Kollegin hatte, die ebenfalls in dem Zahnlabor arbeitete. Da sei ihr Vater für sie total entzaubert worden. Es stellte sich langsam heraus, dass ihre Mutter ihr sehr leidgetan hat. Sandra hatte das Gefühl, dass ihr Vater eine lange Zeit des gemeinsamen Lebens auf einer Lüge aufgebaut hatte.

Auf die Frage, ob sie denn einen Sinn sehen könne in den problematischen Erfahrungen mit Peter, eine verborgene, wenn auch schmerzhafte Botschaft und Lehre?

»Vielleicht dass ich mich mit meinen eigenen Beziehungsproblemen auseinandersetze. Nicht nur Peter ist da schwierig, ich habe sicherlich auch so meine Schwierigkeiten mit Nähe, mit festen Bindungen. Das ist doch die zentrale Frage: Warum lasse ich mich auf jemanden ein, bei dem von vornherein klar ist, mit dem ist keine ›normale Beziehung‹ zu führen? Das ist mein Anteil.«

Nachdenklich fügt sie hinzu: »Und da lief irgendwie die ganze Zeit immer auch so ein Machtding. Er hat sich entzogen, ich wollte ihn heranziehen. Bin ich gegangen, ist er hinterhergekommen. Die frühe Warnung meiner Mutter habe ich in den Wind geschlagen. Die ist wirklich ein sehr toleranter Mensch. Als ich ihr nach wenigen Treffen von ihm erzählte, hat sie zu mir gesagt: ›Lass die Finger von ihm, bitte – du wirst bei ihm nur Federn lassen ...‹«

Mit das größte Problem sieht Sandra darin, dass mit Peter kein Beziehungsgespräch möglich ist: »Es gelingt mir einfach nicht, mit ihm einen Konflikt auszutragen. Es geht nicht. Er entzieht sich, wenn man ihn bittet, sich auf etwas festzulegen. Er weicht aus wie ein Wildpferd.«

Ein Gedanke komme ihr erstaunlicherweise jetzt zum ersten Mal: »Ich glaube, ich bin immer auf der Suche nach einem Mann, der so ist, wie ich mir wünschte, dass mein Vater es gewesen wäre. Und dass ich ganz am Anfang vielleicht dachte, Peter ist so.«

Astrologische Interpretation

An den Horoskopen von Sandra und Peter fällt eine bedeutsame Gemeinsamkeit auf: Beide benötigen enorm viel Freiraum, Unabhängigkeit und »Luft zum Atmen«, um sich emotional wohl zu fühlen. Es scheint fast so, als wenn beide dieses ausgeprägte Distanz-Bedürfnis in ihrer Begegnung umgesetzt hätten, aus der Sicht von Sandra allerdings zu extrem.

Was im Horoskop als Bedürfnis erscheint, ist wahrscheinlich mit einer biographischen Erfahrung verbunden, an die sich beide nicht erinnern können: Sowohl Sandra als auch Peter haben offenbar in ihrem ersten Lebensjahr von Seiten ihrer Mütter Situationen von abrupter Unzuverlässigkeit, Unberechenbarkeit und ängstigendem Alleingelassenwerden erlebt. So hat das Distanz-Bedürfnis im Erwachsenenleben auch eine Schutzfunktion: Wer sich nicht eng bindet, kann nicht erneut enttäuscht werden. Sandra wusste ja von Anfang an, dass Peter verheiratet ist und welcher »Ruf« ihm generell zum Thema Bindungsfähigkeit vorauseilte.

Oft wird das, was man gerade in frühester Zeit passiv und schmerzlich erlitten hat, im späteren Leben anderen aktiv und genauso schmerzhaft zugefügt. Der »Spieß« wird sozusagen umgedreht. Aus dieser Sicht wird verstehbar, dass Peter Sandra und seinen neugeborenen Sohn in der ersten Zeit genau so allein gelassen hat, wie er selbst vermutlich als Kleinkind von seiner Mutter allein gelassen wurde.

In Peters Horoskop gibt es eine zusätzliche Komponente, die eine Art weiteren »Motor« für sein Bestreben darstellt, sich nicht enger an Frauen zu binden oder auch – trotz Ehe – ganz schnell von einer zur anderen zu »flüchten«: Sein subjektives Bild der Mutter im Horoskop zeigt diese zusätzlich als eine sehr mächtige, dominante, kontrollierende oder sogar »böse« Figur – so wie in einigen Märchen die Stiefmutter beschrieben wird. Die Flucht vor der Bindung an eine Frau dient als vorbeugender Schutz vor der Wiederholung seiner einengenden Kindheitserfahrung. Das wiederholte Verlassen und Enttäuschen der Frauen hat aber zusätzlich, wie Sandra erkannte, die unbewusste Funktion einer auf die jeweilige aktuelle Partnerin verschobene Rache an der Mutter. Dazu dient auch die anfängliche Hochstapelei.

Die Doppelbödigkeit in Peters Verhalten spiegelt Sandras Vaterbild, das sich aus einer charmant-liebevollen Seite (der Anfangszeit mit Peter) und aus eher tyrannisch-aggressiven Zügen zusammensetzt (die spätere Zeit).

In Sandras Horoskop gibt es einen Hinweis auf eine bedeutsame Antriebskraft in ihrer Seele. Sie macht alles, was sie macht, mit Liebe. Nicht zuletzt ist ja auch ein Kind trotz aller schicksalhaften Problematik »*eine sichtbar gewordene Liebe*« (Novalis).

Psychosomatik

Carmen und Til –
»Ich habe die Nase voll«

Am Abend schimpf nicht mit deiner Frau,
sonst musst du alleine schlafen.
Chinesisches Sprichwort

Nach dem Abendessen macht sich Carmen noch einen Erkältungstee. Til hat die Batterien für die Fernbedienung ausgetauscht und blättert in der Fernsehzeitung. Die Stimmung kippt von einer Sekunde auf die nächste.

Til wirft Carmen vor, dass in den letzten sechs Monaten nichts mehr im Bett gelaufen sei. Er fordert sein Recht als Ehemann: »Wozu bin ich eigentlich verheiratet? Ich muss mir wohl eine andere suchen. Nach vier Jahren wird es auch endlich mal Zeit für ein Kind. Kein Sex und kein Kind. Immer hast du nur deine Arbeit im Kopf. Mir reicht's.«

Die Beziehung zwischen Carmen und Til hat sich drastisch verschlechtert, seitdem Til arbeitslos geworden ist. Es gibt nur noch Streit, viel Stress und existentielle Probleme. Es ist kein Raum mehr für Entspannung und Genuss.

Carmen hat sich emotional und körperlich zurückgezogen, weil Til ihr gegenüber einen fordernden und aggressiven Ton angeschlagen hat. Sie ist überfordert mit ihrem Job als Kassiererin und der Situation zu Hause. Sie hat eine Erkältung und sitzt fröstelnd auf dem Sofa. Aber das scheint Til nicht zu sehen. Er ist mit sich derart beschäftigt, dass er sich in die Gefühle und Bedürfnisse von Carmen nicht mehr einfühlen kann. Sie braucht Ruhe, er macht Stress.

Prompt nach der Auseinandersetzung mit Til verschlimmern sich in der Nacht die Erkältungssymptome.

Lisa und Robert – Das Süße in der Ehe fehlte

Sagt die unglaublich dicke Frau zu ihrem Mann:
»Ich habe Angst vor meinem Schatten!«
Meint er: »Glaube ich dir gerne! Der sieht aus,
als ob dir eine ganze Gruppe folgt!«

Beziehungsverlauf

Lisa und Robert waren fast 19 Jahre verheiratet, als sich Robert nach einem Streit urplötzlich von ihr trennte. Er warf ihr vor, dass er sich die ganze Zeit um den Haushalt kümmern müsse, während sie am PC sitze und Hausaufgaben für ihren gemeinsamen Sohn erledige. »Du bist ja als Arbeitsloser den ganzen Tag zu Hause – da hättest du dich ja schon mal um die Hausaufgaben kümmern können.«

»Dann gehe ich eben«, sagte er, packte ein paar Sachen zusammen und verließ das Haus. »Reisende soll man nicht aufhalten«, hatte sie ihm noch nachgerufen, »da ist die Tür, wo der Zimmermann das Loch gelassen hat.«

Sie habe sich spontan sehr erleichtert und wie befreit gefühlt, ging in die Küche und machte für sich und ihren Sohn Mittagessen – »dabei habe ich ein fröhliches Liedchen geträllert«.

Die große Liebe sei es nie gewesen, eine Ehe ohne Höhen und Tiefen, auch ohne heftige Streits. Man habe sich auseinandergelebt. Sie hätten kaum noch über wichtige persönliche Dinge gesprochen, jeder machte sein Ding.

Das größte Problem war, dass er extrem nachtragend war und ihr regelmäßig vergangene »Fehler« vorhielt, die teilweise schon Jahre zurücklagen. Nichts konnte sie ihm recht machen. Vor allem an ihrer Haushaltsführung nörgelte er ständig herum. Sie war eben nicht so extrem ordentlich wie seine pingelige Mutter, bei der man vom Fußboden essen konnte.

Das ständige Herumnörgeln, auch an ihrem Sohn, konnte sich durchaus bis zum Jähzorn steigern und nahm nach seinem Bandscheibenvorfall noch zu. Sie flüchtete sich immer mehr in die Rolle der »Übermutter«, wie sie sagt, und kümmerte sich viel um ihre erwachsene Tochter aus erster Ehe und deren drei Kinder. Sie dachte zwar ab und zu an Trennung, verzichtete aber ihrem Sohn zuliebe.

Seit Beginn der Ehe nahm sie aufgrund ihres »Frustfressens« permanent zu. Sie aß sehr viel Süßigkeiten und wog bei der Trennung 106 kg bei einer Köpergröße von 170 cm. »So wie du aussiehst, bekommst du nie einen neuen Mann«, sagte er zu ihr, als sie auf der Trennung bestand.

Nach der Trennung nahm sie durch den Verzicht auf Süßigkeiten und regelmäßigen Sport in einem Jahr 30 kg ab. Ein Arzt hatte zu ihr gesagt: »Ihnen hat in der Ehe die Süße gefehlt, deshalb mussten Sie immer Süßigkeiten essen.«

Es gehe ihr sehr gut seit der Trennung. Ihre Freundinnen finden: »Endlich bist du wieder die Alte, wie vor der Ehe: fröhlich, optimistisch und aktiv.« Seit ein paar Monaten ist Lisa mit einem 18 Jahre jüngeren Mann zusammen. »Wir verstehen uns blendend«, sagt sie lächelnd.

Biographische & psychologische Hintergründe

Aus ihrer Kindheit berichtet Lisa, dass es ihrem Vater schwerfiel, liebevolle Gefühle zu zeigen, Vergleichbares berichtete Til von seiner Mutter. Hier ist in der späteren Distanz der beiden Eheleute ein Wiederholungsaspekt angedeutet. Der Neid auf die Zuwendung, die seine Frau dem Sohn gab, war offenbar ein Auslöser für den Streit, der zur Trennung führte. Diese Szene machte ihm die aktuelle und auch in der Kindheit vermisste Zuwendung bewusst. Das Leiden an und in der Ehe kleidet sich bei beiden in das Gewand einer psychosomatischen Symptombildung. Er erleidet einen Bandscheibenvorfall, und sie entwickelte eine Essstörung, bei der sie ihren ganzen Ärger »in sich hineinfrisst«.

Mobbinghandlungen

Bei Lisa und Til liegt ein Fall von wechselseitigem Mobbing vor. Tils ständiges Nörgeln und Nachtragen führt nach dem Motto »steter Tropfen höhlt den Stein« zur Entfremdung. Sie rächt sich durch Distanzierung in Form von verstärkter Zuwendung zu ihren Kindern und Enkelkindern und zusätzlich auch (unbewusst) mit ihrer Esssucht (Adipositas). Auch hier entsteht eine Distanz, indem sie sich unattraktiv macht und sich hinter einem »Wall von Körperlichkeit« verbirgt.

Fazit

Da in dieser Partnerschaft offenbar kein offenes Austragen von Konflikten und so auch kein Gespräch über eine Trennung möglich war, inszenieren beide das Drama wechselseitigen Mobbings, das schließlich zur (zumindest von ihr unbewusst ersehnten) Trennung führt. Sie erlebt die Trennung als Befreiung, kommt schnell von ihrer Esssucht weg und erlebt endlich wieder, wie sie berichtet, eine glückliche Zeit. Auch er sagt, dass es ihm in seiner neuen Ehe besser ginge.

3

Kontroll-Mobbing

Tom Cruise und Katie Holmes – Gefangen im Goldenen Käfig

> *Ohne Mama läuft nichts.*
>
> Gala über Tom Cruise[160]

Unter der Überschrift »Gefangen im Goldenen Käfig« berichtet die Zeitschrift *Gala*, wie die Ehe von Tom Cruise und Katie Holmes anscheinend zum Gefängnis wurde.[161] Tom Cruise und Katie Holmes haben 2006 als Hollywoods Traumpaar geheiratet. Doch schon nach kurzer Zeit schien das Paar in einer schweren Ehekrise zu stecken.

Es sei vor allem die Kontrollsucht von Tom Cruise, die Katie Holmes langsam um den Verstand bringe. Die Zeitschrift berichtet über massive Eingriffe in ihr privates Leben. Ihr Ehemann habe dafür gesorgt, dass sie den Kontakt zu ihren Freunden einschränke.

Er wollte, dass sie sich wie er der Scientology-Sekte zuwandte. Eine Vertraute von Katie Holmes berichtet, dass Katie sich in der letzten Zeit sehr verändert habe und deprimiert wirke:»Katie ist oft den Tränen nah und fühlt sich zunehmend isoliert, wie eine Gefangene im Goldenen Käfig.«

Katie Holmes sei unter ständiger Aufsicht. In der Villa wohnen außer der Mutter von Tom Cruise ein Aufsichtsteam und ein Scientology Coach. Katie Holmes hat angeblich keinen Platz für sich allein.

Ein Vertrauter der Familie erzählte, dass Tom Cruise die Kreditkartenabrechnungen und Handybelege seiner Frau kontrolliere. Katie wehrt sich jetzt erstmals gegen diese Überwachung. Sie hat sich laut Medienberichten ein Zweithandy zugelegt.

Aus Frustration gehe Katie oft mit ihrer Freundin Victoria Beckham shoppen. Dabei soll Katie bis zu 150 000 Euro bei einem einzigen Einkauf ausgegeben haben. Den Kontakt zu den Beckhams wollte Tom unterbinden, da sie von Scientology nichts halten. Er befürchtete, dass seine Frau negativ beeinflusst werde.

Der Weg aus dem Käfig scheint für Katie nach zweijähriger Babypause der

Wiedereinstieg ins Berufsleben als Schauspielerin zu sein. Aber auch hier versuche Tom, sie zu kontrollieren. Er habe in ihrem Namen ein Millionenangebot für eine Rolle im Film »Batman« abgelehnt. Es wird vermutet, dass die im Drehbuch vorgesehenen Liebesszenen der Grund für die Absage waren. Tom Cruise war in zweiter Ehe mit Nicole Kidman verheiratet. Auch diese Ehe soll an übermäßiger Kontrolle gescheitert sein.

Prominente Paare sind gleichfalls von Mobbing betroffen. Die Medien, die solche Geschichten verbreiten, erfreuen sich großer Beliebtheit.

Fazit

Die Mobbinghandlungen Prominenter zielen häufig auf Einschränkungen des Partners. Katie wird durch ihren Scientology-Ehemann überwacht und kontrolliert. Sie kann nichts eigenständig unternehmen. Er isoliert sie von ihren Freunden und ihrer Familie. Die Familie von Tom Cruise und die Scientology-Sekte sollen ihre einzigen Bezugspersonen sein. Durch die stete Anwesenheit der Schwiegermutter wird ihr zudem der Platz der »zweiten Geige« zugewiesen. Ein Foto zeigt, wie Tom Cruise zwischen Mutter und Ehefrau sitzt. Tom Cruise hat den Arm auf die Schulter seiner Mutter gelegt. Seine Frau sieht nicht gerade fröhlich aus. Das Bild spricht Bände.

Steven und Olivia – Kontroll-Mobbing per Telefon, Handy und Computer

Steven (28) und Olivia (26) kennen sich seit der Realschule, und für beide ist es die erste Liebe. Als Paar sind sie seit vier Jahren zusammen. Steven ist Maurer. Olivia ist Erzieherin in einem privaten Kindergarten. Steven arbeitet bundesweit für eine renommierte Hoch- und Tiefbaufirma und ist viel auf Baustellen unterwegs. Wenn überhaupt, dann kommt er nur am Wochenende nach Hause.

Olivia erträgt seine Abwesenheit nur schwer. Sie will immer alles unter Kontrolle haben. Wenn er nicht da ist, kontrolliert sie ihn per Handy. Sie ruft Steven unter fadenscheinigen Vorwänden mehrmals am Tag an. Zu Hause inspiziert sie seine Sachen, sucht nach Tagebüchern, Briefen, Notizzetteln oder Hotelrechnungen.

Einmal fuhr sie ihm sogar nach Mannheim nach und begab sich früher in sein Hotelzimmer als verabredet. Sie kontrollierte hier alles, was sie vorfand. Interessant war, dass Steven beim Betreten des Hotelzimmers ein ganz eigenartiges Gefühl hatte. Eben, als ob jemand dort gewesen war. Außerdem fiel ihm auf, dass sein Jogginganzug jetzt im oberen

Fach lag, obwohl er der festen Meinung war, ihn unten verstaut zu haben. Es kam ihm der Verdacht, dass Olivia das Hotelzimmer inspiziert hatte.

Er sprach sie darauf an. Sie gab zu, sie verdächtigte ihn, er würde eventuell bei seinen Dienstreisen fremdgehen.

Handy-Mobbing

> *Ich habe ein Handy in meinem Herzen.*
> Stefanie Hertel[162]

Das Handy kann auch als Übergangsobjekt bezeichnet werden. Es symbolisiert auf der einen Seite die orale Thematik, indem es der Vergewisserung dient, ob die Mama oder der Papa noch da und hoffentlich lieb ist. Das Handy ist in diesem Sinne eine Verlängerung der Nabelschnur. Oder eine Art *Babyphone für Erwachsene*.

Das Handy hat aber auch eine anale Funktion, indem es Kontrolle und Macht ermöglicht. Wer kontrolliert, hat Macht. Über das Handy können wir kontrollieren, was der andere gerade macht, wo er sich aufhält bzw. warum er vielleicht zuvor nicht ans Telefon gegangen ist. Wer einen zwanghaften Kontrollfreak als Partner hat, muss auf alles gefasst sein. Verdächtige SMS Ein- und Ausgänge und Anruflisten, alles wird gecheckt.

Handy, Telefon, Computer sind heute Diener bei Mobbinghandlungen. So sinnvoll und hilfreich ein Handy auch ist, in der Hand von Kontroll-Neurotikern wird es zu einem Teufelswerkzeug. Da hilft nur das Abstellen.

Interessant an der Geschichte von Steven und Olivia ist die Intuition von Steven und seine innere Stimme, die ihm sagt, dass hier etwas nicht in Ordnung ist. Häufig trauen Betroffene aufgrund eines langen Mobbings ihren Wahrnehmungen nicht mehr, weil sie als übertrieben reagierend oder gar als verrückt erklärt werden.

Umso wichtiger ist es, auf die eigene innere Stimme zu hören. Sie ist der Ratgeber und Wegweiser in schwierigen Situationen.

Aus paarpsychologischer Sicht handelt es sich nach der Theorie von Jürg Willi um eine so genannte anale Kollusion. Der aktive herrschsüchtige Partner und der eher passive unterwürfige Partner finden zusammen. Das Mobbing entsteht durch die starre Festlegung auf diese Rollen und durch die Dosissteigerung nach dem Motto: Mehr vom Gleichen, bis es halt nicht mehr geht.

Interessant an der Dynamik ist, dass in den meisten Fällen eine derartige Beziehungserfahrung bereits in der Kindheit gemacht wurde. Man wird entweder zum zweiten Mal Opfer oder dann zum Täter in der Partnerschaft. Das Vertraute und Geprägte wird wiederhergestellt.

Die anale Kollusion ist eine schlimme Form von Mobbing. Jeder Mobber oder Herrscher projiziert dabei seine Wünsche nach Abhängigkeit und Passivität auf den Partner. Mobber sind in dieser Paarkonstellation meist zwanghafte Charaktere, die in die Rolle des Herrschers schlüpfen und ihren Partner mit Vorschriften, Anweisungen, Pedanterie, Nörgelei und Geiz tyrannisieren.[163]

Umgekehrt delegiert der Unterwürfige seine Macht- und Kontrollwünsche an den Herrscher, mit dem er sich unbewusst identifiziert.

Rita und Viktor – Kontroll- und Eifersuchts-Mobbing

Viktor ist zehn Jahre älter als Rita. Viktor ist erfolgreicher Immobilienmakler. Rita beendet gerade ihre Ausbildung als Reise- und Verkehrskauffrau. Ihre Beziehung ist symbiotisch. Sie machen fast jeden Schritt gemeinsam. Nur in ihrem Berufsleben sind sie für Stunden getrennt.

Viktor vereinnahmt Rita total und gönnt ihr keine eigenen Freunde oder Hobbys. Ihre Fitnessstudio-Besuche passen ihm nicht, und er versucht permanent, ihr die Kurse auszureden.

Er kontrolliert Ritas Leben total. Er inspiziert heimlich ihr Zimmer, ihren PC, ihre Schränke, ihre Kleidung, ihre Unterwäsche im Wäschekorb auf »erotische Spuren«.

Zur »Kontrolletti-Arie« gehören auch mehrere Anrufe am Tag. Wenn sie mal aus dienstlichen Gründen ihr Handy ausgestellt hat, macht Viktor ein Riesentheater. Außerdem kommt hinzu, dass er sie »zur Sicherheit« mit dem Auto vom Arbeitsplatz abholt. Keine Minute lässt er sie aus dem Blick.

Im Rahmen ihrer Ausbildung soll Rita für sechs Wochen einen Auslandseinsatz in einem Hotel in Spanien absolvieren. In dieser Zeit inszeniert Viktor den gleichen Telefonterror wie in Deutschland. Jeden Abend »bittet« er sie in den Chatroom mit Webcam, um zu sehen, ob sie eventuell übernächtigt aussieht.

Er selbst fliegt jedoch zwei- bis dreimal im Jahr alleine nach Thailand, offiziell im Zusammenhang mit seinen Immobiliengeschäften. Den Rest kann man sich ja denken …!

Fazit

In diesem klassischen Fall von Kontroll- und Handy-Mobbing geht es um Macht und darum, dem anderen bloß nichts Eigenes zu gönnen. Es ist bei dieser Variante von Partnerschaft nicht möglich, sich am Erfolg des anderen zu erfreuen und Lebensfreude auch unabhängig von der Beziehung zu empfinden. Typisch ist auch die doppelte Moral: Was für mich gilt, gilt für dich noch lange nicht.

Gönnen muss man können.
Anonym

4

Geld-Mobbing

Ina und Rajesh – Papiere, Schulden und nichts wie weg

Ina und Rajesh lernen sich in der Mensa kennen. Ina kommt aus Cottbus, Rajesh aus Neu-Delhi. Beide sind fast am Ende ihres Studiums. Sie studiert Kulturwissenschaft, er Informatik. Seine fürsorgliche und charmante Art fasziniert Ina.

Rajesh hat eine Aufenthaltsgenehmigung für die Dauer seines Studiums. Die beiden sind zunächst gut befreundet und werden im Laufe der Zeit ein Liebespaar. Als Rajesh mit seinem Studium fertig ist, steht Ina vor der schweren Entscheidung, ob sie mit Rajesh weiter zusammenbleiben möchte.

Sie entscheidet sich, Rajesh zu heiraten. Er hat große Ideen und will sich nach seinem Studium selbständig machen. Ina übernimmt sehr viel Verantwortung für Rajesh, weil Deutschland nicht sein Heimatland und vieles anders als bei ihm zu Hause ist.

Sie glaubt an Rajesh und ihre gemeinsame Zukunft und unterschreibt deshalb eine Bürgschaft für einen Kredit, den Rajesh aufnimmt.

Rajeshs Computer-Firma entwickelt sich nicht so, wie sie es sich erhofft hatten. Er verschuldet sich immer mehr. In den ersten drei Ehejahren hat Ina einiges mit unterschrieben. Im fünften Jahr kommt sie selbst in eine finanzielle Krise, weil sie ihren Job an der Universität verliert. Ihr wird jetzt erst das Schuldendrama bewusst, und sie sieht klarer, was sie in den vergangenen Jahren alles mitgemacht hat.

Die Situation spitzt sich zu. Rajesh geht eines Tages in die Stadt zum Einkaufen, kommt aber nicht wieder. Zwei Wochen zuvor hat er seinen deutschen Pass erhalten.

Zunächst macht sich Ina große Sorgen. Sie hat nachts Alpträume und geht nach vier Tagen ohne Nachricht von ihm zur Polizei. Während der folgenden Wochen ahnt sie, dass er nicht mehr zurückkommen wird und sie mit dem Schuldenberg allein lässt.

Als sie die täglichen Briefdrohungen der Inkasso-Institute nicht mehr aushält, begibt sie sich für drei Monate in eine Nervenklinik. Danach reicht sie die Scheidung ein.

Sie träumt einige Nächte nach dem Verschwinden von Rajesh:

Es gibt eine große Gefahr (Bombe, Waffe), die auf sie zukommt. Sie verlässt schlafwandelnd das Bett, um die »Bombe« zu entschärfen und um zu verhindern, dass die Bombe gegen sie losgeht. Erst in einem anderen Raum innerhalb der Wohnung wird sie wach und kommt zu sich.

Fazit
Wie der Traum von der Bombe zeigt, gibt es in dieser Ehe-Konstellation ein hochgradig gefährliches und destruktives Potential. Die Bombe symbolisiert das Mobbing, das der Ehemann mit den Schulden und seinem abrupten Verschwinden inszeniert hat.

Zum anderen drückt die Bombe auch Inas Wut auf Rajesh aus, ausgelöst durch das Verlassenwerden von Rajesh. Angesichts des Schuldenberges und des Desasters würde Ina sicher auch gern eine Bombe werfen.

Rajesh ist aber nicht nur »Täter«. Es ist objektiv schwer, in einem fremden Land Fuß zu fassen. Statt jedoch einfach zu verschwinden, wäre eine konstruktivere Lösung gewesen, die »Pleite« einzugestehen und gemeinsam über eine Ehe- und Schuldnerberatung nach Auswegen zu suchen oder gemeinsam eine Trennung zu beschließen.

Das Scheitern dieser Ehe liegt vor allem in der ungleichen Lastenverteilung. Die Waagschale ihrer Beziehung kippt ins Mobbing, als Ina immer mehr Aufgaben und Verantwortung für ihren Partner übernimmt. Das ist allerdings auch ihr Anteil an der Geschichte.

Anna Nicole Smith – Fünf Brustoperationen, aber kein Erbe

> *Wer in einem Testament nicht bedacht worden ist,*
> *findet Trost in dem Gedanken, dass der Verstorbene*
> *ihm vermutlich die Erbschaftssteuer ersparen wollte.*
> Peter Ustinov

Das berühmte Playboy-Covergirl Anna Nicole Smith stirbt im Alter von 39 Jahren am 08.02.2007 aufgrund Drogen- und Medikamentenmissbrauches in einem Hotel in Florida.

Der Busenstar wuchs im Wohnwagen einer Tante auf. Mit 17 Jahren wurde sie schwanger. Sie landete als Striptease-Tänzerin, wo der Öl-Milliardär Marshall sie entdeckte.

Marshall förderte sie zunächst, indem er ihr fünf Brustoperationen finanzierte. Die beiden heirateten 1994, sie ist 26 und er 89 Jahre. Er war 63 Jahre älter als sie und bereits im Rollstuhl. Er sah gerne zu, wenn seine Frau es mit anderen Männern trieb.

Schon 14 Monate nach der Heirat stirbt er 1995. Der Erbstreit um sein Milliardenvermögen beginnt. Er hat seine Ehefrau Anna Nicole im Testament einfach vergessen. Das ist Mobbing über den Tod hinaus.[164]

5

Sucht-Mobbing

Lin und Heinz – »*Terrorismus*« *in der Ehe*
und trotzdem eine Annäherung am Schluss

> *Die Ehe sollte ein Zusammenschluss zweier autonomer*
> *Existenzen sein, kein Rückzug, keine Annexion, keine*
> *Flucht, kein Heilmittel.*
>
> Simone de Beauvoir

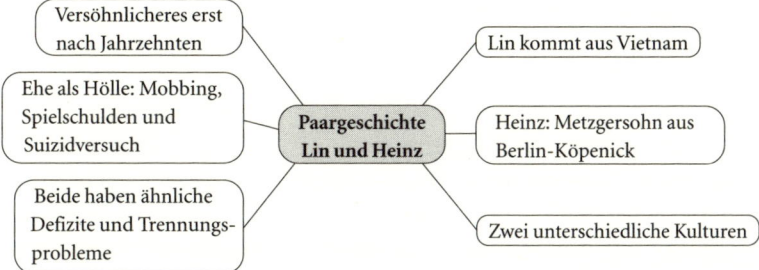

Beziehungsverlauf

Lin und Heinz lernten sich 1969 in Ostberlin auf einem Wochenmarkt auf dem Alexanderplatz kennen. Lin war wie viele Vietnamesen damals mit ihrer Familie nach Ostberlin gekommen. Heinz lebte in Köpenick, er führte die Metzgerei seiner Eltern.

Man wurde sich schnell einig. Da Lin durch den Vietnamkrieg mittellos geworden war und Heinz schon lange eine Frau suchte, heirateten die beiden bald. Lin wurde auch umgehend schwanger und brachte Zwillinge zur Welt. Die Eltern von Heinz wohnten mit im Haus, so dass drei Generationen unter einem Dach lebten. Sie empfanden die vietnamesische Schwiegertochter als Frau »zweiter Wahl«. Lin litt unter dem Heimatverlust und vor allem unter der »rauen« Atmosphäre und der Ablehnung in ihrem neuen Zuhause in der DDR.

Als Heinz kurz nach der Geburt der Zwillinge mit der Nachbarsfrau eine Affäre anfing, was Lin über die Chefin des HO-Ladens in Köpenick erfuhr, begann sie, das Beruhigungsmittel Faustan – das Ost-Pendant zu Valium – in hoher Dosierung zu nehmen.

Immer häufiger fand man Lin schon morgens so benommen, dass die Schwiegermutter die Versorgung der Zwillinge übernehmen musste. Nach außen hin wurde der Schein gewahrt.

Biographische & psychologische Hintergründe

Lin hatte traumatische Erlebnisse aus dem Vietnamkrieg zu verarbeiten. Ihre Angehörigen erzählten, wie Menschen auf offener Straße erschossen wurden. Eine Tante wurde vor den Augen ihrer Kinder vergewaltigt. Auch Lin war damals noch ein Kind.

Heinz war der Älteste von sieben Kindern. Der Alltag seiner Mutter Anna wurde von der Arbeit bestimmt, er musste schon mit sechs Jahren in der Metzgerei mithelfen. Zeit zum Spielen hatte er kaum. Seine Mutter Anna gönnte weder sich selbst noch anderen etwas Lebensfreude. Der Vater von Heinz war eher ruhig, bei seiner Ehefrau hatte er wenig zu melden.

Lin und Heinz hatten beide eine harte Kindheit. Lin schaffte es nach mehreren stationären Entzugsbehandlungen, von den Tabletten wegzukommen. Zunächst fast unbemerkt begann Heinz, sich regelmäßig an den Wochenenden mit seinen Kumpanen in der Kneipe zu treffen, zu zocken, zu rauchen und sich zu betrinken. Die beiden tauschten gewissermaßen die Rollen.

Heinz geriet innerhalb von zwei Jahren in hohe Spielschulden. Er hielt den Druck der Gläubiger nicht mehr länger aus. Aufgrund seiner Schulden, seiner harten Kindheit und seiner belastenden Ehe mit der zehn Jahre lang medikamentenabhängigen Ehefrau kam es zu einem Nervenzusammenbruch. Er unternahm einen Suizidversuch mit Schlaftabletten. Er überlebte, weil er rechtzeitig von seiner Frau Lin gefunden wurde.

Mobbinghandlungen

Da beide in der Rolle des Süchtigen waren, hat jeder in seiner aktiven Suchtzeit sein Umfeld massiv belastet und »gemobbt«. Der Süchtige ist nur mit seiner Droge beschäftigt und überlässt dem Partner die »ganze Arbeit«.

Heinz war extrem aggressiv und gewalttätig seiner Frau Lin gegenüber. Sie bekam von Heinz den Hass ab, der eigentlich seiner Mutter galt. Er beschimpfte Lin zum Beispiel als »Flüchtlingsnutte«. Als sie anfing, Tabletten zu nehmen, schubste er sie nach einem heftigen Streit so stark, dass sie das Gleichgewicht verlor und mit dem Hinterkopf auf dem Küchentisch aufschlug. Als er die stark blutende Kopfwunde sah, bekam er Angst und rief die Feuerwehr: seine Frau sei ausgerutscht und deshalb in der Küche gestürzt.

Der Suizidversuch von Heinz hatte neben der selbstzerstörerischen auch eine aggressive Funktion nach außen hin. Die Angehörigen wurden in Angst und Schrecken versetzt, und massive Schuldgefühle wurden ausgelöst.

Ein weiteres feindseliges Verhalten von Heinz zeigte sich schon Jahre zuvor darin, dass Lin keinen Kontakt zu ihren Freundinnen halten durfte. Die Freunde von Lin hatten Hausverbot.

Heinz hatte schwere Jahre mit seiner Faustan-abhängigen Ehefrau zu ertragen. Beide hatten Trennungsschwierigkeiten. Sie waren nicht in der Lage, voneinander zu lassen. Sie brauchten sich irgendwie, hatten beide die gleichen Probleme und die gleichen Defizite. Lin hatte aufgrund des Verlustes ihrer Heimat zusätzliche Trennungsschwierigkeiten. Jeder, der seine Heimat verloren hat, klammert sich an die neue Heimat, auch wenn es eine negative Erfahrung ist. Nur der Tod könnte Lin und Heinz wohl scheiden.

Lins Mobbing gegenüber Heinz war nicht offen aggressiv. Als er schwach wurde und anfing zu zocken und zu trinken, machte sie ihn vor den Verwandten schlecht. Eine weitere Mobbinghandlung von Lin war, dass sie ihren Ehemann Heinz wiederholt als »an allem schuld« bezeichnete.

Astrologische Interpretation

Die »seelische Landkarte« von Heinz zeigt ihn als einen herrschaftlich auftretenden, realistischen und sehr hart arbeitenden Mann. Es fällt ihm schwer, seinen ausgeprägten sinnlichen Anteilen Raum zu geben, zu genießen und Lebensfreude zu empfinden. Er hat eine versteckte Sehnsucht nach Harmonie, Frieden, Weite und Sinn.

Große Probleme bereiten ihm ein schlechtes Selbstwertgefühl, ein fehlender Bezug zur Welt der Gefühle und die mangelnde Fähigkeit, mit seinen Aggressionen konstruktiv umzugehen. Seine Wut kann so maßlos sein, dass sie sich gegen alles richtet, was ihm in den Weg kommt. So wendet er die Aggression in der Sucht und im Suizidversuch gegen sich selbst und im Mobbing gegen seine Frau.

In Bezug auf die Ehe zeigt das Horoskop von Heinz die Tendenz, die Paarbeziehung in einen Schauplatz ausgeprägter krisenhafter Erfahrungen zu verwandeln, voll von Düsternis, Machtspielen, Kontrolle und Kampf ums Überleben. In der Ehe wird er mit einem zerstörerischen Potential konfrontiert, das aus seelischen Tiefen stammt, sei es aus den eigenen oder denen seiner Frau.

Im Horoskop von Lin zeigt sich eine fehlende emotionale Bindung an die Mutter. Wie ihr Mann ist Lin vor allem realistisch und bodenständig und an einer pragmatischen Alltagsbewältigung interessiert. Auch ihr ist die Welt der Gefühle eher fremd. Sie schont sich nicht und gönnt sich wenig, stellt strenge Anforderungen bezüglich Disziplin und Ausdauer an sich und andere.

Die Schwierigkeit, sich abzugrenzen und die Sehnsucht nach symbiotischer Nähe stehen im Kontrast zu einem gleichzeitigen Freiheitsbedürfnis in nahen Beziehungen – dem Wunsch nach Distanz. In der Medikamentenabhängigkeit wurde beides möglich: die Sehnsucht nach einem Aufgehobensein im Dämmerzustand und die Flucht aus den ehelich-familiären Verpflichtungen (Klinikeinweisungen).

Im Horoskopvergleich gibt es auch zahlreiche harmonische Aspekte in dieser Beziehung. So ein kameradschaftliches Füreinander-da-Sein über alle Krisen hinweg.

Fazit

Lin und Heinz wiederholten in ihrer Ehe zentrale Muster aus ihrer Kindheit. Die anfängliche Anziehung stellte sich im Nachhinein als Spiegel für das Eigene heraus. Die Ehe war zwar zeitweise Hölle und Psychoterror, fast wie im Krieg, aber nach einigen Jahrzehnten gab es auch eine Annäherung.

Nach dem Suizidversuch von Heinz kamen die beiden wieder wie am Anfang ihrer Beziehung zu mehr Verständnis für sich selbst und füreinander. Dadurch dass einer der Zwillinge sich für zwei Jahre nach Bulgarien spurlos mit einer Liebschaft abgesetzt hatte und dann doch wieder auftauchte nach einer erfolgreichen Suche übers Rote Kreuz, fanden Lin und Heinz wieder zueinander. Sie fanden eine Lösung für die Spielschulden. Sie suchten eine kirchliche Eheberatungsstelle und Selbsthilfegruppen auf. Eine Veränderung wurde möglich.

Die beiden konnten ihre Situation zum Guten wenden, indem jeder auch seine positiven Seiten dem Partner und den Kindern gegenüber zeigen lernte. Beide waren mit den »Hypotheken« Frühstörung, Kriegstraumatisierung und Heimatverlust in die Ehe gegangen. Sie entwickelten aber mit der Zeit Ansätze von Verständnis für das Handicap und die Schwächen des anderen.

Auf der »Schleimspur« – Das »Schleimverhalten« von Schnecken
Der Wissenschaftler Mark Davies und seine Mitarbeiter der britischen Universität Sunderland erforschten das Schleimverhalten der gemeinen Strandschnecke (Littorina littorea).

Dabei kam heraus, dass die Schnecken, die auf der Schleimspur ihrer Artgenossen kriechen, Energie sparen und besser vorankommen. Bei einer frischen Schleimspur erzeugt die nachfolgende Schnecke nur etwa ein Viertel des Schleims der Vorgänger-Schnecke.

6

Gewalt-Mobbing

Streit auf dem S-Bahnhof endet tödlich für beide
Ein Liebespaar geriet auf dem Bahnsteig des S-Bahnhofes Berlin Bellevue in Streit. Während des folgenden Handgemenges stürzten beide plötzlich auf die Gleise und wurden von einem S-Bahn-Zug überrollt. David T. (22) und Inga H. (24) starben noch am Unfallort. Später hieß es aus dem Umfeld des jungen Mannes, dass er selbstmordgefährdet gewesen sei.[165]

Mathias W. und Maria L. – Kind vom Vater 14 Monate entführt
Mathias W. und Maria L. leben getrennt, ihre gemeinsame Tochter Bianca lebt bei ihrer Mutter. Mathias W. entführte 14 Monate lang die 4-jährige Bianca aus dem Kindergarten Berlin Lichtenberg. Er lebte dann mit Bianca unter falschem Namen in Dortmund. Bei den Ermittlern des Berliner LKA meldeten sich Zeugen, die den Vater in der Sendung »Quiz-Taxi« (Kabel 1) gesehen haben wollen. Ein anonymer Anruf meldete sich bei der Fernsehgesellschaft und gab die Adresse und den Alias-Namen des mit Haftbefehl gesuchten Unternehmensberaters bekannt. Als die Polizei die Anschrift überprüfte, machte Mathias W. die Tür auf und ließ sich widerstandslos festnehmen. Mathias kommt nach seiner Festnahme in Untersuchungshaft.

Bianca ging es gut. Ihre Mutter war überglücklich, ihre Tochter unversehrt wieder bei sich zu haben. Maria L. sprach jedoch Worte des Verzeihens: »Ein Kind braucht Vater und Mutter.« Sie will trotz der Entführung dem Vater den Umgang mit seiner Tochter nicht verwehren.[166]

Fazit:
Mathias hat anscheinend die Trennung nicht verkraftet und gönnt Maria auch ihr neues Leben nicht. Die Entführung war vermutlich Rache für die Trennung. Die Mutter wurde über den langen Zeitraum von 14 Monaten durch die Ungewissheit gequält, was mit ihrem Kind passiert ist.

Die Geschichte scheint aufgrund der versöhnlichen Haltung im Interesse des Kindes jedoch positiv auszugehen. Die Hoffnung wäre, dass mit Hilfe von neuen Regeln und einer verbesserten Kommunikation verhindert werden kann, dass sich Derartiges wiederholt.

Opa Horst (83) und Oma Erna (83) – Mord nach 58 Jahren Ehe

> *... bis dass der Tod Euch scheidet.*
> Trauversprechen bei kirchlicher Hochzeit

Nach 58 Jahren bringt ein Ehemann seine Ehefrau um:»58 Jahre waren es, mehr als 20 000 Tage und Nächte, natürlich auch Sorgen, auch mal Streit, aber genauso viel Liebe und zärtliche Stunden für Horst und seine Erna. Doch dann das blutige Ende. Der alte Mann brachte seine Frau um.«[167]

Er erschlug sie mit einem Stein und schnitt ihr die Kehle durch. Warum dieser grenzenlose Hass? Ein Verwandter äußerte dazu gegenüber der Bildzeitung:»Er stand immer im Schatten seiner starken Frau. Er hat es einfach nicht mehr ausgehalten, von ihr abhängig zu sein.«

Nach ihrer Heirat waren die beiden auf den Bauernhof von Ernas Eltern gezogen. Sein Job als Erntehelfer brachte wenig ein. Das Paar lebte vom Geld, das Erna bis zu ihrem 70. Lebensjahr in ihrem Laden verdiente.

Der Fall von Horst und Erna enthält die besondere Tragik, dass das Paar in der jahrzehntelangen Verstrickung und Abhängigkeit keinen anderen Ausweg fand als den Tod. Aus der Perspektive von Horst betrachtet, könnte der Mord auch eine Reaktion auf das jahrelange Mobbing durch Erna gewesen sein. Horst konnte sich in seiner Ehe anscheinend nicht aus seiner untergeordneten Position befreien. Die Wut war so massiv angestaut, dass sie sich im Mord entlud.

Bei der Klärung der Motive einer Mordtat sollte auch ein eventuell vorangegangenes Mobbing in die Erwägungen zu möglichen Tathintergründen einbezogen werden. Nach Schätzungen sind ca. 20 Prozent aller Selbstmorde in erheblicher Weise durch Mobbing am Arbeitsplatz mit verursacht.

Vergleichbar zu Horst und Erna ist folgender Fall: Ein 79-jähriger Rentner erschießt seine depressive 75-jährige Ehefrau nach 57 Jahren Ehe. Zuerst wollten sie gemeinsam Suizid begehen. Nach dem Schuss auf seine Frau war er nach eigenen Angaben jedoch nicht in der Lage, sich selbst umzubringen.[168]

Die Verstrickung und Abhängigkeit in beiden Fällen hätte durch eine Trennung oder mehr räumliche Distanz aufgelöst werden können. In beiden

Fällen waren die Partner vermutlich unfähig zur Trennung. Im zweiten Fall ist zu vermuten, dass die Depression der Frau mit einem anklammernden Verhalten einherging und einem nicht unerheblichen Ausmaß an unbewusster Aggression, die zwar in der Depression überwiegend nach innen gewendet wird, aber dennoch nach außen strahlt. Beide Paare hätten dringend psychologische Hilfe gebraucht, um das Schlimmste zu verhindern.

Haus von Ex-Frau angezündet
Das Landgericht in Landau hat einen 53-Jährigen wegen schwerer Brandstiftung zu einer auf Bewährung ausgesetzten Haftstrafe von einem Jahr und neun Monaten verurteilt. Der Mann hatte am Silvesterabend 2005 das Haus seiner von ihm getrennt lebenden Ehefrau in Brand gesetzt. Zum Tatzeitpunkt war zum Glück niemand zu Hause. Das Familiengericht hatte der Frau und den Kindern das Haus zur alleinigen Nutzung zugesprochen.[169]

Nach Mord an der Ehefrau nicht erbberechtigt
Das Oberlandesgericht Koblenz hat entschieden, dass ein Ehemann nach dem Mord an seiner Ehefrau erbunwürdig ist. Es handelte sich um einen gemeinschaftlich begangenen Mord, an dem auch seine damalige Geliebte und deren Zwillingsbruder beteiligt waren. Die Strafe lautete auf lebenslänglich.

Kurz vor der Tat machte das Ehepaar ein gemeinsames Testament, demzufolge der Ehemann nach dem Tod seiner Frau der Alleinerbe geworden wäre. Vertreten durch das Jugendamt hat die 5-jährige Tochter jedoch auf Feststellung der Erbunwürdigkeit ihres Vaters geklagt mit der Begründung, dass der Beklagte das Testament erschlichen habe, als er bereits die Ermordung seiner Ehefrau geplant hatte.[170]

Ehestreit in Berlin-Neukölln eskaliert – 5 Polizisten verletzt
Bei dem Versuch, einen Ehestreit zu schlichten, sind im Berliner Bezirk Neukölln fünf Polizeibeamte und die Ehefrau verletzt worden.

Zwei Polizisten hatten sich den Streithähnen genähert, um vor allem den aufgebrachten 28-jährigen Mann zu beruhigen. Dies gelang jedoch nicht. Er trat und schlug auf die Polizisten ein, dabei half ihm unerwartet seine 29-jährige Frau.

Die Polizisten forderten Verstärkung an, da der Ehemann sein Knie in das Gesicht eines 35-jährigen Polizeibeamten rammte, der dadurch eine Gehirnerschütterung, eine Kopfplatzwunde und eine Kieferprellung erlitt. Die restlichen Beteiligten wurden leicht verletzt.[171]

Toter Afrika-Star

Die schöne Show-Tänzerin Khady (33 Jahre) aus der »Afrika«-Show von André Heller wurde offenbar ermordet, weil sie nicht bei ihrem Mann bleiben wollte.

Samba N. (33 Jahre) war nicht nur ihr Ehemann, sondern früher auch Chef der Tänzerin. Der Ehemann wird angeklagt, seine Frau ermordet zu haben. Sie überlebte einen Messerstich und einen Sturz aus dem achten Stock. Sie starb, als ihr Mörder ihr Gesicht auf den Asphalt schlug. Todesursache war eine Zertrümmerung des Gesichtsschädels.

Khady und Samba N. hatten sich kurz zuvor getrennt. Sie haben eine gemeinsame fast dreijährige Tochter, die bei der Großmutter im Senegal lebt. Samba N. war ebenfalls Tänzer im Ensemble der Afrika-Show.

Samba N. soll aggressiv und gewalttätig gegenüber Khady gewesen sein. Er soll seine Frau geschlagen und gebissen haben. Die Tourneeleitung kündigte ihm und gab ihm ein Flugticket in den Senegal. Er folgte jedoch heimlich dem Ensemble.

Samba N. soll von Khady verlangt haben, dass sie mit ihm in den Senegal zurückkehrt, weil er befürchtete, sonst als Mann in seinem Land das Gesicht zu verlieren. Khady wollte aber in Europa bleiben und Karriere machen.[172]

Fazit

Der gleichzeitige Verlust des Jobs, seiner finanziellen Existenz, der Partnerin und seines Traums Europa löste offenbar mörderische Wut bei Samba N. aus. Außerdem spielen kulturelle und religiöse Aspekte eine Rolle. Mit der Trennung und dem Verlust kam er nicht klar, und es führte zu einer mörderischen Eskalation.

Petra und Bodo – Vom Regen in die Traufe

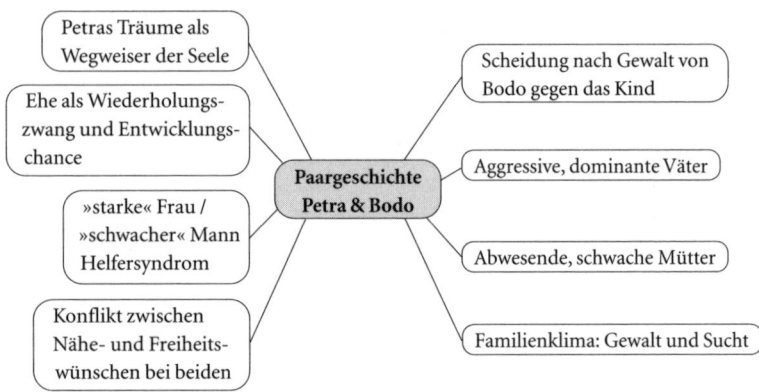

Beziehungsverlauf

Petra und Bodo lernen sich in einer Diskothek kennen. Petra ist fünf Jahre jünger als Bodo. Sie ist Zahnarzthelferin in einer Zahnklinik, er studiert Luft- und Raumfahrttechnik. Bodo war sehr sportlich und ein guter Salsa-Tänzer. Sein Vater kam aus Italien. Ihr erstes Jahr war eine leidenschaftliche Liebe. Als Petra ungewollt schwanger wurde, entschlossen sie sich zu heiraten. Die Ehe gestaltete sich in der Folge immer schwieriger.

Biographische & psychologische Hintergründe

Petras Vater hatte eine Kfz-Werkstatt. Die Familie war mit im Betrieb. Die Mutter machte das Büro und die Buchhaltung. Petra war die älteste von insgesamt vier Kindern.

Der Vater bekam regelmäßig Wutanfälle. Als seine Firma in die roten Zahlen kam, begann er zu trinken. Irgendwann fing er schon beim Frühstück an. Die Mutter war eher zurückhaltend und traute sich nicht, dem autoritären Ehemann etwas entgegenzusetzen.

Petra kam schon als Kind in die Roller der Helferin. Sie musste sich das Leid ihrer Mutter anhören und sie trösten. Petras Ziel war es, so schnell wie möglich dem Elternhaus zu entkommen.

Ähnliches gilt für Bodo. Auch sein Vater war autoritär, seine Mutter emotional abwesend.

Petra und Bodo verband ihr Schicksal.

Mobbinghandlungen

Petra verlässt ihre Herkunftsfamilie. Nach einigen Ehejahren muss sie mit Entsetzen feststellen, dass sie in eine Wiederholungsfalle getappt ist.

Sie begegnet in ihrem Ehemann ihrem Vater wieder. Bodo manipuliert und erpresst sie gefühlsmäßig. Er droht ihr, sie zu verlassen, mit Scheidung oder mit anderen Frauen, wenn sie nicht permanent für ihn da ist. Petra will aber neben ihrem Beruf nicht auch noch zu Hause die Helferin sein.

Bodo scheitert in den Prüfungen und schafft sein Studium nicht. Damit ist Petra in der »männlichen« Rolle. Sie verdient das Geld für den Unterhalt der Familie. Er kommt zunehmend in die Position des zweiten Kindes. Bodo verspricht ihr das Blaue vom Himmel: Reisen, Urlaub, Karriere. Die Realität sieht anders aus. Petra fühlt sich »gemolken wie eine Kuh«, sie geht immer leer aus.

Die Schuld an seinem beruflichen Versagen gibt er ihr. Petra ist komplett überfordert und erschöpft. Je schwächer sie wird, desto aggressiver und gewalttätiger wird er. Er verlangt immer mehr: weitere Kinder, Sex mehrmals am Tag, Geld für sein Studium und seine Hobbys.

Die Gewaltspirale wird enger. Er beschimpft sie als »Schlampe«, »Du bist nervenkrank und gehörst in Therapie«, »gehirnamputierte Sacklaus«. Er droht ihr per SMS: »Wenn du um 17 Uhr nicht zu Hause bist, passiert was …« Er ruft ständig an: »Wo bist du? Mit wem sprichst du?«

In einer Auseinandersetzung eskaliert das Ganze, er wirft einen Aschenbecher nach ihr und trifft fast das Kind. Da erkennt Petra, dass sie ihrem gewalttätigen Vater ein zweites Mal entkommen muss, und reicht die Scheidung ein.

Astrologische Interpretation

Im Horoskop des Vaters von Petra zeigt sich, dass dieser keinen emotionalen Kontakt zu seiner Mutter hatte. Er konnte seiner Tochter Petra nichts geben, da er von seiner Mutter nichts bekommen hat. Der Vater verschiebt seinen unbewussten Hass von der Mutter auf seine Tochter.

Nicht nur aufgrund ihrer Biographie sind Petras Wünsche nach einem fürsorglichen, väterlichen oder mütterlichen Partner groß. Auch in ihrem Horoskop zeigen sich ausgeprägte Wünsche nach »oraler Versorgung«, die Kehrseite ihres Berufes als Zahnarzthelferin.

Diese Wünsche kann Bodo aber nicht erfüllen, weil er ähnlich wie Petras Vater eine distanzierte Beziehung zu seiner Mutter hatte.

Außerdem gibt sein Horoskop einen Konflikt zu erkennen zwischen dem Wunsch nach Nähe und symbiotischer Verschmelzung auf der einen und nach Autonomie und Freiheit auf der anderen Seite. Sein aggressives und gewalttätiges Verhalten hat die unbewusste Funktion, seinem Bedürfnis nach Distanz Geltung zu verschaffen. Dem Partner allerdings wird das Ausleben von Freiheit und Distanz vorgeworfen.

Petra projiziert ihre Sehnsucht nach Erlösung auf den Partner. Sie hat die unbewusste Tendenz, sich zu »verschlingenden Monsterchen« hingezogen zu fühlen. Andererseits hat sie auch einen ausgeprägten Wunsch nach Freiraum in ihren Liebesbeziehungen und ist alles andere als die traditionelle Ehefrau.

Die Analyse von Bodos Horoskop macht deutlich, dass er unbewusst mit seinem eigenen Vater identifiziert ist, der machtvolle, strenge und manipulative Eigenschaften aufwies.

Fatal ist, dass Petra auf genau den Typ Mann hereinfällt, der ihren Kindheitserfahrungen entspricht. Bodo ist zwar nicht suchtkrank wie ihr Vater, aber er zeigt das gleiche aggressive, gewalttätige und abhängige Verhalten, das Petra aus ihrer Kindheit kennt.

Petra wiederholt nun als Erwachsene in ihrer Ehe ihre Kindheit und die Ehe ihrer Eltern. Mit der Scheidung befreit sie sich nochmals von der Herkunftsfamilie und deren Stellvertreter in der Gestalt von Bodo. Dieser Befreiungsakt war ihr als Kind nicht möglich gewesen.

Petras Träume

Der Weg bis zur Trennung kündigt sich in Petras Träumen an. Die Träume weisen ihr die Richtung.

Erster Traum

Schlafzimmer der Eltern. Es liegt ein Mann im Ehebett der Eltern auf Mutters Seite. Der Mann erinnert Petra an ihre erste Liebe Thomas. Plötzlich ist er weg. Szenenwechsel. Petra erinnert sich an die letzte Reise mit ihrem derzeitigen Ehemann. Ihr Rucksack liegt unter dem Bett der Mutter. Sie packt den Rucksack aus. Sie findet im Rucksack verdorbenes Brot. Sie schmeißt das Brot weg.

Interpretation des Traums

Die Szene spielt im Schlafzimmer der Eltern von Petra. Hier klingt an, dass die Ehe mit Bodo eine Wiederholung der Elternbeziehung ist. Thomas, der Ex-Freund, hat zwar viele schwierige Charakterzüge, aber er imponierte Petra auch, weil er es schaffte, sich von seiner damaligen Frau zu trennen. Nach der Scheidung entwickelte er sich vom Versager zum erfolgreichen Unternehmer.

Der Rucksack steht für Petras Ehe. Er enthält nur verdorbenes Brot. Das Verfallsdatum ist überschritten. Die Verbindung verdorbenes Brot / Mutter könnte ein Hinweis darauf sein, dass die Mutter keine gute Nahrung (Milch) zur Verfügung stellte. In der Ehe passierte Ähnliches, wie Petras Rucksack symbolisiert.

Der Traum gibt mehrfach Hinweise aus Petras Unbewusstem, dass eine Trennung notwendig ist. Wie der Traum zeigt, löst sich Petra durch die Scheidung nicht nur von Bodo, sondern von den traumatischen Verstrickungen mit ihrer Herkunftsfamilie. Trotz großen Leids und vieler Probleme spielt Bodo für Petra eine wichtige Rolle als Abschieds- und Entwicklungshelfer. Petras Psychotherapie und die Kenntnis ihrer Kindheitsmuster hatten allein zur Befreiung nicht ausgereicht. Es bedurfte der Schicksalsschule ihrer Mobbing-Ehe, alles noch einmal mit den Möglichkeiten einer Erwachsenen durchzuarbeiten.

Zweiter Traum
Petra befindet sich mit ihrem Ehemann Bodo auf einer Müllkippe. Die Müllkippe erinnert an die Slums von Entwicklungsländern. Bodo ist auf dem Müllberg unterwegs und sammelt verwertbare Gegenstände. Petra beobachtet seltsame Gestalten, die ihr wie Geister entgegenkommen. Teilweise sehen sie aus wie im Fasching, geschminkt mit weißer Gesichtsfarbe. Petra steht auf der Spitze des Müllberges. Bodo hat dort einen weißen Pullover abgelegt, der plötzlich verschwunden ist. Petra beobachtet zwei Frauen, die sich auf dem Müllberg auf einer Matratze ausruhen. Plötzlich findet sie ein Regal mit Büchern und CDs. Petra möchte von der Müllkippe weg. Es stinkt, und sie will sich duschen und frische Kleidung anziehen. Das Ganze ekelt sie.

Interpretation des Traums
Dieser Traum gibt in Gestalt der Symbolik des verdorbenen Brotes einen Hinweis auf ein Ende. Die Müllhalde symbolisiert das, wovon man sich getrennt hat.

Gleichzeitig findet sich im Traum etwas Kostbares, symbolisiert durch den weißen Pullover und das Regal mit Büchern und CDs. Die Beziehung zu Bodo enthält also auch Wertvolles.

Der Prozess der Trennung ist jedoch ambivalent, aufgrund des Konflikts zwischen Befreiungs- und Bleibewünschen.

Das Traumbild der beiden Frauen auf der Matratze steht für Petras Bedürfnis nach Ruhe und Erholung. Ihre Kindheit wie auch ihre Ehe waren extrem belastend. Andererseits symbolisieren die Frauen auf der Matratze inmitten der Müllkippe eine Tendenz zum Ausharren im Elend. Der weiße Pullover enthält mehrfache Deutungsmöglichkeiten. Die Farbe Weiß steht für Reinigung und Unschuld. Aber auch für Angst, die sich ebenfalls in den Gespenstern auf der Müllhalde zeigt. Der Prozess der Trennung löst eben auch Angst aus.

Der Pullover deutet ebenso Petras Bedürfnis nach Wärme, Schutz und Geborgenheit an. Der Pullover verschwindet jedoch im Traum. Es geht also nicht um eine Geborgenheit im Elend auf der Müllkippe. Es geht um eine Befreiung, wie der verschwundene Pullover und Petras Ekel zeigen. Diese wird nur möglich im Aushalten und Durchstehen der Angst, die immer mit Trennung und Neuanfang verbunden ist.

Fazit

Die Partnerbeziehung bietet Petra und Bodo die Gelegenheit, Erfahrungen aus ihrer Kindheit »aufzuarbeiten«. Dazu dienen die starken Parallelen zwischen jeweiliger Biographie und Partnerschaft. Die »Aufarbeitung« nahm jedoch zunächst einen destruktiven Verlauf, so dass trotz der »glimpflich« verlaufenen Gewalteskalation zunächst nur die Trennung übrig blieb zur Rettung aller drei Beteiligten (Petra, Bodo und Kind). Nach drei Jahren ergab sich jedoch auf beiden Seiten ein neuer Versuch einer Beziehungsannäherung vor allem zur positiven Gestaltung ihrer Elternrolle.

7

Trennung

Sofia und Ali –
Der Trip nach Dubai: Die Tarotkarten lügen nicht

> *Nicht da ist man daheim,*
> *wo man seinen Wohnsitz hat,*
> *sondern wo man verstanden wird.*
> Christian Morgenstern

Sofia und Ali kennen sich seit zehn Jahren und sind seit zwei Jahren verheiratet. Sofia ist die Tochter nach Schweden emigrierter Deutscher. Ali lernt sie beim Besuch ihrer Verwandten in Berlin kennen. Er stammt aus der Türkei. Sofia studiert Kunst, Ali ist bereits ausgebildeter Betriebswirt.

Nach seinem Studium versucht Ali, in Berlin beruflich Fuß zu fassen. Er hat verschiedene Jobs. Aber so richtig läuft es nicht. Es mangelt stets an Geld. Die Beziehung fängt an zu kriseln.

Sobald es Schwierigkeiten gibt, macht Ali Sofia Vorwürfe: sie sei an allem schuld. Wenn sie nicht sofort Zeit für ihn hat, reagiert er mit Wutausbrüchen, droht mit Trennung und der Ankündigung, sich eine andere Frau zu suchen.

Er will Kinder haben, Sofia will sich damit noch Zeit lassen. Sie möchte zunächst ihr Studium zu Ende bringen. Außerdem möchte sie, dass die Familie finanziell abgesichert ist.

Über Bekannte bekommt Ali ein gutes Jobangebot in Dubai. Er geht zunächst für sechs Monate dorthin. Sein Plan ist, zwischen Berlin und Dubai zu pendeln, denn auch seinen Export-Import-Laden in Deutschland will er weiterführen.

Die erste Zeit fliegt er alle sechs Wochen nach Berlin und regelt seine Geschäfte vor Ort. Er hält sich an die gemeinsam getroffenen Absprachen mit Sofia. Plötzlich aber verändert sich sein Verhalten, frei nach dem Motto: *Vom Single über die Ehe zum Harem.*

Bei seiner nächsten Rückkehr nach Dubai ruft er Sofia in Berlin nicht an. Er ist über das Handy nicht zu erreichen, reagiert weder auf SMS noch auf Mails. Er ist wie vom Erdboden verschluckt.

Sofia fühlt sich restlos überfordert. Schon lange hat sie auch über eine Trennung nachgedacht. Da sie Ali jedoch immer noch liebt, er ist schließlich ihre erste große Liebe, unternimmt sie einen letzten Versuch.

Sie reist zu einem Überraschungsbesuch nach Dubai. Sie findet Ali, aber er kann sie nicht in seiner Wohnung aufnehmen, weil er gerade eine Frau aus Ankara hat einfliegen lassen. Er sagt, es handele sich um seine Cousine. Sofia verschlägt es an der Wohnungstür die Sprache. Ali bringt sie ins Hotel und übernimmt die Hotelkosten.

Sofia fliegt fix und fertig nach Berlin zurück. Sie begibt sich in psychologische und juristische Beratung.

Gemeinsam mit einer Freundin befragt sie die Tarotkarten. Sie verwendet das Legesystem »Der nächste Schritt« von Hajo Banzhaf und Elisa Hemmerlein.[173] Die Auslage besteht aus vier Karten. Die erste Karte beschreibt die Ausgangssituation. Die zweite Karte weist darauf hin, worum es in der aktuellen Situation nicht geht. Die dritte Karte sagt, was stattdessen jetzt wichtig ist. Und die vierte Karte beschreibt, wohin der nächste Schritt führt.

Sofia stellt sich folgende Frage: *Wie soll ich in der aktuellen Situation nach dem Kontaktabbruch von Ali und der Konfrontation mit einer »Zweitfrau« weiter verfahren?*

Hier die von ihr gezogenen Karten mit den Deutungen von Hajo Banzhaf und Elisa Hemmerlein:[174]

1. Karte: Ausgangssituation / *Die Hohepriesterin*
    »Sie haben Geduld und Verständnis gezeigt,
    Sie haben sich bislang zurückgehalten,
    und auf den rechten Augenblick gewartet,
    Sie haben sich von Ihrer inneren Stimme leiten lassen,
    Sie haben sich inspirieren lassen.«[175]

2. Karte: Jetzt geht es nicht darum ... / *Fünf Kelche*
    · »Sich sorgen zu machen, traurig zu sein,
    · oder zu verzweifeln oder sich allein gelassen zu fühlen,
    · unglücklich zu sein und den Kopf hängen zu lassen,
    · mit Kummer oder Enttäuschung zu rechnen,
    · in Schmerz zu verharren.«[176]

3. Karte: Stattdessen ist es jetzt wichtig ... / *Acht Kelche*
· »Liebgewordene Gewohnheiten und Vorstellungen loszulassen,
· eine vertraute Situation zu verlassen
· und in eine ungewisse Zukunft aufzubrechen,
· schweren Herzens Abschied zu nehmen,
· nach einem Ausweg zu suchen, auch wenn es schwerfällt.«[177]

4. Karte: Ihr nächster Schritt führt Sie ... / *Der Teufel*
· »In eine Situation, wo Sie erpressbar sind oder genötigt werden,
· gegen Ihre Überzeugungen zu verstoßen,
· in die Gefahr von Sucht oder Abhängigkeit,
· in eine gefährliche, verführerische Situation,
· zur Begegnung mit Ihrem Schatten.«[178]

Ihre zweite Frage lautete: *Wie gehe ich jetzt am besten mit dieser Kränkung und Abweisung durch Ali um?*

1. Karte: Ausgangssituation / *Zwei Schwerter*
»Ihre Zweifel bereiten Ihnen Kopfschmerzen,
Sie sind hin- und hergerissen und wissen nicht, was Sie tun sollen,
Sie fühlen sich unfähig, eine eindeutige Haltung einzunehmen,
Sie sind entscheidungsunfähig.«[179]

2. Karte: Jetzt geht es nicht darum ... / *Fünf Kelche*
· »sich Sorgen zu machen, traurig zu sein,
· oder zu verzweifeln oder sich allein gelassen zu fühlen,
· unglücklich zu sein und den Kopf hängen zu lassen,
· mit Kummer oder Enttäuschung zu rechnen,
· in Schmerz zu verharren«[180]

3. Karte: Stattdessen ist es jetzt wichtig ... / *Vier Schwerter*
· »die eigene Ohnmacht einzusehen,
· sich zu schonen und wieder zu Kräften zu kommen,
· die Angelegenheit erst mal auf Eis zu legen,
· mit einer Zwangspause zu rechnen«[181]

4. Karte: Ihr nächster Schritt führt Sie ... / *Kraft*
· »in eine Situation, in der Sie Ihren ganzen Mut aufbringen,
· in eine Phase außerordentlicher Vitalität und Lebensfreude,

· zum leidenschaftlichen Einsatz Ihrer ganzen Energie,
· zur Annahme Ihrer Instinktnatur.«[182]

Sofia berichtete in der Beratung von ihrer Befragung der Tarotkarten. Sie habe es nicht glauben können, wie genau die Karten ihre Situation beschrieben und wie wohltuend sie die Empfehlungen empfand, die sie durch die Karten erhielt.

Sofias Geschichte zeigt, dass Tarotkarten keineswegs eine Sache für »abergläubische Esoteriker« sind. Es handelt sich um eine faszinierende Methode, schnell Orientierung und hilfreiche Hinweise in einer komplizierten Lebenssituation zu erfahren.

Gütertrennung mit der Kettensäge – Verlassener Ehemann nahm halbes Haus mit[183]

Unter dieser Überschrift berichtet die *Bildzeitung* über eine Scheidung. Das Paar war 39 und 43 Jahre alt und hatte eine zehnjährige Tochter. Es gab immer wieder Streit, vor allem um Geld und ums Haus.

Die Frau reichte die Scheidung ein und stimmte zu, dass ihr Mann das Gartenhaus auf ihrem Grundstück behalten darf. Seine Möbel stellte sie in das Gartenhaus.

Nach ein paar Tagen schaute sie auf dem Grundstück nach dem Rechten und traute ihren Augen nicht. Ihr Noch-Ehemann hatte das Gartenhaus mit einer Kettensäge in der Mitte säuberlich durchtrennt und die Einzelteile abtransportiert. Ein halbes Gartenhaus blieb zurück.

Fazit

Der Mann schien sich wie das Gartenhaus zu fühlen. Die bessere Hälfte fehlte, und symbolisch nahm er sie mit. Er errichtete zugleich auch ein Symbol für ihre Trennung. Er fühlte sich selbst quasi wie amputiert oder »durchgesägt«.

Die symbolische Handlung hat zwei Bedeutungsebenen: Zum einen ist es ein aggressiver Akt gegen die Noch-Ehefrau, zum anderen ein Hilferuf und ein Ausdruck seines Schmerzes.

Erst das Gericht schafft die Trennung
Das Landgericht Ulm verurteilte einen 24-jährigen Türken zu drei Jahren Gefängnis, weil er seine in Deutschland aufgewachsene türkischstämmige Ehefrau mit einem Messer lebensgefährlich verletzt hatte.

Der Richter erklärte, die Ehe habe wohl von Anfang an unter keinem guten Stern gestanden. Die Ehefrau war nach der Hochzeit zunächst zu ihrem Mann in die Türkei gezogen. Nach einem Urlaub bei ihren Eltern in Ulm sagte sie ihrem Mann, sie wolle nicht zurückkehren, er solle doch mit nach Ulm kommen.

Der gelernte Elektrotechniker folgte der Bitte seiner Frau und kam ohne deutsche Sprachkenntnisse und ohne Aussicht auf einen angemessenen Job nach Deutschland. Er fand nur niedrige Jobs, arbeitete sogar am Wochenende, weil das Geld nicht reichte.

Kurz nach seiner Umsiedlung nach Deutschland bekam sie ein Kind. Die Ehefrau war nach Ansicht des Gerichts enttäuscht von der Ehe. In der Freizeit begann sie, im Internet mit einem Mann zu flirten.

Ihr Mann fing an, sie zu kontrollieren. Eines Abends knackte er an ihrem Computer das Passwort und durchforstete ihre Mails. Er tobte vor Eifersucht, warf sie zu Boden und versetzte ihr drei Faustschläge ins Gesicht.

Sie floh mit dem Kind zu ihren Eltern. Am nächsten Morgen kam der Ehemann in die Wohnung der Eltern, um der Schwiegermutter die Scheidung aufgrund der Untreue seiner Frau anzukündigen. Die junge Frau wollte keine Eskalation in der Gegenwart ihrer Eltern und unterbrach das Gespräch. Da gab es erneut Streit, der Mann zog ein Messer, stach der Frau in die Leistengegend und traf eine Arterie.

Dank schneller ärztlicher Hilfe konnte die Frau gerettet werden. Dass es nicht zu einer Verurteilung wegen versuchten Totschlages gekommen ist, begründete das Gericht damit, dass der Täter nach dem ersten Messerstich von seinem Opfer abgelassen habe.

Interessant an dem Fall ist, dass das Paar bei der Gerichtsverhandlung offensichtlich wieder vereint erschien und der Anwalt der Frau, die als Nebenklägerin auftrat, wie auch der Verteidiger des Angeklagten auf eine Aussetzung der Strafe zur Bewährung plädierten.

Einer der Anwälte sagte, das Paar wolle einen Neuanfang wagen und zusammenbleiben. »Die Tränen flossen bei Täter und Opfer. Das Gericht aber ließ sich davon nicht rühren«,[184] und verurteilte den Mann zu der dreijährigen Gefängnisstrafe.

Arisa und José – Der Mann als Samenspender

Welches Kind hätte nicht Grund,
über seine Eltern zu weinen?
Friedrich Nietzsche

Arisa ist 32 Jahre und kommt aus Kanada. Ihre Eltern sind Deutsche, die nach Kanada ausgewandert sind und dort auch leben. Arisa wohnt seit fünf Jahren in Berlin und arbeitet als Friseurin.

José, 35 Jahre alt, kam in Havanna auf die Welt. Seine Mutter ist Deutsche, sein Vater Kubaner. José lebt seit seinem dritten Lebensjahr in Berlin.

José betreibt ein kleines südamerikanisches Lokal, das sein Vater in erster Generation aufgebaut hat. Arisa aß dort immer in der Mittagspause. Die beiden freunden sich an, und mit der Zeit wurde mehr daraus.

Arisa will unbedingt ein Kind, aber keinen Mann. Die traditionelle Ehe lehnt sie ab. Ihr Vater hat sie früh im Stich gelassen. Die Ehe der Eltern bestand nur pro forma.

Als Arisa schwanger ist, trennt sie sich sofort von José. Über Umwege erfährt José später von seinem Sohn Lars. Er strengt einen Vaterschaftstest an. Als seine Vaterschaft feststeht, bekommt er vom Jugendamt die Aufforderung zur Unterhaltszahlung für sein Kind. Er muss zahlen, aber sie verweigert ihm den Kontakt zu seinem Sohn.

Da die beiden nicht verheiratet sind, ist das Sorgerecht bei ihr. José fühlt sich extrem hilflos, und es schmerzt ihn, keinen Kontakt zu seinem Sohn zu haben. Dazu kommt die kulturelle Dimension, dass südländische Familien in der Regel einen sehr engen Kontakt zu ihren Angehörigen pflegen. Die Kinder sind der absolute Stolz der Familie.

José fühlt sich als Vater und als Mann angegriffen und beschämt. Außerdem sieht er sich als »Samenspender« benutzt. Die für ihn aussichtslosen Besuche im Jugendamt deprimieren José.

Lars ist neun Jahre alt und schläft immer noch bei seiner Mutter im Bett. Gelegentlich hat er Alpträume und neigt zum Schlafwandeln. Er muss auf eine Sonderschule. Arisa hatte ihn nicht in den Kindergarten gelassen. Er sollte immer nur in ihrer Nähe sein. So wuchs er ohne soziale Kontakte zu Gleichaltrigen auf.

Erst durch eine Beratung gewinnt José den Mut, erneut beim Jugendamt vorstellig zu werden und eine andere Sachbearbeiterin zu verlangen. Er gerät dieses Mal an eine freundliche und verständnisvolle Sozialarbeiterin, die im Sinne des Kindes tätig wird.

Fazit

Dem Vater bzw. der Mutter das eigene Kind vorzuenthalten, ob von Geburt an, wie in diesem Fall, oder später im Rahmen eines Scheidungsverfahrens ist eine gängige Mobbing-Methode von Seiten eines Partners.

Ein Aspekt hierbei ist, dass trotz scheinbarer Trennung und Ablehnung des Partners eine unbewusste Bindung aufrechterhalten wird, und zwar in negativer Form über Ärger und Verletzungen.

In dem vorgestellten Fall handelt es sich nicht um ein Aushandeln des Umgangsrechtes von Vater und Mutter in einer erwachsenen Form. Das Kind wird von der Frau als Machtmittel und Waffe missbraucht.

Das Kind braucht beide Eltern. Das schien hier weder die Mutter noch das Jugendamt zu interessieren. Aber José schaffte es schließlich, seine Interessen als Vater und das Recht des Kindes auf Vater und Mutter durchzusetzen. Arisa bekam einen Familienhelfer durch das Jugendamt. Die Beziehung zwischen Arisa und José verbesserte sich zudem durch die regelmäßigen Gespräche zwischen den beiden und die Vereinbarung von klaren Regeln.

8

Positive Paarbeispiele

Rebecca und Tim –
Vom Fahrradladen über den Sex-Shop zum eigenen Kind

Schimpfe auf dich selbst,
nicht aber auf die Sonne,
wenn dein Garten nicht blüht.
Chinesisches Sprichwort

Rebecca kommt in die Beratung, weil sie mit ihrem Ehemann und ihrer Ehe unzufrieden ist. Tims Eltern hatten in Hamburg einen Fahrradladen. Tim hätte gern Medizin studiert. Aber die Eltern wollten, dass er ihren Laden fortführt. Rebecca und Tim leben jetzt im Haus der Eltern von Tim. Die Eltern sind bereits verstorben. Die beiden haben keine Kinder.

Rebecca managt den Haushalt und arbeitet auch mit im Geschäft. Sie macht das Büro, die Buchhaltung, den Telefonservice, die Kundenbetreuung und den Ein- und Verkauf. Tim ist für den Bereich Technik und Reparatur zuständig. Angestellte haben sie aus Kostengründen nicht. Die Eltern von Tim haben den Betrieb ebenfalls schon so geführt.

Ist Rebecca nicht da oder fällt sie wegen einer Erkrankung aus, fühlt sich Tim komplett aufgeschmissen und hilflos »wie ein Dreijähriger«. Sein unselbständiges Verhalten passt ihr nicht.

In der Beratung wird ihr jedoch klar, dass sie ihren Mann auch zur Unselbständigkeit erzogen hat. Morgens schmiert sie ihm die Brötchen, legt ihm seine Wäsche hin und sagt ihm, was er dringend zu erledigen hat.

Sie schimpft und meckert den ganzen Tag wegen der Doppelbelastung von Firma und Haushalt. Soll Tim ihr bei etwas helfen, macht er es auch nicht recht.

Endlich trifft Tim einmal allein eine Entscheidung. Er vermietet auf dem Firmengelände zwei nicht benötigte Räume an einen Sex-Shop-Betreiber. Rebecca fällt aus allen Wolken. Wenn schon so was, dann wenigstens zu einem hohen Mietpreis. Tim hat zwar aus finanziellem Druck die Räume vermietet, allerdings ohne große Summen zu verlangen. Seit der Sex-Shop da ist, kommen zwar mehr Kunden ins Fahrradgeschäft, aber Rebecca empfindet den Untermieter als Schande.

Das Mobbing von Rebecca zeigt sich darin, dem Partner immer nur die Schuld zu geben, ihn abhängig zu machen, um ihm das anschließend vorzuwerfen. Sie verweigert Nähe, zieht aus dem gemeinsamen Schlafzimmer aus, weil sie ihn nicht mehr aushalten kann. Er entwickelt eine Erektionsstörung, wird »impotent«.

Der Ehemann wird in die Beratung mit einbezogen. Gemeinsam wird eine kreative Lösung gesucht. Dabei entwickelt sich folgende Konstellation: In ihrem Prozess zu mehr Autonomie sucht sich Rebecca einen Arbeitsplatz außerhalb des ehelichen Betriebes. Sie fängt als Sekretärin in einer großen Anwaltskanzlei an. Tim stellt für seinen Fahrradladen eine Aushilfskraft und einen Techniker ein. Er übernimmt mehr administrative Arbeiten, die früher seine Frau erledigt hat. Dem Sex-Shop-Betreiber wird gekündigt. Die ungelebten Kinderwünsche des Paares werden thematisiert. Die beiden überlegen sich, ein Kind zu adoptieren.

Fazit

Auch dieser Fall weist eine generationsübergreifende Thematik auf. Die Eltern von Rebecca und Tim haben als Kinder den Zweiten Weltkrieg und die Flucht aus Schlesien erlebt. Dieses Thema haben die beiden Herkunftsfamilien unbewusst gemeinsam. Es verbindet Rebecca und Tim fast auf geschwisterliche Weise.

In der Familie von Rebecca hatten die Kriegstraumatisierungen Folgen. Eine Tante von Rebecca wurde vergewaltigt, kam mit dem Leben davon und konnte fliehen. Doch was sie durchgemacht hatte, war so schwerwiegend, dass sie eine Psychose entwickelte und in der Psychiatrie landete. Berta, die Mutter von Rebecca, war elf Jahr alt, als der Zweite Weltkrieg begann und sie mit ihrer Familie fliehen musste. Berta entwickelte als erwachsene Frau und Mutter von fünf Kindern eine schwere Angstneurose. Sie konnte nicht mehr ohne Begleitung auf die Straße oder zum Einkaufen gehen. Schon früh musste Rebecca mütterliche Pflichten übernehmen und die Familie versorgen.

Bei der Familie von Tim gab es nach außen hin keine groben Auffälligkeiten. Sie versuchten, die Kriegstraumatisierungen durch enormen Arbeitseinsatz zu vergessen. Heute würde man von Workaholics sprechen.

Aufgrund des Heimatverlustes in der Familie haben beide, Rebecca und Tim, unbewusste Trennungsschwierigkeiten. Sie halten an dem fest, was sie haben. Große Verlustängste führen zu verstärktem Kontrollverhalten.

In der Beratung wird Rebecca ihr eigener Anteil bewusst. Sie setzt bei ihrem Ehemann ihr in der Kindheit erlerntes Versorger-Verhalten fort. Nicht nur er ist der Böse. Er passt zu ihr wie ein Schlüssel ins Schloss. Er bietet ihr die Plattform und das Muster, damit sie ihre vertraute Rolle weiterspielen kann. Eigentlich will sie aber die Rolle aus der Kindheit nicht weiterspielen. Deshalb kritisiert sie ihn ständig.

Für beide Partner ist eine Weiterentwicklung wichtig. Beide arbeiten auch an der Problemlösung mit. Bei beiden geht es um Autonomie. Bei ihm steht eine Befreiung aus der Kindrolle an, in die er während seiner Ehe hineingeraten ist. Und sie sollte nicht die Mutter für ihren Mann spielen, sondern für ein wirkliches Kind. Sie muss lernen, sich besser um sich selbst zu kümmern, eine gute Mutter für sich selbst zu sein, statt ihren Mann zum Kind zu machen.

Armin und Gisela – Freiheit und Bindung

Es hat keinen Wert,
nur über das Fliegen zu reden.
Du musst es probieren,
Du musst daran glauben,
die Flügel ausbreiten und fliegen.
Richard Bach, Die Möwe Jonathan

Beziehungsverlauf

Armin kommt in Beratung, weil sein Sohn Alex unter Asthma leidet. Armin ist ein besorgter und fürsorglicher Vater. Seine Kinder sind sein Ein und Alles.

Armin und Gisela kennen sich seit zehn Jahren, seit sieben Jahren sind sie verheiratet. Sie haben eine vierjährige Tochter Anna und einen siebenjährigen Sohn Alex. Armin ist 54 Jahre alt, Gisela 46. Er ist Apotheker, sie arbeitet im Standesamt als Sachbearbeiterin.

Seit zwei Jahren lebt das Ehepaar in getrennten Wohnungen in unmittelbarer Nachbarschaft. Die Kinder sind während der Woche bei der Mutter. Am Wochenende wohnt Armin bei seiner Frau und den Kindern, oder wenn Gisela ihre Ruhe braucht, sind die Kinder beim Vater.

Im »verflixten« siebten Ehejahr kriselte es, weil Armin eine zweimonatige Affäre hatte mit einer Frau aus dem Fitness-Club. Gisela sah eine SMS auf Armins Handy und bekam so Wind von der Geschichte. Er gab es zu, und sie sprachen sich aus. Er entschied, die Affäre zu beenden. Beide wollten ihre Ehe mit mehr Abstand fortführen, ohne gleich die Scheidung einzureichen.

Biographische & psychologische Hintergründe

Als Armin sieben Jahre alt war, verlor er seinen Vater. Sein Vater starb an den Folgen eines Autounfalls. Zeitlebens ist Armin auf der Suche nach dem Vater. Er gibt sich große Mühe, seinen beiden Kindern ein guter Vater zu sein. Durch den Verlust des Vaters musste er sehr früh erwachsen werden. Seine Mutter stützte sich ganz auf ihn, er wurde für sie zum Partnerersatz. Die zu enge Mutterbindung ist eine schwere Hypothek für Armins Beziehungen zu Frauen.

Mobbinghandlungen

Armin hat seine Ehefrau Gisela durch seine Affäre gemobbt. Und wie in anderen Fällen auch war die Affäre von Armin die Spitze des Eisberges und ein Symptom für angestaute und unausgesprochene Konflikte zwischen den Partnern.

Armin kann aufgrund der symbiotischen Beziehung zu seiner Mutter schlecht mit Nähe umgehen. Er braucht sehr viel Distanz und Freiraum in einer Beziehung, um sich nicht eingeengt zu fühlen.

Die beiden haben das gleiche Nähe-Distanz-Problem. Es verbindet sie unbewusst. Gisela hat auf ihre Art versucht, Distanz zu schaffen: Sie machte sich nur für die Arbeit schick. Zu Hause lief sie meist nur im Bademantel herum. Armin hatte mit ihr immer das Gefühl, sich im Krankenhaus oder in einem Seniorenwohnheim zu befinden.

Fazit

Das »Affären-Mobbing« hat die unbewusste Funktion, auf das Bedürfnis von Armin nach mehr Distanz in der Partnerschaft aufmerksam zu machen. Die beiden Partner waren in der Lage, die Ehekrise als Chance zu einer Veränderung ihrer Beziehung zu nutzen. Sie schafften durch die »getrennten Reviere« mehr Abstand und konnten deshalb wieder konstruktiv miteinander umgehen, ohne sich gleich endgültig zu trennen. Sie fanden für sich ein neues Modell für ein besseres Zusammenleben und verabschiedeten sich von der konventionellen Ehe.

Die beiden finden für sich als Paar eine gute Lösung. Auch im Interesse der Kinder gibt es einen guten Mittelweg. Beide Partner sind freundschaftlich für sich und vor allem die Kinder da. Sie sorgen füreinander.

In der Beratung wird Armin bewusst, dass er auch sein eigenes Leben nicht aus den Augen verlieren darf. Irgendwann werden seine Kinder erwachsen sein, deshalb ist es nicht ratsam, seine Identität nur über seine Vaterrolle zu definieren.

Armin nimmt sein früheres Hobby Taekwondo wieder auf. Er knüpft an alte Freunde und Bekannte an und hat einen Freundeskreis außerhalb der Ehe und Familie. Er gönnt sich selbst einige Reisen und schenkt Gisela eine Reise als Auszeit von den Kindern und dem Mutterjob. Armin kümmert sich außerdem vermehrt um seine berufliche Weiterentwicklung. Auch bei Gisela zeigen sich ähnliche Prozesse. So ergibt sich für alle mehr Autonomie – und trotzdem besteht Verbundenheit. Das wirkt sich positiv auf die Kinder aus. Das Asthma ihres Sohnes Alex geht zurück.

Asthma steht aus psychosomatischer Sicht für den unbewussten auf die Mutter bezogenen Wut- und Angstschrei. Je mehr Armin und Gisela ihre eigenen Themen bewusst und konstruktiv bearbeiten, desto weniger bleibt dem kleinen Alex »die Luft weg«.

Edgar und Dante – »Italienische Verhältnisse«

Eine Pflanze braucht Sonne,
um Pflanze zu werden,
ein Mensch braucht Liebe,
um Mensch zu werden.
   Sponti-Spruch

Beziehungsverlauf

Edgar (35 Jahre) und Dante (43 Jahre) lernten sich beim Karneval in Venedig kennen. Es war Liebe auf den ersten Blick. Edgar ist Journalist in Frankfurt. Dante ist Orthopäde. Sie leben jetzt seit acht Jahren zusammen und verstehen sich gut.

Natürlich gab es auch in ihrer Beziehung ein Auf und Ab. Das Wesentliche ist jedoch, dass sie – wie Dante sagt – »italienische Verhältnisse« haben. Damit meint er, dass sie es mit der Zeit gelernt haben, offen und viel miteinander zu reden.

Die beiden haben auch hin und wieder ihre Kämpfe nach dem Motto: Wer behält jetzt recht? Dante spielt dann häufig die Rolle »Der Klügere gibt nach«.

Beide haben gelernt, sich Nähe zu geben, aber auch dem anderen Distanz und Freiraum zuzugestehen. Es gibt ein gemeinsames Haushaltskonto für die Wohnung, ansonsten jedoch getrennte Konten. Sie haben Zeiten, in denen sie vieles gemeinsam unternehmen, und Tage, an denen jeder seine Wege wieder alleine geht.

Biographische & psychologische Hintergründe

Wichtig zum Verstehen der Paardynamik ist Dantes Kindheitserfahrung, dass es bei seinen Eltern ständig Krieg und Kampf gab. Dante sagt:»Dadurch habe ich nicht erfahren, wie man positiv mit einer Beziehung und Konflikten umgeht.«

Er fügt hinzu:»In meiner Partnerschaft mit Edgar habe ich sehr viel gelernt, weil er mich dazu gebracht hat, über meine Gefühle, Wünsche und Probleme zu reden. Edgar sagt immer relativ schnell, wenn ihm etwas nicht passt.«

Dante wiederum habe Edgar beigebracht, in *Ich-Botschaften* und nicht in *Du-Botschaften* zu sprechen. Also beispielsweise nicht zu sagen:»Dir ist bestimmt auch warm, öffne bitte das Fenster.« Sondern in Ich-Form: »Mir ist sehr warm, bitte öffne das Fenster ...«

Im Gegensatz zur Familie von Dante gab es in der Familie von Edgar eine offene Streitkultur. Edgar war das dritte von vier Kindern.

Mobbinghandlungen

In der Beziehung von Dante und Edgar gibt es keine Mobbinghandlungen. Mobbing gab es in der Ehe der Eltern von Dante. Sein Vater war Maurer und Quartalstrinker. Die Eltern trennten sich, als er 13 Jahre alt war. Die Mutter reichte wegen des gewalttätigen Verhaltens des Vaters die Scheidung ein.

Dante hatte in seiner Herkunftsfamilie keine Möglichkeit, sich zu äußern. Er wuchs »sprachlos« auf. Vor dem Hintergrund ihrer problematischen Ehe drängte die Mutter Dante in die Rolle des Partnerersatzes. Sie war sehr vereinnahmend ihrem Sohn gegenüber und hat ihn so emotional missbraucht.

Astrologische Interpretation

Wenn zwei Menschen eine Paarbeziehung eingehen, entsteht aus der »Mischung« der beiden Charaktere etwas Neues, eine Art Energiefeld mit einer ganz eigenen Dynamik. Die durch die Beziehung »auf den Plan« gerufenen Kräfte sind für beide Partner schnell spürbar, aber auch nach außen hin für andere, wenn das Paar gemeinsam »auftritt«. Die Beziehung als »neues Wesen« lässt sich in der Astrologie mit Hilfe des so genannten Composits beschreiben. Es wird aus dem arithmetischen Mittel der astrologischen Daten der beiden Einzelhoroskope berechnet (siehe auch S. 263).

Für das von Edgar und Dante erschaffene neue Wesen ist die *Kommunikation* absolut zentral: Wenn die beiden zusammen sind, geht es vor allem um den Dialog, den kreativen Austausch von Gedanken und Ideen. »*Italienische Verhältnisse*« ist also auch aus astrologischer Sicht ein sehr gutes Bild für den Geist dieser Partnerschaft, in der das lebendige Gespräch über den Alltag und über die Gefühle und Bedürfnisse einen großen Raum einnimmt.

Friedrich Nietzsche hat die Ehe in seiner Schrift »Menschliches, Allzumenschliches« als »*langes Gespräch*« bezeichnet. Er hat empfohlen, sich vor dem Eingehen einer Partnerschaft zu fragen, ob man glaube, sich mit dem anderen bis ins Alter hin gut unterhalten zu können. Alles andere sei vorübergehend, aber die meiste Zeit über gehe es doch um das Gespräch.

Fazit

In dieser Partnerschaft ist es Edgar und Dante gelungen, den Wiederholungszwang zu durchbrechen. Dante wiederholt die Mobbing-Ehe seiner Eltern nicht. Er lernt in der Beziehung mit Edgar etwas Neues. Es gibt in der Beziehung von Dante und Edgar eine neue Tonart, eine offene Gesprächs- und Streitkultur. Die Partnerschaft wird hier zu einer positiven korrigierenden emotionalen Erfahrung.

Nina und Robin –
Weg von der Mutter mit den »sieben Brüsten«

Nina ist 27 Jahre und Robin 28 Jahre alt, die beiden kennen sich seit der Schulzeit. Es ist jeweils ihre erste Liebe. Es gab auch schon Trennungsphasen, sie kamen jedoch immer wieder zusammen.

Robin arbeitet bei einer Telekommunikationsfirma und hat ein solides Einkommen. Nina hat mehrere Berufsausbildungen angefangen und abgebrochen.

Robin will Nina einen Berufsabschluss ermöglichen, er finanziert ihr eine Ausbildung in Mediendesign. Nina schafft es jedoch nicht, morgens pünktlich zu erscheinen. Sie hat viele unentschuldigte Fehltage. Die Vormittage verbringt sie lieber in Cafés oder sie geht mit der Kreditkarte ihres Mannes shoppen.

Nina bekommt Post von der Institutsleitung aufgrund der Fehlzeiten und nicht bezahlten Semestergebühren. Da sie Robin immer ihre Angelegenheiten überlässt, er aber viel um die Ohren hat, geht der Brief unter.

Um das Schlimmste, Ninas Rausschmiss, in letzter Minute zu verhindern, fährt Robin zum Institut und bezahlt die Semestergebühren persönlich ein. Robin verzweifelt allmählich. Ihm wird alles zu viel. Für ihn ist die Beziehung zu einem Fass ohne Boden geworden. Die Balance von Geben und Nehmen ist gestört. Dadurch erleidet er ein Burn-out-Syndrom. Robin fühlt sich am Ende seiner Kräfte.

Robin beschäftigte sich schon seit längerer Zeit mit Tarotkarten und befragt die Karten zu seiner Situation mit Nina.

Seine konkrete Frage an die Tarotkarten lautet: *Wie ist die Situation mit der unbezahlten Semestergebühr zu beurteilen? Warum fühlt er sich nur noch als »Mutter mit den sieben Brüsten« für Nina?*

Die Kartenauslage nach dem Legesystem »Der nächste Schritt« ergab die folgende Auslage mit den Kommentaren von Hajo Banzhaf und Elisa Hemmerlein aus ihrem Buch »Tarot als Wegbegleiter:[185]

1. Karte: Ausgangssituation / *Der König der Münzen*
»Sie sind nüchtern und sachlich aufgetreten,
Sie verkörpern Sicherheit,
Sie sind jemand, für den Beständigkeit und Treue zählen,
Sie wollen Genuss aus der Sache ziehen oder haben es schon getan.«[186]

2. Karte: Jetzt geht es nicht darum . . . / *Bube der Kelche*
· »auf einen versöhnlichen Impuls zu hoffen,
· auf emotionale Unterstützung zu warten,
· mit einer freundlichen Geste zu rechnen,
· einen gut gemeinten Rat zu erwarten oder anzunehmen,
· einer Schmeichelei Glauben zu schenken.«[187]

3. Karte: Stattdessen ist es jetzt wichtig . . . / *Stern*
· »die Zukunft zu planen,
· hoffnungsvoll in die Zukunft zu schauen,
· zu sehen, dass Ihr Vorhaben weitreichende Folgen hat,
· auf den langfristig positiven Verlauf der Dinge zu setzen,
· von höherer Warte aus größere Zusammenhänge zu erkennen.«[188]

4. Karte: Ihr nächster Schritt führt Sie . . . / *Das Gericht*
· »zur Lösung Ihres Problems,
· zur Erlösung aus Verstrickung und Abhängigkeit,
· zum Eigentlichen,
· zu Ihren wahren Fähigkeiten,
· zum Wiederfinden dessen, was verloren war.«[189]

Fazit

Durch die Beratung und die Tarotkarten erkennt Robin seine Verstrickung. Ihm wird klar, dass er unbewusst seine Kindheitsrolle – die Bemutterung seines leiblichen Vaters – in der »Fütterung« seiner Ehefrau Nina fortsetzt. Nina entpuppt sich als unersättliche, pubertäre Jugendliche, die ihren Versorger gnadenlos überfordert. Aber auch sie verhält sich nicht mit Absicht so. Sie hat vermutlich einen großen Nachholbedarf an emotionaler Versorgung und weigert sich, erwachsen zu werden. Die beiden haben sich gesucht und gefunden.

Durch die Beratung seinen eigenen Anteil zu erkennen hilft Robin, seine Rolle als Manager, Versorger und »Mutter« für Nina schrittweise zu verlassen. Er fängt an, ihr Grenzen zu setzen und neue Regeln einzuführen.

Das Semestergeld bezahlt er nur noch, wenn sie regelmäßig zum Unterricht geht und selbst auch etwas zu ihrer Ausbildung beiträgt. Er überlässt ihr die organisatorischen Aufgaben, die er für sie übernommen hatte. Und er entzieht ihr die Bankvollmacht für sein Konto, damit sie nicht mehr mit seiner Kreditkarte einkaufen kann.

Außerdem verändert Robin die Wohnsituation. Aus dem gemeinsamen Schlaf- und Wohnbereich schafft er einen Raum für Nina und einen separaten Raum für sich.

Mit seinen Grenzziehungen gibt Robin die Eigenverantwortung an Nina zurück. Sie weigert sich zunächst und droht, Robin zu verlassen. Tatsächlich taucht sie für einige Tage bei einer Freundin unter. Aber es dauert nicht lange, und sie steht wieder bei Robin vor der Tür.

Mit der Beratung nimmt alles doch noch einen positiven Verlauf. Auch die Tarotkarten bestärken Robin in seiner Entwicklung. Beide Partner werden sich ihrer Anteile, ihrer Ängste und Verstrickungen bewusst. Sie nutzen die Chance zu einer Wandlung, die in der Krise enthalten war. Durch das Aufgeben der alten Rollen lernen sie schrittweise, gleichberechtigt und partnerschaftlich miteinander umzugehen.

Teil VIII

Die Sehnsucht nach dem idealen Paar

Angelina Jolie und Brad Pitt

Ich will die verrückteste Familie der Welt.

Angelina Jolie

Die Menschen haben eine Sehnsucht nach dem idealen Paar. So spiegeln es die Medien, und in diesem Rahmen erscheinen Angelina Jolie und Brad Pitt als ein solches Paar.

Angelina Jolie ist zweimal geschieden, Brad Pitt einmal. Offensichtlich ist, dass die beiden eine moderne Form der Partnerschaft und Familie anstreben.

Brad Pitt und Angelina Jolie haben ein gemeinsames Kind und bisher drei Adoptivkinder aus verschiedenen Ländern und Kulturen.

Angelina Jolies Gage für eine Hauptrolle liegt bei rund 15 Millionen Dollar. Ein Drittel ihres Einkommens fließt in humanitäre Projekte. Angelina Jolie hat eine Mission. Sie ist seit 2001 Sonderbotschafterin für das Flüchtlingshilfswerk der Vereinten Nationen UNHCR. Mittlerweile ist auch Brad Pitt in das Projekt involviert und begleitet sie bei ihren zahlreichen Auslandsreisen. Angelina Jolie gilt als »Mutter Teresa von Hollywood«. »Ein jeder kann seine ureigenen Phantasien und Wünsche auf sie projizieren, von sonnigster Glückseligkeit bis zum dunklen Sadomasochismus.«[190]

Angelina Jolie macht eine große Karriere als Schauspielerin. Und gleichzeitig sind Kinder für sie das Wichtigste. Ihr Modell ist anscheinend eine multikulturelle Großfamilie.

Brad Pitt und Angelina Jolie sind ein Beispiel für das gelungene Modell einer modernen Partnerschaft und Familie.

Es scheint, als ob zwei verwandte Seelen sich gefunden haben. Die beiden gelten derzeit als »Traumpaar«. Beide haben gescheiterte Beziehungen hinter sich. Auf die Frage der Illustrierten *Gala*, worauf es in einer Partnerschaft ankomme, antwortete Brad Pitt: »Ich finde nicht, dass zwei Personen verschmelzen müssen. Sie sollten immer starke, unabhängige Menschen bleiben.«[191]

Ihre Adoptivkinder aus Waisenhäusern aus aller Welt sind ein gemeinsames soziales Projekt, womit sie ihrer Partnerschaft zusätzlich eine Aufgabe und einen Sinn geben. Mit ihrer humanitären Arbeit zeigen sie Verantwortung und setzen sich ein für eine bessere Welt.

Mr. & Mrs. Smith –
Ein Film mit Angelina Jolie und Brad Pitt

Wer seinen Schatten kennt,
weiß, dass er nicht harmlos ist.
   Carl Gustav Jung

In dem Film »Mr. und Mrs. Smith« (USA 2005) spielen Brad Pitt und Angelina Jolie zwei Profikiller. Die beiden lernen sich zufällig kennen, verlieben sich und heiraten. Beide führen ein Doppelleben. Sie wissen vom wahren Beruf ihres Ehepartners nichts. Als die beiden von ihren Auftragsfirmen aufeinander angesetzt werden, kommt das Geheimnis allmählich heraus. Sie bekämpfen sich anfangs und zerstören auch ihr gemeinsames Zuhause bei einer Schießerei.

Dann verbünden sie sich jedoch gegen ihre Auftraggeber, die zwei Auftragskiller als Paar nicht akzeptieren. Die Liebe und Zuneigung der beiden zueinander siegt über die Angst, vom anderen umgebracht zu werden.

Der Film beginnt übrigens mit einem Besuch der beiden bei einem Eheberater. Sie haben sich nicht mehr viel zu sagen. Beim Sex herrscht Funkstille. Das Geheimnis ihres Berufes und ihr Doppelleben stand wie eine unsichtbare Mauer zwischen ihnen. Am Ende des Films wird nochmals eine Therapiesitzung gezeigt, das Ehepaar scheint nun glücklich und zufrieden.

Der Film beschreibt ein Ehepaar in der Krise. Die Beziehung war wie tot, denn das Geheimnis und das Doppelleben machte eine offene und authentische Beziehung unmöglich. Dies zeigte sich auch im nicht mehr vorhandenen Sexualleben. Als die beiden aneinandergeraten, lernen sie die dunkle, geheime und »mörderische« Seite des anderen kennen.

Hier findet sich klassischer psychoanalytischer Lehrstoff. Jeder Mensch hat eine Schattenseite. Diese ist ihm meist vollkommen unbewusst. Der Schatten wird oft auf das Gegenüber projiziert. Indem man sich jedoch der eigenen Schattenseite bewusst wird, findet eine Heilung und Weiterentwicklung statt.

Eine häufige Variante ist: Wer nach außen lammfromm wirkt, lebt vielleicht mit einem aggressiven Partner zusammen und hat aufgrund seiner Aggressionshemmung die eigenen Aggressionen an den Partner delegiert. Dieser lebt dann stellvertretend und oft in doppelter Dosis die eigenen Aggressionen aus. Die Fragen in einer Partnerschaft lauten ja immer: *Was delegiert man an den anderen? Was wiederholt man?*

Eine weitere Botschaft dieses Films könnte sein, dass man über den anderen auch Einblicke in die eigene »Unterwelt« und seelischen Abgründe erhält. Der Partner fungiert dann als Spiegel für einen selbst, wie es in dem Film in drastischer Weise dargestellt wird. Es geht darum, den eigenen Schatten und den Schatten des Partners als verborgene Selbstanteile zu erkennen und zu akzeptieren.

Es gibt keine Zufälle. Brad Pitt und Angelina Jolie spielen in diesem Film ein Ehepaar, in dem trotz Komplikationen die Liebe und Zuneigung siegt. Am Ende des Filmes ist angedeutet, dass die beiden das destruktive »Mörderprogramm« verlassen und ein neues Leben beginnen. Wie der Film zeigt, muss oft zuerst das »alte Haus« zerstört werden, bevor etwas Neues entstehen kann.

Trennung mit Hindernissen – Ein Film mit Jennifer Aniston

Sicher ist es kein Zufall, dass Jennifer Aniston das Drehbuch für den Film »Trennung mit Hindernissen« (USA 2006) ins Haus bekam, als gerade die Trennung von Brad Pitt vollzogen war.

In dem Film geht es um wechselseitige Gemeinheiten eines Noch-Ehepaares. Der Film zeigt heftige Mobbing-Szenen, die sich während des Trennungsprozesses häufen. Die beiden schaffen es jedoch zum Ende des Filmes, liebevoll und freundschaftlich aufeinander zuzugehen.

Was haben der Berliner Eisbär Knut und der Tierpfleger Thomas Dörflein mit Anna Netrebko und Rolando Villazón zu tun?

Die Sehnsucht nach dem idealen Paar zeigt sich vielfältig. Sei es in der medienwirksamen Beziehung zwischen dem Tierpfleger Thomas Dörflein und dem kleinen Eisbären Knut oder im Opern-Traumpaar Anna Netrebko und Rolando Villazón.

Die Warteschlange vor der Signierstunde von Anna Netrebko und Rolando Villazón in einem großen Berliner Kulturkaufhaus im Mai 2007 erinnerte an die Knut-Warteschlange vor dem Berliner Zoo. Ideale Paare sind einfach der Renner. Und man steht für einen Blick auf sie auch stundenlang an.

Anna Netrebko und Rolando Villazón sind mit ihrer optischen und musikalischen Perfektion das Traumpaar der Opernszene. Beim Waldbühnenkonzert in Berlin 2005 präsentierten die beiden eine grandiose

Darstellung des romantischen Liebesideals, beispielsweise in dem Duett »Tonight« aus Leonard Bernsteins »West Side Story«.[192] Aber auch wenn man den beiden inkognito und ohne Opernkostüm zufällig auf der Straße begegnet, wirken sie wie das ideale Paar.

Die Menschen streben nach dem Ideal von Zuneigung, Liebe, Verständnis, Unterstützung, Frieden und Harmonie. Diese Erfahrung kennen viele Menschen lediglich aus Phasen der ersten Verliebtheit. Auch die Kindheit war bei den meisten nur kurzzeitig, wenn überhaupt, freudig und sonnig.

Natürlich ist es auch die Wirtschaft, die das Interesse am idealen Paar schürt und geeignete Protagonisten dazu hochstilisiert. Mit dem idealen Paar lassen sich gute Geschäfte machen. Sei es mit dem Knut-Teddybären-Geschäft oder in der Musik- und Filmbranche.

Das Interesse an prominenten Paaren ist deshalb so groß, weil sie als Projektionsfläche und Abbild genereller Paarthemen dienen.

Seit jeher gibt es Traum- und Krisenpaare: Cäsar und Kleopatra, Romeo und Julia, Bert Brecht und Helene Weigel, Pablo Picasso und Françoise Gilot, Jean-Paul Sartre und Simone de Beauvoir, Margarete und Alexander Mitscherlich, Elizabeth Taylor und Richard Burton, Humphrey Bogart und Ingrid Bergman, Stefanie Hertel und Stefan Mross, Hillary und Bill Clinton, Nancy und Ronald Reagan, Hannelore und Helmut Kohl, Margot und Erich Honnecker.

»Seit den Uni-Jahren waren wir den Rest des Lebens zusammen. Natürlich hatten wir die Gefühle füreinander, die liebende Frauen und Männer miteinander verbinden, aber wir waren auch gute Freunde. An erster Stelle standen Anteilnahme und Solidarität. Alle Freuden und Leiden haben wir miteinander geteilt und niemandem erlaubt, sich in unsere Angelegenheiten einzumischen. Das war unsere Festung.«
Michail Gorbatschow über seine Ehe mit Raissa[193]

»Knut – Der Multi Kulti Superstar aus BÄRLIN«
»Knut – Unser neuer Klinsi«

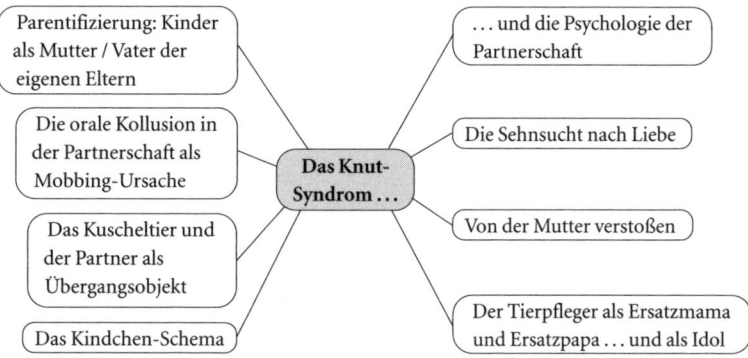

Eisbär Knut und Pfleger Dörflein entsprechen der Sehnsucht nach dem idealen Paar. Es handelt sich um das Ideal einer geglückten Beziehung von Mutter / Vater und Kind. In jeder Liebesbeziehung schwingen Elemente der frühen Beziehung zwischen Mutter und Kind mit. Stets sucht man im Partner auch die gute Mutter / den guten Vater.

Der Partner soll Heimat geben, speziell dann, wenn man heimatlos geworden ist. Heimatlosigkeit besteht auch, wenn die Familie einen ausgestoßen hat, wie bei Knut. Die Sehnsucht nach Heimat und nach einem guten Platz ist tief in unserer Seele angelegt. Nach Alexander Mitscherlich sind es die zwischenmenschlichen Beziehungen, die uns das Gefühl von Heimat geben oder nicht.

Nicht nur das Kindchen-Schema in uns wird durch die Knut-Geschichte wiederbelebt. Es ist auch das Muster mancher Liebesbeziehung und Ehe. Man heiratet »ein Kind«. Oder man hat sogar ein Kind aus einem anderen Land adoptiert, für das man jetzt sorgt. Ein Motiv für eine Mischehe ist mitunter, dass man sich – meist beidseitig – unbewusst eine Beelterung wünscht. Man hat die Hoffnung, dass dies eher durch einen Partner aus einem anderen Land oder einer anderen Kultur erfolgt. Dies gilt besonders dann, wenn man im eigenen Land von seinen bisherigen Beziehungs- und Familienerfahrungen bitter enttäuscht und frustriert wurde.

Der Pfleger Dörflein kam zum Eisbär Knut wie die Jungfrau zum Kind. Darüber hinaus steckte Dörflein mit Knut in einer Dreiecksbeziehung. Seine Freundin fand Knut anfangs auch ganz süß. Nachdem jedoch der lange geplante gemeinsame Urlaub abgesagt werden musste, weil Knut regelmäßig im Zoo durchdrehte und Randale machte, sobald Dörflein sich entfernte, war es mit der Freude an Knut vorbei. Es kriselte in der Beziehung.

In der Clangeschichte von Knut gibt es wie in menschlichen Familien nicht nur Liebe, sondern auch Mord, Inzucht (Oma ist auch Uroma) und dramatische Todesfälle. Knuts Großtante zum Beispiel ertrank nach einem epileptischen Anfall im Eisbecken.

Knut kam am 05.12.2006 im Berliner Zoo auf die Welt – ein Schütze mit Aszendent Stier. Er hat nicht nur Wurzeln in Kanada und Bayern, sondern fast in der ganzen Welt. Er hatte keinen einfachen Start ins Leben. Seine Mutter Tosca wollte ihn nicht aufziehen. Er wurde von ihr verstoßen, nicht weil sie ihn nicht wollte, sondern weil sie »erkrankte«. Tosca wurde 1987 in Kanada gefangen und wurde unter der Dompteurin Ursula Böttcher zum Superstar des Staatszirkus der DDR. Aufgrund des harten Wanderlebens im Zirkus entwickelte Tosca eine Zwangsstörung. In ihrem Gehege lief sie hin und her, dabei wackelte sie unablässig mit dem Kopf.

Der Tierpfleger Thomas Dörflein wurde zum Bärenpapa und zur Bärenmama in einer Person. Er zog den kleinen Eisbären wie ein menschliches Baby auf. Auch der Pfleger wurde zum Star. Für Knut hörte Thomas Dörflein sogar mit dem Rauchen auf. Es war »Liebe« auf den ersten Blick. Wenn Ziehvater Dörflein Knut mal für kurze Zeit allein ließ, schrie und tobte der kleine Eisbär. Auszeiten für Pfleger Dörflein gab es in der Aufziehphase bis zu Knuts Pubertät fast nicht. Inzwischen mussten die beiden jedoch Abschied nehmen. So wie Eltern auch ihre erwachsenen Kinder ziehen lassen müssen.

Kinder sind Gäste.
Felix Schottländer

Was hat das Knut-Syndrom mit dem Thema Partnerschaft, auch Mobbing in der Partnerschaft, zu tun?

Auffallend ist die Faszination und der Starkult um Knut. Viele andere in der gleichen Zeit geborene Zoobabys interessieren die Besucher wenig. Das Knut-Syndrom ist zum Massenphänomen geworden, da es das Kindchen-Schema bedient. Im Tierreich als auch bei Menschen rufen ein besonders süßes Aussehen wie Kulleraugen, rundes Gesicht und Lächeln liebevolle Zuwendung hervor.

Auf einer tieferen Ebene symbolisiert der Knut-Kult die Sehnsucht nach Liebe. Auch die Beziehung zwischen dem Pfleger und dem Tier scheint in der besonderen Aufmerksamkeit, die ihr zuteilwird, ein Sehnen nach mütterlicher Zuwendung auszudrücken.

Übergangsobjekt

In der Psychologie hat Winnicott den Begriff Übergangsobjekt eingeführt. Damit ist gemeint, dass sich ein Kind in der Ablösungsphase von der Mutter ein Ersatzobjekt wie ein Tuch oder ein Stofftier wählt, was ihm Trost und Schutz gibt.

Auch der Partner kann als ein Übergangsobjekt fungieren. Wie ein Teddybär zur Ablösung von der Mutter als Trost und Ersatz dient, kann auch ein erwachsener Partner zu einer Art Übergangsobjekt werden. Der Partner tröstet uns für den Verlust von Mutter und Vater. Im Falle einer Trennung vom Partner dient er auch als Möglichkeit, um sich endgültiger von der inneren und äußeren Mutter- oder der Vaterfigur zu trennen.

Une Liaison Dangereuse – eine gefährliche Liebschaft mit einer Eisbärin

Der amerikanische Psychoanalytiker Robert U. Akeret berichtet in seinem Buch »Eine Couch auf Reisen« von ehemaligen Patienten, mit denen er sich ein halbes Leben später noch einmal getroffen hat, um zu hören, was aus ihnen geworden ist.[194]

Charles Embree, Tierpfleger in einem Zirkus, konsultierte Robert U. Akeret, weil er sich in seinem Job dramatisch verliebt hatte. Die Verliebtheit galt allerdings nicht einer Frau oder einem Mann, sondern der Zirkus-Eisbärin *Zero*. »Echte Zuneigung führt doch immer zu Sex, oder?«, fragte Charles den Psychoanalytiker.

Dieser war natürlich überrascht, dass dieser Mann sich erotisch von einer Bärin angezogen fühlte. Trotzdem behielt er seine psychoanalytische Haltung bei wie bei allen anderen Patienten und versuchte zunächst zu verstehen, wie es zu dieser seltenen Liebschaft gekommen war.

Nachdem Charles jedoch aufgrund seiner Nähewünsche zur Bärin *Zero* allein in deren Käfig gegangen war und dabei durch einen Prankenhieb verletzt wurde, hatte der Psychoanalytiker große Sorge um ihn. Er musste versuchen,

Charles zukünftig von zu nahen Liebesbekundungen gegenüber *Zero* abzuhalten. Charles' Leben stand auf dem Spiel.

Zur Kindheitsgeschichte von Charles: Er war ein nicht geplantes Kind. Sein Vater war schon Rentner, als er zur Welt kam. Seine Mutter war depressiv und kränklich und lag die meiste Zeit im Bett. Der Vater von Charles hatte es mit den Eisbären. Er sammelte Gegenstände mit Eisbär-Motiven darauf. Charles bekam zum Geburtstag und zu Weihnachten regelmäßig einen Stofftier-Eisbären geschenkt. Als er dreizehn war, hatte er bereits mehr als 30 Stück davon.

In der Kindheit von Charles gab es fast nur Eisbären, kaum Menschen. Und die Eisbären spendeten ihm mehr Nähe, Trost und Wärme als seine Eltern. Speziell die Teddy-Eisbärin *Lucky* wurde sehr wichtig für ihn. Sie war größer als er selbst. Charles liebte *Lucky* über alles. *Lucky* schlief bis in die Pubertätszeit mit in seinem Bett. Sie wurde auch seine erste Freundin, mit ihr erlebte er seinen ersten Orgasmus, als er sich mal wieder an *Lucky* ankuschelte. Das hat Charles dann trotz mütterlicher Ermahnungen regelmäßig praktiziert. Seinen Penis nannte er naturgemäß dann den »kleinen Bär«.

Mit 21 Jahren lernte Charles die Zirkus-Eisbärin *Zero* kennen. Er schaute der Bären-Trainerin mehrfach beim Üben zu, weil er sich schon beim ersten Anblick in die Bärin *Zero* verliebt hatte. Bei einem Zirkus-Training brach ein Hocker unter einem Bären zusammen, Chaos entstand, Charles sprang ein und beruhigte die Tiere. Daraufhin wurde ihm sofort eine Stelle als Zirkus-Bären-Assistent angeboten. Sein Studium brach er ab.

Der Psychoanalytiker wusste sich keinen anderen Rat, als so vorzugehen wie bei anderen Paaren. Er schlug Charles eine Paartherapie vor. Nach dem Motto: »Ich will beide Seiten hören.« Er fuhr mit Charles zum Zirkus. Charles sollte versuchen, der Bärendame *Zero* eine Stimme zu geben und ihre Gefühle und Wünsche zu formulieren. Dabei kam heraus, dass Charles sie eigentlich aus Liebe zu ihr aus dem Käfig befreien sollte. Der Therapeut sagte schließlich zu Charles in der Rolle der Bärendame: »Ich könnte dich umbringen, Charles. Aber wenn ich das täte, würden sie mich auch umbringen. Bitte lass mich in Frieden. Bitte, bitte lass mich einfach in Ruhe.«

Charles sagte daraufhin nach einigen Minuten zu *Zero*: »Ich werde dich in Ruhe lassen.« Charles weinte heftig. Der Psychoanalytiker nahm ihn in den Arm stellvertretend für die Eltern, die ihren Sohn immer nur mit Eisbären abgespeist hatten. Nach dieser Szene verabschiedete sich Charles von *Zero* und seinem Bärenjob im Zirkus. Der Psychoanalytiker erhielt zwei Wochen später einen Brief von ihm, dass er zwar nicht glücklich, jedoch sehr dankbar sei, dass er noch lebe. 30 Jahre später erfuhr Robert U. Akeret, dass Charles mittlerweile in Florida am Theaterinstitut einer Universität als Dozent für Zirkus-Geschichte arbeitete.

Fazit

Dieser Eisbären-Fall zeigt, wie das Liebesobjekt Eisbärin *Zero* das Übergangsobjekt Stoffbärin *Lucky* ablöste. Es ist wohl ein einmaliger Fall einer in der Kindheit entstandenen Bären-Fixierung.

Orale Kollusion von Pflegling und Mutter

Die infantile prägenitale Form der Partnerschaft ist ein Nährboden für Mobbing. Die orale und anale Form der Beziehungsgestaltung führen meist zu massiven Konflikten in der Partnerschaft.

Mit der oralen Kollusion ist nach der Theorie von Jürg Willi eine Helfer-Schützling-Beziehung gemeint. Einer der Partner wird quasi zum »Tierpfleger Dörflein« und der andere zum »Baby Knut«.

Betrachtet man die Biographien der Partner, findet man häufig heraus, dass der so genannte Helfer in seiner Partnerschaft das fortsetzt, was er als Kind gelernt hat. Meist betrifft es Menschen, die in ihrer Kindheit ihre Mutter oder ihren Vater bemuttern oder bevatern mussten. Werden diese Erfahrungen später nicht reflektiert, erfolgt im Erwachsenenleben automatisch ein Wiederholen dieser Muster.

Die Beziehung führt dann zum Mobbing, wenn die Rollen festgelegt sind und eine flexible Handhabung nicht möglich ist. In einer mehr oder weniger positiven Beziehung nimmt jeder einmal die Rolle der Mutter bzw. des Kindes ein.

Wird die Rollengestaltung ins Extreme gesteigert, kommt es auf beiden Seiten zu Aggressionen. »Die ›Mutter‹ wird neidisch auf die Zuwendung sein, die der ›Pflegling‹ erhält und ihr abfordert. Der ›Pflegling‹ aber wird voller Angst und Wut wegen seiner regressiven Abhängigkeit von der ›Mutter‹ sein.«[195]

Diese Beziehungsform geht mit einem seelischen Abwehrvorgang einher. Die eigenen Wünsche nach Versorgung und Bemutterung werden in der Helferrolle verleugnet. Der Schützling hingegen verleugnet seine Bedürfnisse, auch mal die »starke Mutter« zu sein.

Das Handy spielt in der oralen Kollusion eine wichtige Rolle. Es dient der Vergewisserung, ob die Mama oder der Papa noch da und hoffentlich lieb ist. Das Handy ist in diesem Sinne eine Verlängerung der Nabelschnur. Hinzu kommt dann beim Handy wie beschrieben die Kontrollfunktion.

Parentifizierung

Der Begriff Parentifizierung leitet sich vom englischen *parents*, Eltern, ab. Er bedeutet eine Rollenumkehr. Bedürftige Mütter / Väter machen ihre eigenen Kinder zu Eltern, das heißt, die Kinder müssen ihre Mutter oder ihren Vater bemuttern bzw. bevatern. Der surrealistische Maler René Magritte zeigt das Thema in seinem Bild »L'Esprit de géométrie«: Ein Erwachsener mit einem pausbäckigen Babykopf hält seine Mutter in der Größe eines Babys auf dem Arm.[196]

Untersucht man die Horoskope von Menschen, die seit ihrer Kindheit ihre Eltern »beeltern«, entdeckt man Hinweise auf genau diese Rolle. Es scheint sich aus der Sicht der Psychologischen Astrologie um ein angeborenes Persönlichkeitsmerkmal zu handeln, das von den bedürftigen Eltern dankbar erkannt und aufgegriffen wird. Es wundert einen nicht, dass Menschen mit diesem Persönlichkeitsmerkmal ihr Verhalten später gegenüber Partnern fortsetzen. Es ist sehr schwer und erfordert langjährige Bemühungen, sich als Erwachsener von dem geprägten Rollenmuster zu distanzieren und die Eltern bzw. Partner loszulassen und nicht mehr zu bemuttern.

Menschen mit einer entsprechenden Kindheitserfahrung wollen später oft keine eigenen Kinder, denn sie haben im besten Fall bereits Mutter, Vater oder einen Partner großgezogen.

Beim Knut-Syndrom geht es vor allem um die Mutter-Beziehung. Der Verlust der Mutter ist für ein Neugeborenes tödlich, ob Tier oder Mensch. Die Sehnsucht nach der Mutter zeigt sich darin, dass selbst eine artfremde Mutter – wie im Fall Knut ein Mensch – als Ersatzmutter akzeptiert wird.

Viele Menschen identifizieren sich mit Knut, der das Symbol wird für die Verletzbarkeit aller Lebewesen. Er steht für die Ängste vor Verlassenheit, Ablehnung und Ausstoßung. Wie im Märchen findet Knut jedoch eine liebevolle Ersatzmutter.

Dass es sich dabei auch noch um eine männliche Ersatzmutter handelt, erweckt zusätzliche Sehnsüchte nach dem liebevollen und präsenten Vater, der in unserer Gesellschaft meist abwesend ist.

Die Knut-Begeisterung erfasst damit auch viele Frauen, die von ihren Ehemännern und Vätern enttäuscht sind.

Auf der einen Seite zeigt Knut die Verkindlichung unserer Gesellschaft, aber Kinder machen Erwachsene auch aufmerksam auf Themen der Weiterentwicklung. Knut ruft uns die durch den Menschen erzeugte Erderwärmung und die Ausrottung der Eisbären und vieler anderer bedrohter Lebewesen ins Gedächtnis.

Der triste und belastende Alltag mancher Paarbeziehung führt ebenfalls zu einer starken Sehnsucht nach Knut und sonstigen Kuschelbären. Die *BZ* schreibt: »Lieber Knut, bitte wachse langsamer.«[197] Der Eisbär werde immer größer und kräftiger und verliere das »Babyknutige«. Der »niedliche Wackelgang« sei Vergangenheit, und Knut habe sich den elastischen Gang des Schneeräubers angewöhnt. Allein die Überschrift signalisiert einen lebens- und entwicklungsfeindlichen Anspruch. Man sollte möglichst immer klein und süß bleiben.

Knut ist damit ein Spiegel für uns und für unsere Gesellschaft. Wenn Kinder größer werden und eigene Wünsche, Rechte und Bedürfnisse anmelden, verlieren sie auch öfter die Zuwendung.

Konrad Lorenz ging der Frage nach: Wie kommt der Mensch auf den Hund? Sigmund Freud wies darauf hin, dass der Hund im Gegensatz zum Menschen eine ambivalenzfreie Liebe gibt. Wen der Hund liebt, den liebt er ganz. Wen er nicht mag, den knurrt er an. Der Mensch jedoch hat ständig gleichzeitig Impulse von Liebe und Aggression gegenüber der gleichen Person, auch gegenüber der Person, die er liebt.

Konrad Lorenz prägte den schönen Begriff der »Sympathiewahl«. Dies ist eine gute Erklärung dafür, dass zwischen Herrchen und Hund und Frauchen und Hund häufig eine physiognomische Ähnlichkeit festzustellen ist. Wie Herrchen / Frauchen, so der Hund. Das Prinzip der Sympathiewahl scheint auch für die Partnerwahl zu gelten. Manche Paare sehen sich nicht erst nach Jahrzehnten, sondern irgendwie von Anfang an ähnlich. Die Sympathiewahl kann sich beziehen auf ähnliche Charaktereigenschaften, ähnlichen Körperbau und ähnliche Erfahrungen, Vorlieben, Interessen und Hobbys.

Der Hund ist eben ganz Freund für den Menschen, wie auch der kleine Knut, der sich als Eisbär-Baby in seiner Zuwendung seinem Pfleger gegenüber wie ein Hund verhielt und deswegen die ganze »Hundehalter«-Zuwendung bekam. Man darf auch nicht vergessen, dass Berlin eine Hundestadt ist und mehr Hunde hat als Bayreuth Einwohner.

Leider konnte Herr Dörflein nicht ewig mit Knut kuscheln. Je größer Knut wurde, desto deutlicher zeigte sich, dass er eben ein Raubtier ist. Der erwachsene Knut bekommt nicht mehr das Interesse aus aller Welt. Fernsehteams und Menschenschlangen vor der Berliner Zoo-Kasse sind Vergangenheit.

Der Wunsch nach dem idealen Paar scheint ein zentrales kollektives Bedürfnis, vermutlich vor allem deshalb, weil es in der Realität so selten oder nur für kurze Zeit vorkommt. Mit der Sehnsucht nach dem idealen Paar wird beispielsweise auch in der Volkmusik ein Millionengeschäft angekurbelt.

Das Glück zu zweit – Das ideale Paar in der Volksmusik

Ja, Volksmusik ist Herzmusik,
vom Paradies ein Teil.
    Kastelruther Spatzen[198]

Das ideale Paar ist nicht nur *das* zentrale Thema in der Volksmusik. Die Sängerinnen und Sänger treten hier auch gern selbst als *Traumpaar* auf. So gibt es beispielsweise gleich drei auf der CD *Die 3 erfolgreichsten Paare der Volksmusik:* Mit Judith & Mel, Marianne & Michael und Stefanie Hertel & Stefan Mross.

Nachdem das Oldenburger Duo Judith & Mel *Alles wird gut* gesungen hat, fragen sich Marianne & Michael fassungslos: *Unsere Welt ist wunderbar, wer macht für uns das alles wahr?*[199] Auf ihrer Homepage bekennen die Münchnerin und der Steirer freimütig: »*Auf das Gefühl kommt es an. Auch wenn es mal zwischen uns kracht – schon ein sanfter Händedruck oder ein inniger Blick reichen, dann wissen wir wieder, dass es passt.*«[200] Man singt von der Gewissheit der Dauer in der Liebe: *Und wenn auch die Zeit vergeht, die Liebe bleibt* (Amigos).[201] Judith & Mel: *Was ich heut fühl für dich, geht nie vorbei! Mit dir heißt die Treue halten heut und alle Zeit.*[202] Wenn die Kinder aus dem Haus sind und das Paar allein, dann sieht die Welt ganz anders aus, und es schleichen sich zwei fast schon depressive Fragen an: *Hat der Tag noch einen Sinn? Ist das Leben schon dahin?*[203] Aber nein: *Es bleibt noch so viel Zeit. Die goldenen Jahre sind noch lang nicht vorbei, und glückliche Paare gibt's im Herbst und Mai!*[204] Man ist nun endlich den ganzen langen Tag füreinander da, sieht sich fremde Länder an – und dann kommen ja auch noch die Enkelchen! *Feste Feiern, Feste feiern, von Hamburg bis nach Bayern, von Schwarzenbach bis Lüdenscheid, der Mensch braucht Fröhlichkeit! ... Wo die Musik spielt, wird der Durst gestillt, und alle feiern mit!*[205]

Und *Mann* kann sich darauf verlassen: *Frauen lieben total und ohne Ende* (Die Klostertaler). Die Szene: Der Mann kommt wieder spät nach Hause.

Kaum Zeit zum Kuscheln. *Dann sieht sie geduldig zu und schweigt....* Sie hat die Kraft, die alles gibt.... Sie hat die Kraft, die Felsen schiebt. Und sie hat dich lieb.* Und natürlich hat sie Verständnis, wenn der Mann am Morgen zum Frühstück Zeitung liest. *Auch wenn ihr vielleicht nach Reden ist.*[206]

Teil IX

Lösungswege – Bewältigung von Mobbing in der Partnerschaft

Geht irgendwo im Leben eine Tür zu,
geht woanders eine auf.
Wir müssen es nur wahrnehmen.

Lebensweisheit

Dieses Buch soll kreative Lösungsmöglichkeiten zur Bewältigung von Mobbing in der Partnerschaft aufzeigen.

1

Ihr Erste-Hilfe-Koffer

Die helfende Hand befindet sich
am Ende deines Armes.

Sprichwort

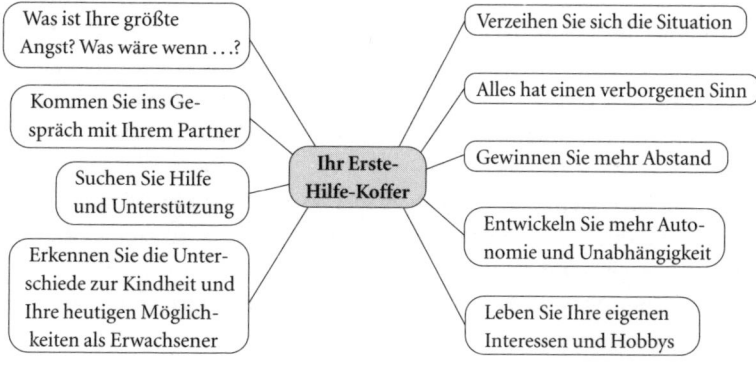

Erster Schritt: Verzeihen Sie sich die Situation

Nehmen Sie es sich selbst nicht übel, dass Sie in der Situation gelandet sind, in der Sie sich gerade befinden. Nehmen Sie sich auch nicht übel, wie Sie nun mal sind. Friedrich Nietzsche hat empfohlen, sich sein Ich zu verzeihen. Dies betrifft auch Ihren Partner. Nehmen Sie es ihm ebenfalls nicht übel, dass er so ist, wie er eben ist, und dass er sich offenbar im Moment nicht anders verhalten kann. Die Gründe sind verborgen. Sich oder dem anderen die Schuld zu geben, führt nicht weiter.

Zweiter Schritt: Alles hat einen verborgenen Sinn

Auch wenn dieser Gedanke Ihnen ungewohnt erscheint: Alles, was passiert, hat eine positive wie eine negative Seite und eventuell auch einen verborgenen Sinn. Meist hat der verborgene Sinn etwas mit Reifung und Entwicklung zu tun, mit Neuanfang. Es ist sehr lohnend, den verborgenen Sinn einer Krise herauszufinden.

Dritter Schritt: Gewinnen Sie mehr Abstand

Versuchen Sie etwas mehr Abstand zu sich, Ihrem Partner und Ihrer Situation zu gewinnen. Gehen Sie sozusagen »innerlich auf den Balkon«, um von draußen zu betrachten, was innen passiert.

Versuchen Sie, Ihre Situation trotz der eventuell akuten Krise wie einen Film oder einen nächtlichen Traum anzuschauen. Was fällt Ihnen dazu ein? Wie ist Ihre Interpretation des Ablaufes und der Charaktere? Das hilft, etwas Distanz zu gewinnen. Was würden Sie einem Freund oder einer Freundin empfehlen, wenn er oder sie Ihnen Ihre Geschichte erzählt?

Die meisten Paare scheitern an zu viel Nähe. Die Partner »glucken« zu eng aufeinander. Und wie bei den Hühnern, wenn es zu eng wird, pikst man sich gegenseitig die Federn aus.

Das Nähe-Distanz-Verhältnis ist oft nicht ausgewogen. Bei getrennten Wohnungen beispielsweise ist diese Balance leichter herzustellen.

Leben Sie unter einem Dach, schaffen Sie sich nicht nur innerlich, sondern auch räumlich mehr Abstand. Sie können sich in der gemeinsamen Wohnung oder in Ihrem Haus ein eigenes Zimmer einrichten und auch darauf bestehen, so dass Sie eine Rückzugsmöglichkeit haben. Sie können natürlich auch vorübergehend in eine möblierte Wohnung oder für eine gewisse Zeit zu Freunden ziehen. Oder Sie unternehmen eine Reise und schaffen so ein bisschen Distanz.

Haben Sie den Mut, eigene Wege zu gehen. Auch ein verheiratetes Paar muss nicht unbedingt in einer Wohnung leben. Es gibt neue Formen von Partnerschaft und Familie (siehe S. 343). Viele Paare heiraten nicht mehr, ziehen jedoch gemeinsam ein oder mehrere Kinder groß. Es gibt auch Paare, die heiraten, sich scheiden lassen, wieder zueinander finden und dann eventuell nochmals heiraten.

Auch eine Trennung oder Scheidung muss nicht das absolute Aus sein. Im Idealfall findet man im Ex-Partner den besten Freund oder die beste Freundin. Die Beziehung verändert und wandelt sich und kommt damit auf eine neue Ebene.

Sollte Sie der Mobber mit seinem negativen Gerede stören, können Sie sich vorstellen, dass Sie wie beim Computer Ihr »Anti-Virenprogramm« einschalten und den Spam von sich fernhalten.

Es geht darum, das Mobbing des anderen als »seine Show« zu erkennen, es nicht zu sehr an sich heranzulassen bzw. es nicht persönlich zu nehmen. Sie können sich auch vorstellen, dass Sie eine imaginäre Ritterrüstung tragen, an der die Mobbing-Attacken abprallen.

Vierter Schritt: Entwickeln Sie mehr Autonomie und Unabhängigkeit

Vielleicht ist es gerade jetzt Ihre besondere Aufgabe, zu mehr Autonomie und Unabhängigkeit zu gelangen, ohne die Beziehung aufzugeben.

Die beiden gegensätzlichen Bedürfnisse nach Anlehnung einerseits und nach Freiheit andererseits, im Sinne eines Sowohl-als-auch-Prinzips bei sich und anderen, anzuerkennen, kann eine wichtige Weiterentwicklung bedeuten. Sie führt weg vom Schwarz-Weiß-Denken und hilft zu verstehen, dass wir sehr Unterschiedliches und Konflikthaftes in uns haben und leben: Stärken und Schwächen, Gutes und weniger Gutes.

Oft ist die Erlangung von mehr Unabhängigkeit und Autonomie der unter Mühen erworbene Gewinn aus einer Krise und gleichzeitig die Basis für eine neue, andere Fähigkeit zur Nähe. Wenn man mehr Autonomie und Unabhängigkeit entwickelt hat, stellt sich sehr häufig so etwas wie Gelassenheit ein. Gelassenheit ist eine innere Haltung und bedeutet ein Mitschwingen mit dem Schicksal und dem Leben statt einer Auflehnung.

Die folgende Mindmap fasst die wichtigsten Merkmale von Gelassenheit zusammen:[207]

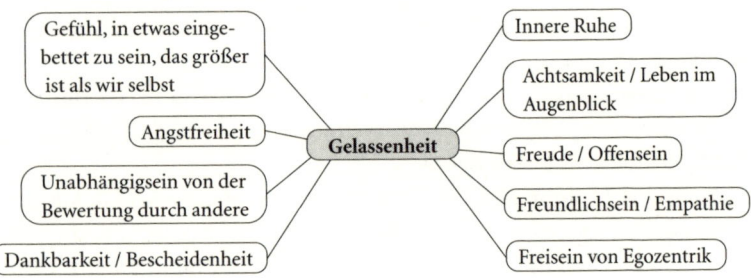

Fünfter Schritt:
Leben Sie Ihre eigenen Interessen

Probieren Sie aus, was Ihnen Freude macht. Sie selbst sind verantwortlich für Ihr Leben. Sorgen Sie dafür, dass Sie Ihren Fokus auf positive Energien und Lebensfreude richten. Was macht Ihnen Freude? Wer für sich selbst Quelle von Spaß und Freude ist, bringt diese positiven Energien auch in die Partnerschaft ein.

Hilfreich können sportliche Aktivitäten sein, wie Wandern, Joggen, Fitness, Tanz, Schwimmen oder Teamsport. Sorgen Sie auch für Zeiten von Entspannung und Ruhe z.B. durch Sauna, Lesen oder Kinobesuche. Eine Mischung aus Aktivität und Entspannung durch Yoga zur Aktivierung des positiven »Kriegers« in Ihnen kann ebenfalls in schwierigen Zeiten hilfreich sein. Wichtig ist dabei, herauszufinden, was ganz speziell Ihnen Spaß macht. Ihre Aktivitäten sollten auch nicht unter den üblichen Leistungsstress unserer Zeit fallen. Weniger ist oft mehr.

Zur Verbesserung des Wohlbefindens trägt zentral auch die Ernährung bei. Achten Sie bewusst auf Ihre Ernährung. Gesundes frisches Essen, viel Obst und Gemüse helfen dem Körper und der Seele, mehr in Balance zu kommen.

Vielleicht hilft aber auch die Anschaffung eines Haustieres, eine ehrenamtliche Tätigkeit im Seniorenwohnheim oder eine stundenweise Tätigkeit als Babysitter, so dass Sie sich eine sinnvolle Aufgabe schaffen. Das wäre eine Art Ausgleich gegen den Sinnverlust, den eine schwere Partnerschaftskrise oft mit sich bringt.

Gerade in Krisen-, Trennungs- und Trauersituationen hilft die Entfaltung von Kreativität. Wo könnten Sie sich künstlerisch ausdrücken und betätigen? Wollten Sie vielleicht als Kind gern ein Instrument spielen, aber es wurde Ihnen von den Eltern nicht gestattet oder ermöglicht? Kaufen Sie sich dieses Instrument und machen Sie es sich zum Geschenk, auch für Ihr inneres Kind. Es ist nie zu spät. Ihr inneres Kind wird sich freuen und Sie zu mehr Glück, Lebensfreude und Unabhängigkeit führen.

Das innere Kind ist unser »Kapitän« in Krisenzeiten. Ein guter Coach oder Psychotherapeut kann im besten Fall helfen, den Kontakt zu Ihrem inneren Kind wiederherzustellen. Der Kontakt zum inneren Kind ist leider bei vielen Menschen verloren gegangen. Es geht für Sie jetzt darum, diese Energiequelle wiederzuentdecken.

Auch Schreiben, Malen, Singen, Schauspielern, Handarbeiten und Handwerkliches gehören in den Bereich des Kreativen. Wo ist der Künstler in Ihnen? Er zeigt sich auch im psychologischen Bereich, im kreativen Umgang mit Problemen in der Partnerschaft und am Arbeitsplatz. Befreien Sie den Künstler in Ihnen. Dies bedeutet eine Distanzierung zu der »inneren Eltern-Stimme«, die sagt: »Du kannst es nicht, du darfst es nicht, so was brauchen wir nicht, lern was Ordentliches ...«

Sechster Schritt: Erkennen Sie die Wiederholungsmuster

Was sich zwischen Ihnen und Ihrem Partner abspielt, kommt nicht von ungefähr. *Die Kindheit dauert 100 Jahre*, wie ein englischer Schriftsteller es formulierte. Das heißt, wir alle neigen dazu, unbewusst Erfahrungen und Beziehungsmuster aus unserer Kindheit sowohl im Arbeits- als auch im Privatleben zu wiederholen.

Die Entdeckung der *Übertragung* war eine der zentralen und revolutionären Erkenntnisse von Sigmund Freud. Mit Übertragung ist gemeint, dass wir alle unbewusst dazu neigen, Gefühle, Einstellungen und Verhaltensweisen, die wir in der Kindheit gegenüber den Eltern hatten, an Personen in der Gegenwart zu wiederholen. Das Hauptanzeige-Instrument für Übertragungsprozesse im Arbeits- und Privatleben ist ein heftiger und eigentlich der Situation unangemessener Affekt. Wenn ein heftiges Gefühl auftaucht, sich vom Partner ausgenutzt und ausgebeutet zu fühlen, sollte man sich fragen, ob einem dieses Gefühl von früher her bekannt ist. Kinder müssen fürs Überleben oft wichtige Gefühle verdrängen, die später durch einen Partner, der einem oder beiden Elternteilen gleicht, wieder zum Leben erweckt werden.

Das ist das Geschenk, das der eigentlich so »unangenehme« Partner einem bereitet, weil durch ihn ermöglicht wird, diese Gefühle jetzt als erwachsene Person zu spüren. Dadurch geschieht Bewusstwerdung und Heilung, weil ein wichtiger Teil aus der Kindheit nicht länger in der Verdrängung bleiben muss. Gleichzeitig bedeutet diese Erkenntnis, dass man nicht persönlich gemeint ist, sondern viele Attacken eigentlich den alten Bezugspersonen aus der Kindheit gelten nach dem Motto: *Naht ihr mir wieder, schwankende Gestalten* (Goethe).

Die Erkenntnis, dass Sie aktuell vielleicht mit Ihrem Partner in einem »Theaterstück« mitwirken, das Sie in der Kindheit und in vergangenen Beziehungen so oder ähnlich schon »gespielt« haben, schafft Distanz. Und es werden Einsichten möglich, die zur Befreiung von alten Mustern führen können.

Wie stark Übertragungsprozesse und Wiederholungszwang wirken, zeigt folgendes Beispiel, das gleichzeitig auch ein kleiner Trost ist. Selbst sehr reflektierten und psychologisch geschulten Menschen bleibt es nicht erspart, hin und wieder in die Falle des Wiederholungs-Zwanges zu »tapsen«:

Er, Arzt, Psychoanalytiker, aus Athen.
Sie, Psychologin, Familientherapeutin, aus Zypern.
Er lebt mittlerweile mit seiner 16-jährigen Tochter
auf Malta, sie wohnt mit dem 14-jährigen Sohn
auf Ibiza.

Siebter Schritt: Beachten Sie den Unterschied zu Ihrer Kindheit und den Möglichkeiten als Erwachsener

Bringen Sie einen Zettel an den Spiegel Ihres Badezimmers an: »Ich bin nicht mehr das kleine Mädchen / der kleine Junge von zwei, drei oder vier Jahren!« In einer Krisen- und Konfliktsituation kommen oft ähnliche Ängste und Gefühle hoch, wie man sie als kleines Kind in einer hilflosen Situation empfunden hat.

Es ist nützlich, den kindlichen Anteil an diesen Ängsten zu erkennen und sich nicht von ihnen überschwemmen zu lassen. Man sollte sich sagen: »Heute bin ich erwachsen und habe die Möglichkeit, mit der Situation umzugehen.« Ein Kind kann nicht einfach gehen und sich von den Eltern trennen. Es muss ausharren und aushalten. Selbst wenn Sie als Erwachsener Trennungsschwierigkeiten haben, sind Sie heute in der Lage, zu gehen und eine unerträgliche Situation zu verlassen.

Achter Schritt: Suchen Sie Hilfe und Unterstützung

Als Erwachsener können Sie sich im Unterschied zu Ihrer Kindheit Hilfe und Unterstützung suchen, sei es im Freundeskreis oder auch professionellen Rat.

Es gibt zahlreiche Möglichkeiten, eine Eheberatung über staatliche Stellen kostenfrei in Anspruch zu nehmen. Über die Telefonseelsorge ist in einer Krisensituation rund um die Uhr eine anonyme Beratung möglich. Außerdem gibt es zahlreiche Kriseninterventionsdienste (Adressen siehe S. 373).

Neunter Schritt: Kommen Sie mit dem Partner ins Gespräch

Für ein Paar in der Krise kann ein Eheberater bzw. Mediator als so genannter Dritter von großer Hilfe sein, um wieder bzw. erstmalig richtig miteinander ins Gespräch zu kommen.

Selbst wenn sich nur ein Partner Hilfe sucht über ein Gespräch mit Freunden bzw. über professionelle Hilfe, sollten Sie das Ziel im Auge behalten, dass Sie mit Ihrem Partner wieder zu einem konstruktiven Dialog finden.

Es geht nämlich darum, Ihrem Partner – und nicht nur Ihrem Freund, einer Freundin oder Ihrem Therapeuten – Ihre Gefühle, Bedürfnisse, Sichtweisen und Wünsche mitzuteilen.

Verhandeln Sie mit Ihrem Partner, was Sie brauchen. Stellen Sie Regeln auf, die das Miteinander konstruktiv gestalten. Zeigen Sie klare Grenzen. Sagen Sie, was Sie wollen und was Sie nicht mehr wollen.

Der Idealfall ist es, mit dem Partner gemeinsam eine für Sie beide passende Lösung zu finden oder auch konstruktiv eine Trennung oder Scheidung als gemeinsame Aufgabe zu meistern.

Zehnter Schritt: Loslassen

In einer Krisen- oder Stress-Situation hilft es, sich auf die Atmung und die Körperhaltung zu konzentrieren, um innere Kraft und gleichzeitig Abstand zu gewinnen. Wie beim Yoga oder in der Atemtherapie nehmen Sie bewusst Ihre Atmung wahr und steuern so Ihre psychische und körperliche Befindlichkeit. Durch das Einatmen nehmen Sie bewusst neue Energie auf. Durch das Ausatmen lassen Sie negative Gedanken, Erlebnisse und Gefühle los. Sie können auch die negativen Energien ausatmen, die eventuell durch einen anderen Menschen ausgelöst wurden. Der amerikanische Psychologe Phil McGraw betont, dass wir selbst darüber bestimmen, wie viel Macht wir einem anderen Menschen über uns geben.[208] Durch eine aufrechte Körperhaltung und festen Bodenkontakt mit den Füßen stärken Sie Ihr Selbstbewusstsein und beeinflussen dadurch positiv Ihr Befinden.

Elfter Schritt: Führen Sie ein Mobbing-Tagebuch und nutzen Sie Ihre nächtlichen Träume als Ratgeber

*Träume sind die Via Regia
(der Königsweg) zum Unbewussten.*
Sigmund Freud

Wenn Sie keinen Gesprächspartner haben oder wünschen, kann das Führen eines Tagebuchs sehr hilfreich sein. Sie können darin festhalten, was genau passiert ist und was Sie dabei empfinden. Das Schreiben verbindet Sie mit Ihrem Unterbewusstsein – vergleichbar mit einem Berater, der Ihnen hilft, Ihren Seelentiefen näher zu kommen.

Was bisher vielleicht recht diffus im Kopf herumspukt, nimmt durch das Tagebuchschreiben konkrete Gestalt an und hilft Ihnen beim Prozess der Klärung, Entwicklung oder des Loslassens.

Insbesondere unsere nächtlichen Träume enthalten wertvolle Botschaften aus unserem Unbewussten. Die Seele ist oft einen Schritt weiter als wir, und ihre Weisheit bietet neue Perspektiven und Sichtweisen an. Deshalb ist es sehr sinnvoll, Träume aufzuschreiben.

Zwölfter Schritt: Von der spontanen zur reflektierten Reaktion

*There is no such thing as a difficult person,
there are just people we need to deal with.*
Roy Lilley

Im Umgang mit scheinbar schwierigen Menschen hilft das Tagebuch, über das Geschehen zu reflektieren und Abstand zu gewinnen. Wenn Sie Ihr Tagebuch nutzen, um Situationen zu reflektieren und sich über Gefühle bewusst zu werden, dann fällt es Ihnen vielleicht auch leichter, bei akuten Alltagssituationen mit einem Mobber sich auf die Ebene der Reflexion zu begeben, statt spontan zu reagieren.

Wir neigen im Umgang mit schwierigen Partnern zu spontanen Reaktionen. Meist geschieht dies in den archaischen Varianten Flucht oder Angriff. Die Kunst besteht darin, an die Stelle der spontanen Reaktion eine neue, in Sekundenschnelle reflektierte Reaktion zu setzen. Das heißt, wir legen eine kleine Pause ein und reagieren nicht sofort. Ein paar Sekunden Zeit ist immer, um sich zu überlegen, was man sagt bzw. wie man sich verhält.

Dazu das folgende Schema:

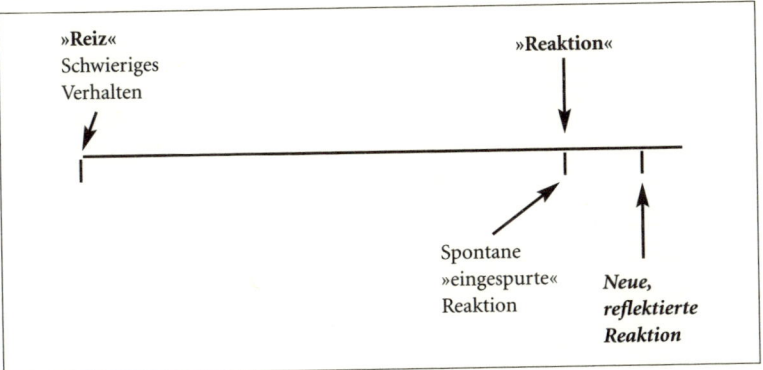

Die neue Reaktionsweise ist eher
· verstandesorientiert statt emotional
· begegnungsorientiert statt persönlich
· zielorientiert statt ziellos
· geplant statt planlos.

Spontan neigen Menschen eher dazu, »Ja« zu sagen zu Anforderungen von Seiten Ihres Gegenübers. Oft wird einem erst hinterher klar, dass man lieber »Nein« gesagt hätte. Viele Menschen berichten über große Schwierigkeiten, rechtzeitig und auf freundliche Weise Grenzen zu setzen und »Nein« zu sagen.

Ein Klassiker zu diesem Thema ist das Buch von Manuel Smith: »Sag Nein ohne Skrupel«. Der englische Originaltitel »When I say no, I feel guilty« beschreibt, welche Schuldgefühle mit dem Neinsagen verbunden sind. Eine bewährte Technik ist die so genannte »Schallplatte mit Sprung«: Man wiederholt einfach sein Anliegen und sein Nein mehrfach – wie eine Schallplatte mit Sprung –, wenn die Gegenseite ständig versucht, einen gefügig zu machen.[209]

2

Hilfe zur Selbsthilfe

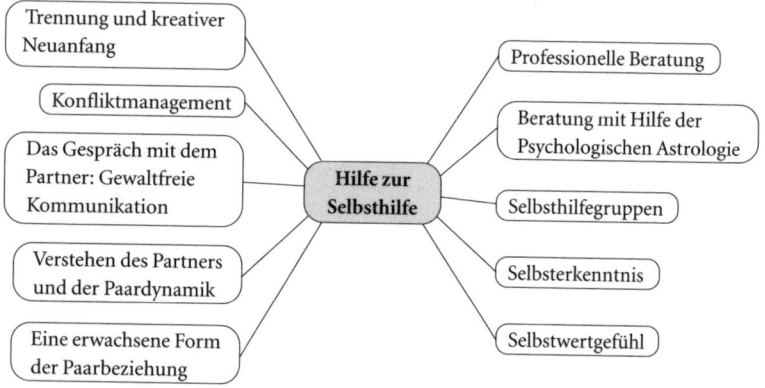

3

Professionelle Beratung

Der eine bedarf der Hilfe des anderen.

Sallust

Die meisten Paare suchen in Krisen- oder in Schwellensituationen eine Beratung auf. Schwellensituationen entstehen durch erfolgte oder anstehende Veränderungen. Die Paare sind mit ihren bisherigen Versuchen, die feindselige Kommunikation und Konstellation zu verändern, gescheitert, sie kommen ohne Hilfe nicht weiter.

Das alte Miteinander funktioniert nicht mehr und ist so belastend geworden, dass es nicht mehr auszuhalten ist. Häufig ist bereits einer der Partner oder gar beide psychisch oder körperlich erkrankt oder einer von beiden hat eine Nebenbeziehung.

Das Neue in Form einer Lösung oder Trennung ist noch nicht da. Veränderungen und Umbruchsituationen erfordern eine Neuorientierung, die man selten allein bewältigt.

Viele Paare scheuen jedoch die Beratung. Sie haben Angst, Scham oder wissen einfach nicht, wohin sie sich wenden sollen. Oder sie haben Vorurteile, dass Berater und Psychologen ohnehin nichts bringen und letztlich selbst eine Macke haben. Der Verlauf einer schweren Beziehungskrise kann aber unter Umständen äußerst destruktiv sein und sogar bis zum Mord oder Selbstmord führen. Hier stellt sich schon die Frage, ob das fatale Ende nicht hätte vermieden werden können, wenn das Paar rechtzeitig Hilfe und Unterstützung bekommen hätte.

4

Beratung mit Hilfe der Psychologischen Astrologie

Einen Menschen lieben heißt, ihn so zu sehen,
wie Gott ihn gemeint hat.

Fjodor M. Dostojewski

Das unbekannte Ich – das unbekannte Du

Tanja und Martin kommen zu einer astrologischen Paarberatung. Die beiden leiden schon längere Zeit unter wechselseitigem Mobbing. Martin sagt zu Beginn des Gesprächs: »*Ich bin jetzt schon fünf Jahre mit Tanja zusammen, aber ich weiß im Grunde genommen überhaupt nicht, wer sie ist und wie sie eigentlich tickt.*« Ihm falle es sehr schwer, sich in andere Menschen einzufühlen. Und sich selbst kenne und verstehe er eigentlich genauso wenig.

Tanja: Sie fühle sich von Martin oft nicht verstanden. Er sei wenig einfühlsam und manchmal so richtig grob. Sie reagiere dann verletzt und gereizt und es komme zu Auseinandersetzungen, die immer heftiger werden. Sie habe Martin sogar schon einmal heftig geschlagen. Martin ergänzt noch, dass er sich von Tanja sehr kontrolliert fühle.

Gegensätzliche Temperamente

Wenn Menschen ein harmonisches Leben
zu zweit führen, liegt es daran, dass sie gelernt haben,
mit den Augen des anderen zu sehen,
mit den Ohren des anderen zu hören
und mit dem Herzen des anderen zu fühlen.

Chi An Kuei

Es hat sich bewährt, eine astrologische Paarberatung mit dem Vergleich der Temperamente der beiden Partner zu beginnen. Dazu betrachtet man die Verteilung der Elemente *Feuer, Erde, Luft* und *Wasser* (siehe auch

S. 86). Die Horoskope der beiden lassen hier deutliche Gegensätze im psychologischen Grundtyp erkennen: Tanja ist ein sehr gefühlsbetonter und nähesuchender Mensch, astrologisch gesprochen mit einer Betonung des Elements *Wasser* (angezeigt durch mehrere Planeten in den so genannten »Wasserzeichen« *Krebs, Skorpion* und *Fische*). Martin dagegen fehlt das Element Wasser.

Dies bedeutet, dass er in der Welt der Gefühle unsicher und nicht recht zu Hause ist. Hier ist er einfach »nicht in seinem Element« und gibt sich eher etwas »kühl« – ganz im Gegensatz zu Tanja, die ausgesprochen »dicht am Wasser gebaut« ist, ihre ausgeprägten emotionalen Bedürfnisse offen zeigt und deshalb sehr unter Martins mangelnder Resonanz, Zuwendung und Einfühlung leidet. Was im Zentrum von Tanjas Seele angelegt ist, wünscht und erwartet sie auch von Martin. Sie folgt dem Prinzip, »von sich auf andere zu schließen«, und meint, Martin sei so wie sie selbst. Er aber kann ihr die gewünschte Einfühlung nicht so einfach geben, da seine und ihre Emotionen für ihn absolut nicht im Mittelpunkt stehen. Martin hat seine Stärken auf ganz anderen Gebieten: nämlich in den Elementen *Luft* (Verstandesorientierung) und *Erde* (Wirklichkeitssinn).

Es scheint, dass die Seele nach Vervollkommnung und Ganzheit strebt. Häufig hat der eine Partner eine Betonung des Elements, das beim anderen nicht oder nur schwach vorhanden ist. Diese Gegensätzlichkeit ist eine Bereicherung, sie ist aber auch wie bei Tanja und Martin ein Hinweis auf ein mögliches Konfliktpotential in der Paarbeziehung. Positiv gesehen kann sich aus der Konfliktspannung jedoch eine persönliche Weiterentwicklung ergeben, indem es mit Hilfe des Partners gelingt, sich mit dem in der eigenen Seele nicht oder wenig ausgeprägten Element vertraut zu machen.

Die folgende Mindmap zeigt die vier Elemente, ihre psychologische Bedeutung und die Zuordnung zu den Tierkreiszeichen:[210]

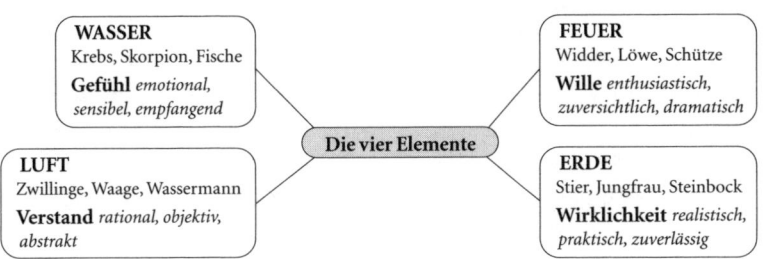

WASSER	**FEUER**
Krebs, Skorpion, Fische	Widder, Löwe, Schütze
Gefühl *emotional, sensibel, empfangend*	**Wille** *enthusiastisch, zuversichtlich, dramatisch*

Die vier Elemente

LUFT	**ERDE**
Zwillinge, Waage, Wassermann	Stier, Jungfrau, Steinbock
Verstand *rational, objektiv, abstrakt*	**Wirklichkeit** *realistisch, praktisch, zuverlässig*

Reduzierte Erwartungen und neue Wahrnehmungen

Der Vergleich der im Horoskop angezeigten Temperamente von Tanja und Martin hat für die beiden etwas Klärendes und Entspannendes. Es wird deutlich, dass hier niemand von den beiden »schuld« ist, sondern dass es sich offensichtlich um angeborene Muster und unterschiedliche »Schwerpunkte« in der Seele handelt. Es entsteht ein besseres Verständnis für sich und den anderen und für die Konflikte, die allein schon aus den gegensätzlichen Temperamenten und den damit verbundenen unterschiedlichen Bedürfnissen resultieren. Die mit Hilfe der Horoskopanalyse vermittelten Einsichten helfen, toleranter mit sich selbst und mit dem anderen umzugehen. Es gelingt dann vielleicht, den anderen trotz seiner auch schwierigen Eigenschaften zu mögen. *Man liebt die Rose trotz der Dornen.*[211]

Durch die Beratung wurde Tanja klar, dass sie von Martin gefühlsmäßig nicht zu viel erwarten sollte, da er hier eher »Analphabet« ist und nicht über die Fähigkeit verfügt, ganz schnell und intuitiv zu erspüren, wie ihr zumute ist. Indem sie ihre Erwartungen nach der Beratung »zurückschraubte«, war sie weniger oft enttäuscht, und die aus ihrem ständigen »Frust« entstandene Feindseligkeit ging zurück.

Martin konnte mit Hilfe dieser Erkenntnis damit beginnen, sich selbst besser zu verstehen und zu versuchen, schrittweise einen Zugang zu seiner Gefühlswelt und der seiner Partnerin zu bekommen. Für eine verbesserte Wahrnehmung der Gefühle bei Tanja wurde ihm empfohlen, häufiger nachzufragen, wie sie sich denn in ganz konkreten Situationen fühle und was ihre Bedürfnisse jeweils sind. Darüber hatten die beiden bisher nie gesprochen – ihn »interessierte« es einfach nicht, und sie ging davon aus, er werde es schon wissen. Die neue Gesprächskultur und das verbesserte Verständnis füreinander führten zu einer deutlichen Entspannung. Das Mobbing hörte auf.

Dazu trugen auch andere Einsichten bei, die durch die weitere astrologische Beratung gewonnen wurden. Ein Horoskop hält viel mehr Informationen bereit als nur die Verteilung der vier Elemente *Feuer, Erde, Luft* und *Wasser* zur Beschreibung des Temperaments. Es ist eine seelische Landkarte. So war es dann in dieser Paarberatung der nächste Schritt, mit Hilfe der beiden Einzelhoroskope ein Bild der Persönlichkeit der beiden zu skizzieren und so damit fortzufahren, Tanja und Martin einander auf eine neue Art »vorzustellen«.

Zunächst jedoch einige Informationen zur Psychologischen Astrologie und zu den »Bausteinen« eines Horoskops, bevor wir zu Tanja und Martin zurückkommen.

Psychologische Astrologie
ist die Verbindung von psychologischem und astrologischem Wissen. Durch die Verknüpfung dieser beiden Disziplinen wurde die Renaissance der Astrologie seit Beginn des 20. Jahrhunderts wesentlich gefördert. Einer der Väter der Wiederentdeckung der Astrologie, die in ihrer Anwendung in der westlichen Kultur auf die alten Griechen zurückgeht, war Carl Gustav Jung. »*Meine Abende sind sehr in Anspruch genommen durch die Astrologie*«, schrieb Jung 1911 in einem Brief an Sigmund Freud. »*Ich mache Horoskopberechnungen, um dem psychologischen Wahrheitsgehalt auf die Spur zu kommen... Es scheint z.B., dass die Tierkreisbilder Charakterbilder sind...*«[212] Jung nutzte die Horoskope seiner Patienten für seine psychotherapeutischen Behandlungen.

Zwei bedeutende Vertreter und Wegbereiter der Psychologischen Astrologie sind die amerikanische Psychoanalytikerin Liz Greene und der 1992 verstorbene amerikanische Psychologe Howard Sasportas, die 1983 in London das *Centre for Psychological Astrology*[213] gründeten. In Deutschland war Thomas Ring mit seiner psychologisch orientierten »revidierten Astrologie«[214] wegweisend, ebenso wie Fritz Riemann, der die astrologische Beratung als eine sehr sinnvolle Ergänzung zu seiner therapeutischen Arbeit als Psychoanalytiker ansah (siehe auch S. 88).[215]

Die Seele als inneres Theater

Ein Horoskop ist weit mehr als nur der als »Sternzeichen« bekannte Stand der *Sonne* im Tierkreiszeichen *Widder, Stier, Zwillinge* usw. Die Psychologische Astrologie versteht die Seele des Menschen – bildlich gesprochen – als *inneres Theater* mit einer Gruppe von *Schauspielern*, die in verschiedenen *Kostümen* und in unterschiedlichen *Bühnenbildern* auftreten und miteinander oder auch gegeneinander das Theaterstück »Leben« aufführen.

Die Schauspieler sind die *Planeten*, deren genauer astronomischer Standort zum Zeitpunkt der Geburt im Horoskop festgehalten ist. Die Planeten beschreiben, *was* geschieht. Die Kostüme sind die zwölf *Tierkreiszeichen*, in denen die Schauspieler auftreten. Sie zeigen, *wie* sich die Darsteller verhalten und was für eine Rolle sie spielen. Die Bühnenbilder sind die zwölf *Häuser* des Horoskops, sie benennen das *Wo*, das heißt, in welchen Lebensbereichen die Planeten-Darsteller auftreten.

Die *Aspekte* zeigen, in welchen harmonischen oder disharmonischen Winkelbeziehungen die Planeten zueinander stehen und wie sie in der Seele miteinander in Dialog treten. Weitere wichtige Komponenten in einem Horoskop sind die Achse *Aszendent* (wie man der Welt begegnet) und *Deszendent* (das ergänzende »Du« zur Vervollkommnung des Ich), sowie die Achse *Himmelstiefe – Himmelsmitte*, die etwas über das familiäre psychologische Erbe aussagt. Bedeutsam sind auch die so genannten *Mondknoten*, die Hinweise auf zentrale Entwicklungsaufgaben im Leben enthalten.[216]

Die Planeten – Schauspieler und Götter in der Seele

Wie an dem Tag, der dich der Welt verliehen,
Die Sonne stand zum Gruße der Planeten,
Bist alsobald und fort und fort gediehen
Nach dem Gesetz, wonach du angetreten.
So musst du sein, dir kannst du nicht entfliehen,
So sagten schon Sibyllen, so Propheten;
Und keine Zeit und keine Macht zerstückelt
Geprägte Form, die lebend sich entwickelt.
Johann Wolfgang von Goethe
Urworte orphisch; Dämon

Die Planeten[217] »bewirken« nichts und senden keine geheimnisvollen Strahlen aus. Sie sind nach dem Prinzip *Wie oben, so unten*[218] symbolische Anzeigeinstrumente für elf verschiedene psychologische Antriebskräfte und Motivationen in der Seele. Jeder dieser elf Darsteller hat sein spezielles Thema, seinen ganz eigenen Charakter, seine Rolle und seinen Auftrag in dem »Theaterstück« Leben. Die Planeten sind »Charakterdarsteller« im wahrsten Sinne des Wortes, da sie in ihrem Zusammenspiel und ihrer Gewichtung den Charakter, die Persönlichkeit eines Menschen mit seinen Bedürfnissen und Konflikten beschreiben. Hinter dieser Schauspielertruppe stehen die Götter der griechischen Mythologie, die in den römischen Planetennamen enthalten sind (Merkur ist Hermes, Venus ist Aphrodite usw.).

Hier die Besetzungsliste unseres inneren Theaters mit einer kurzen Skizzierung der jeweiligen Rollen:[219]

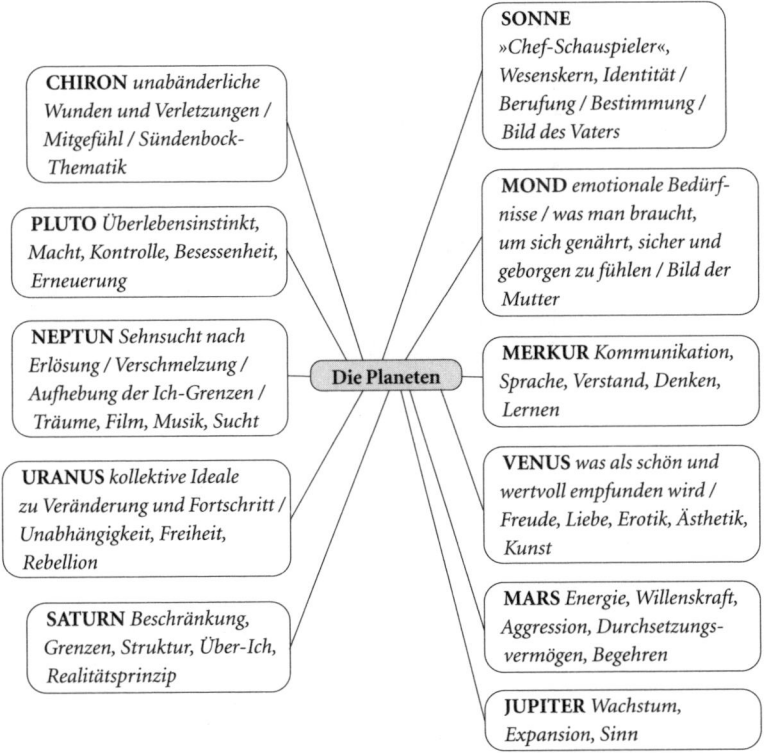

CHIRON *unabänderliche Wunden und Verletzungen / Mitgefühl / Sündenbock-Thematik*

PLUTO *Überlebensinstinkt, Macht, Kontrolle, Besessenheit, Erneuerung*

NEPTUN *Sehnsucht nach Erlösung / Verschmelzung / Aufhebung der Ich-Grenzen / Träume, Film, Musik, Sucht*

URANUS *kollektive Ideale zu Veränderung und Fortschritt / Unabhängigkeit, Freiheit, Rebellion*

SATURN *Beschränkung, Grenzen, Struktur, Über-Ich, Realitätsprinzip*

Die Planeten

SONNE »*Chef-Schauspieler*«, *Wesenskern, Identität / Berufung / Bestimmung / Bild des Vaters*

MOND *emotionale Bedürfnisse / was man braucht, um sich genährt, sicher und geborgen zu fühlen / Bild der Mutter*

MERKUR *Kommunikation, Sprache, Verstand, Denken, Lernen*

VENUS *was als schön und wertvoll empfunden wird / Freude, Liebe, Erotik, Ästhetik, Kunst*

MARS *Energie, Willenskraft, Aggression, Durchsetzungsvermögen, Begehren*

JUPITER *Wachstum, Expansion, Sinn*

Eindrucksvolle Porträts der Planetengötter hat der englische Komponist Gustav Holst in seiner Suite für großes Orchester *The Planets* geschaffen. Gustav Holst war begeisterter Hobbyastrologe und bezeichnete seine Komposition als eine Folge von Stimmungsbildern, in denen der Charakter der Planeten musikalisch wiedergegeben wird.[220] Die Musik ist ein gutes Bild für die Astrologie. Man kann sich die Planeten auch als Orchestermusiker in der Seele vorstellen. Zusammen spielen sie die *Lebensmelodie* des Menschen. Thomas Ring hat darauf hingewiesen, dass der Astrologe bei der Deutung eines Horoskops vor einer ähnlichen Aufgabe steht wie ein Dirigent bei der Interpretation eines Musikwerks aus der Partitur.

Die Tierkreiszeichen – Kostüme und Gewänder

Die elf Planeten sind in jedem Horoskop vorhanden. Ihre spezielle und individuell unterschiedliche Färbung erhalten sie unter anderem durch die »Kostüme«, das heißt durch ihre Position in einem der Tierkreiszeichen, dem zweiten wichtigen Baustein eines Horoskops.

Die folgende Übersicht[221] enthält Schlüsselworte zu den Charakteristika der zwölf *Tierkreiszeichen*. Sie beschreiben die Art und Weise, *wie* die Planeten-Darsteller ihre Rollen spielen. Dies hängt unter anderem davon ab, in welchem Tierkreiszeichen die Planeten stehen. Die folgenden Kurzbeschreibungen gelten vor allem für den Stand der *Sonne* in den Tierkreiszeichen im Jahreslauf (»Sternzeichen«), aber etwas modifiziert auch

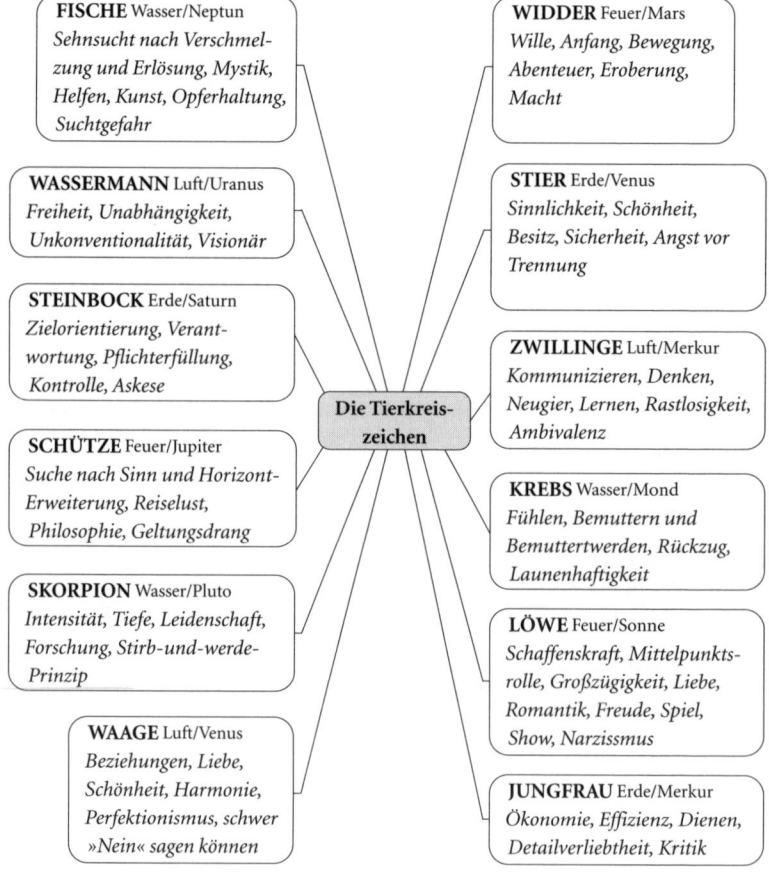

FISCHE Wasser/Neptun
Sehnsucht nach Verschmelzung und Erlösung, Mystik, Helfen, Kunst, Opferhaltung, Suchtgefahr

WASSERMANN Luft/Uranus
Freiheit, Unabhängigkeit, Unkonventionalität, Visionär

STEINBOCK Erde/Saturn
Zielorientierung, Verantwortung, Pflichterfüllung, Kontrolle, Askese

SCHÜTZE Feuer/Jupiter
Suche nach Sinn und Horizont-Erweiterung, Reiselust, Philosophie, Geltungsdrang

SKORPION Wasser/Pluto
Intensität, Tiefe, Leidenschaft, Forschung, Stirb-und-werde-Prinzip

WAAGE Luft/Venus
Beziehungen, Liebe, Schönheit, Harmonie, Perfektionismus, schwer »Nein« sagen können

Die Tierkreiszeichen

WIDDER Feuer/Mars
Wille, Anfang, Bewegung, Abenteuer, Eroberung, Macht

STIER Erde/Venus
Sinnlichkeit, Schönheit, Besitz, Sicherheit, Angst vor Trennung

ZWILLINGE Luft/Merkur
Kommunizieren, Denken, Neugier, Lernen, Rastlosigkeit, Ambivalenz

KREBS Wasser/Mond
Fühlen, Bemuttern und Bemutterwerden, Rückzug, Launenhaftigkeit

LÖWE Feuer/Sonne
Schaffenskraft, Mittelpunktsrolle, Großzügigkeit, Liebe, Romantik, Freude, Spiel, Show, Narzissmus

JUNGFRAU Erde/Merkur
Ökonomie, Effizienz, Dienen, Detailverliebtheit, Kritik

für die anderen Planeten. So trägt die *Sonne* beispielsweise das Gewand des *Widders* mit den entsprechenden Verhaltensmerkmalen, wenn jemand zwischen dem 21. März und dem 20. April geboren ist. Zu jedem Tierkreiszeichen ist das zugehörige Element angeführt sowie der Planet, der jeweils als so genannter »Herrscher« zugeordnet ist.

Allein schon aufgrund der Kenntnis des »Sternzeichens« (Sonnenzeichens) kann man einen Menschen besser verstehen und hat auch in Partnerschaften eine erste Orientierung.[222] In ihrem Einführungsbuch in die Psychologische Astrologie *Mapping the Psyche* schreibt Clare Martin, das Faszinierende an der Astrologie sei, dass man mit Hilfe des Horoskops herausfinden kann, wie ein Mensch vermutlich auf eine bestimmte Situation reagiert. Ihr Lieblingsbeispiel dazu beschreibt die Tierkreiszeichen, die auf dem Weg zur Arbeit an einer Bushaltestelle auf einen verspäteten Bus warten.

Die Tierkreiszeichen an der Bushaltestelle
Zwei Tierkreiszeichen fehlen allerdings: Der *Widder* fährt nicht mit dem Bus, da er nicht gerne wartet und es absolut nicht ertragen kann, von anderen oder einer Situation abhängig zu sein. Außerdem ist er um diese Zeit bereits im Fitness-Studio. Der königliche *Schütze* ist ebenfalls nicht an der Haltestelle. Er hat sich von seinem Chauffeur abholen lassen. Der *Stier* hat die Ruhe raus und genießt wohlig den Frühlingsduft aus dem nahe gelegenen Park. Der flexible *Zwilling* nutzt die Wartezeit für mehrere ausgedehnte Handytelefonate. Der *Krebs* nimmt die Verspätung persönlich, seine Stimmung sackt rapide ab, und dezente Magenbeschwerden stellen sich ein. Der *Löwe* zieht eine slapstickartige Show à la Mr. Bean ab, und Bewunderer scharen sich um ihn. Die *Jungfrau* wird unruhig und organisiert über Handy die Termine ihres Arbeitstages neu. Die *Waage* flirtet mit dem attraktiven Wassermann. Der *Skorpion* fühlt, wie hinter seiner Pokerface-Fassade eine Bombe tickt, und überlegt, was er wohl gleich mit dem Busfahrer anstellen kann. Der *Steinbock* führt die Verspätung darauf zurück, dass der verantwortungslose Busfahrer zu spät zur Arbeit kam. Er ruft seine Sekretärin an und erkundigt sich, ob seine Mitarbeiter heute Morgen alle pünktlich waren. Der *Wassermann* denkt darüber nach, wie der öffentliche Nahverkehr so verbessert werden kann, dass zukünftig mehr Leute auf ihr Auto verzichten. Der *Fisch* hat die Verspätung des Busses bisher überhaupt nicht bemerkt, da er vollkommen entrückt in seine Tagträume abgetaucht ist.[223]

Die Häuser – Bühnenbilder und Bühnen

Zur Vervollständigung der Horoskopbausteine fehlen nun noch die Bühnenbilder, in denen die Planeten-Darsteller auftreten, die so genannten *Häuser*. Sie unterteilen das Horoskop wie Tortenstücke in einzelne Abschnitte und beschreiben die konkreten Lebensbereiche, in denen sich die symbolischen Planeten-Energien manifestieren. Für die römischen Astrologen waren die Häuser Tempel, in denen sich je nach Horoskop keiner, ein oder mehrere Planeten-Götter aufhalten. Zu den einzelnen Häusern sind in der folgenden Übersicht die zugehörigen Elemente angegeben, die Tierkreiszeichen, zu denen die Häuser und ihre Bedeutungen in Analogie stehen, sowie der Planet, der über das Haus »herrscht«.[224]

12. HAUS Wasser/Fische/Neptun
Das seelische Erbe der Vorfahren / verborgene Feinde / Aufgehen in etwas Größerem / Dienst am anderen / das Leben im Mutterleib

11. HAUS Luft/Wassermann/Uranus
Freunde / Gruppen / Organisationen / Hoffnungen, Wünsche und Ideale für die Gesellschaft

10. HAUS Erde/Steinbock/Saturn
Beruf / Karriere / Status in der Welt »da draußen« / Bild der Mutter

9. HAUS Feuer/Schütze/Jupiter
Sinn / Religion / Philosophie / weite Reisen / Horizonterweiterung

8. HAUS Wasser/Skorpion/Pluto
Intensive emotionale Erfahrungen / Sexualität / Tod / Wandlung / Krisen / verborgene Familienthemen aus der Kindheit / das Geld anderer

7. HAUS Luft/Waage/Venus
Partnerschaft, Ehe / offene Feinde / was auf einen Partner projiziert wird / Verhalten der Gesellschaft gegenüber

Die Häuser

1. HAUS Feuer/Widder/Mars
Das Schaufenster der Persönlichkeit / Auftreten / wie man wahrgenommen wird / Geburt / wie man neue Dinge beginnt

2. HAUS Erde/Stier/Venus
Der Körper / Fähigkeiten, Begabungen, Ressourcen / Geld, Besitz / Werte / wie man materiell in der Welt besteht

3. HAUS Luft/Zwillinge/Merkur
Kommunikation, Sprache, Lernen / Geschwister / kurze Reisen

4. HAUS Wasser/Krebs/Mond
Familie, Herkunft / frühe Umgebung / das Zuhause, unser Privatleben / das Bild des Vaters

5. HAUS Feuer/Löwe/Sonne
Kreativität / Kinder / das innere Kind / Spiel / Liebe, Sexualität

6. HAUS Erde/Jungfrau/Merkur
Alltag, Arbeit / Psychosomatik

Ein Planeten-Gespräch

Zurück zu Tanja und Martin. Besonders bedeutsam für Paarbeziehungen ist die Stellung des Mondes, weil er die emotionalen Bedürfnisse anzeigt, deren Erfüllung man sich vom Partner wünscht. Tanjas Mond steht im Tierkreiszeichen Löwe, trägt eine rote Königsrobe und sagt zu Martin:

»*Krümelchen, du hast mir gerade wieder mal nicht richtig zugehört. Du weißt doch: Ich wünsche mir von dir mehr Aufmerksamkeit. Nur dann bin ich gut drauf.*« Und da Tanjas Mond im neunten Haus der weiten Reisen steht: »*Martin, ich möchte mit dir unbedingt bald mal wieder nach New York. Da fühle ich mich immer wie neugeboren. Können wir uns dort nicht mal nach einer schönen Zweitwohnung umsehen?*«

Tanjas Venus im Stier schaltet sich in das Gespräch ein. Sie trägt ein sündhaft teures Designerkostüm von Versace. »*Au ja, New York – eine super Idee! Wenn wir da sind, will ich aber als Erstes ins Bloomingdale's in der Lexington Avenue. Die haben die größte Auswahl an Handtaschen, die ich je gesehen habe!*«

Martins Mond in der Jungfrau – im sechsten Haus des Arbeitsalltags – hat einen Blaumann an. Martin liegt unter dem Auto, um die neuen Bremsbeläge einzubauen, die er Mittwoch bei Aldi gekauft hat. Sein Jungfrau-Mond sagt belehrend zu Tanjas Löwe-Mond: »*Du spinnst wohl, Prinzessin. Schon wieder nach New York ist viel zu teuer. Das habe ich dir aber schon tausendmal gesagt. Du bist wie deine Jetset-Mutter. Lass uns lieber in den Harz fahren. Ob wir uns das leisten können, kann ich dir aber erst am Wochenende sagen, wenn ich unsere Steuererklärung gemacht habe. Du weißt doch, bei mir muss immer alles seine Ordnung haben. Vielleicht bekommen wir ja eine Rückerstattung der Kapital-Ertragssteuer.*«

Martins Saturn (Grenzen) im Steinbock (Askese) im zweiten Haus (Geld) stimmt dem Mond zu und sagt vorwurfsvoll zu Tanjas Stier-Venus: »*Du immer mit deinen teuren Einkäufen. Das ruiniert uns noch vollkommen. Schau doch mal im Otto-Katalog nach einer preiswerten Handtasche. Das tut's doch nun wirklich auch.*«

Tanjas Krebs-Sonne beleidigt: »*Ich hab jetzt aber hier wirklich die Nase voll. Es ist nicht zum Aushalten mit euch. Ich geh ins Bett. Tschüss!*« (*Knallt die Schlafzimmertür zu.*)

Das Bild der Eltern im Horoskop

Für jeden, der sich intensiver mit Psychologischer Astrologie beschäftigt, ist es eine absolut faszinierende Erfahrung, dass ein Horoskop neben einem umfassenden Persönlichkeitsprofil auch zeigt, wie die Eltern wahrgenommen wurden und wie sie sich meist auch verhalten haben. Das hier sichtbare psychologische Familien- und Kindheitserbe ist für Paarbeziehungen von großer Bedeutung, da es – wie die Paargeschichten in diesem Buch immer wieder zeigen – sowohl bei der Partnerwahl wie auch im Laufe der Beziehung meist zu einer Neuauflage der Erfahrung mit den Eltern kommt. Der bewusstere, reflektierte Umgang mit den *Übertragungs-Mustern*, wie sie im Horoskop sichtbar werden, ist zur Bewältigung von Paarkonflikten sehr hilfreich.

Martin hat das Bild einer Mutter (Mond), der es vor allem auf Effizienz (Mond in der Jungfrau – »*Wichtig ist, was hinten rauskommt*«) und geordneten Alltag (Mond im sechsten Haus) ankam. Die Mutter dürfte ihn häufiger kritisiert haben (Mond in der Jungfrau), und es gab sogar aggressive Auseinandersetzungen mit ihr (Spannungsaspekt Mond / Mars). Vielleicht hat sie ihn sogar geschlagen (Mond / Mars). Die Mutter hat Macht und Kontrolle über Martin ausgeübt (Spannungsaspekt Mond / Pluto). In den skizzierten Konflikten mit Tanja ist das Wiederholungsmuster gut sichtbar: Neigung zur Kritik an Tanja als unbewusste Wiederholung des Verhaltens der Mutter ihm gegenüber, speziell zu Themen, die mit »Luxus« und mangelnder Sparsamkeit zu tun haben; aggressive Auseinandersetzungen wie mit der Mutter bis hin zum Geschlagenwerden; das Gefühl, von Tanja kontrolliert zu werden. In der Beratung wurden die Elternbilder von Tanja und Martin in ihrer Bedeutung für die aktuelle Paarbeziehung ausführlich besprochen. Der Vorteil dieser Kenntnisse ist, vieles vom anderen nicht mehr so »persönlich« zu nehmen und die eigene, spontane und automatische Reaktion durch eine neue, geduldigere und reflektierte zu ersetzen.

Was so auf einen zukommt –
die Partnerwahl, das siebte Haus und Mobbing

> *Das, womit ein Mensch bei sich selbst
> nicht umgehen kann, wird er unvermeidlich
> in seiner Umgebung finden.*
>
> Liz Greene

Wichtige Informationen zur Frage, welche Art von Partnern man unbewusst anzieht und welche Themen sich in der Partnerschaft generell zeigen, geben das siebte Haus und der Deszendent. Der Deszendent liegt dem Aszendenten (Auftreten des Ichs in der Welt) auf der horizontalen Achse des Horoskops gegenüber und zeigt durch das Tierkreiszeichen, in das er fällt, das Partnersuchbild an. Der Deszendent markiert den Beginn des siebten Hauses, das zuständig ist für das Thema Partnerschaft – ob mit oder ohne Trauschein.

Bei Tanja steht der Deszendent im Zeichen Jungfrau, das heißt, sie sucht unbewusst nach einem Partner mit Jungfrauen-Eigenschaften. Sie will ihrer Neigung, verträumt und aufopferungsvoll in einem größeren Ganzen aufzugehen (Aszendent Fische) als Gegenpol die Möglichkeit zu einer perfekten ökonomischen Alltagsbewältigung (Jungfrau) entgegensetzen. Martin entspricht diesem Suchbild mit seiner »pingeligen« Jungfrauen-Betonung (Mond in der Jungfrau) durchaus.

Der Konfliktstoff mit dem Partner resultiert daraus, dass die Themen und Eigenschaften des Deszendenten in der eigenen Seele meist ein unbewusstes Schattendasein führen und abgelehnt werden. Wenn diese Themen dann in Gestalt des Partners von außen auf einen zukommen, werden sie an diesem ebenfalls abgelehnt und oft sogar regelrecht bekämpft. Auf einer tieferen Ebene beschreiben die Merkmale des Deszendenten und des siebten Hauses jedoch uns selbst verborgene Bereiche, die wir in unser Bewusstsein integrieren und in uns selbst zum Leben erwecken müssen, um vollständig zu werden.[225]

Dies gilt auch für Planeten im siebten Haus, die sehr häufig auf den Partner projiziert werden und dann in Gestalt des Partners »auftreten«. Bei Martin steht der »Kriegsgott« Mars im siebten Haus. Liz Greene schreibt in diesem Zusammenhang: »Wenn Mars unbewusst ist oder nicht gut ausgedrückt wird ... dann kann es sein, dass wir ihn projizieren, dann ist der andere derjenige, der uns tyrannisiert, kontrolliert, bedrängt, herumkommandiert und uns und unseren Willen beschneidet.«[226]

Martin ist seine eigene Kraft und Aggressivität gar nicht so recht bewusst, deshalb suchte er sich eine Partnerin mit einer Mars-Betonung im Horoskop und einem entsprechenden kämpferischen und dominanten Auftreten. Tanja konfrontierte Martin durch ihre aggressive Art mit seiner eigenen Schattenseite und forderte ihn durch die häufigen Auseinandersetzungen dazu auf, eigene Forderungen zu stellen und so den bisher verdrängten Mars im konstruktiven Sinne in sich selbst zu entdecken.[227] Hier klingt die Thematik des Partners als *Coach* oder *Lehrer* an (siehe auch S. 301).

Es überrascht nicht, dass Menschen mit Mars im siebten Haus sehr oft Mobbing-Betroffene oder -Akteure in ihrer Partnerschaft sind. Gefahr von Mobbing besteht auch, wenn Saturn (der »Oberlehrer«) durch den Partner auf einen zukommt. Eine Frau mit Saturn im siebten Haus berichtete, dass ihr Ehemann das gemeinsame Schlafzimmer bald nach der Hochzeitsnacht in ein Klassenzimmer umfunktionierte. Er stellte dort eine Flip-Chart-Tafel auf und notierte darauf Anweisungen für ihre Wochenplanung.

Bei Uranus im siebten Haus könnte der andere stellvertretend die eigenen Freiheitsbedürfnisse ausleben, was zu heftigem Eifersuchts- und Kontroll-Mobbing führen kann. Bei Neptun im siebten Haus ist der Partner vielleicht Künstler, aber man realisiert die eigenen kreativen Begabungen nicht. Pluto in dieser Hausposition könnte einen Partner mit einem ausgeprägten Machtgebaren und Kontrollverhalten anziehen.

Oft sind es auch die extremen Ausprägungen der Schattenseiten der Tierkreiszeichen, die in der Paarbeziehung zu schaffen machen und aus astrologischer Sicht mit Mobbing im Zusammenhang stehen können: überzogenes Machtgebaren (Widder), extreme Sturheit (Stier), Abwehr von Gefühlen (Zwillinge), Bestrafung durch Hervorrufen von Schuldgefühlen (Krebs), maßlose Ichbezogenheit (Löwe), Kritiksucht und Nörgelei (Jungfrau), Perfektionismus (Waage), Partnerschaft als Inbesitznahme (Skorpion), Großspurigkeit und Selbstüberschätzung (Schütze), Leistungszwang ohne Lebensfreude (Steinbock), Opposition um jeden Preis (Wassermann), abrupt einsetzende Härte und Kälte (Fische).[228]

Die Qualität der Zeit – von Krisen und Chancen

Ein jegliches hat seine Zeit und alles Vornehmen
unter dem Himmel hat seine Stunde.
Geboren werden und sterben, pflanzen und ausrotten,
was gepflanzt ist,
würgen und heilen, brechen und bauen,
weinen und lachen, klagen und tanzen,
Steine zerstreuen und Steine sammeln,
herzen und ferne sein von Herzen,
suchen und verlieren, behalten und wegwerfen,
zerreißen und zunähen, schweigen und reden,
lieben und hassen, Streit und Friede hat seine Zeit.
Der Prediger Salomo 3,1-8[229]

Die Astrologie kann in Verbindung mit der psychologischen Beratung – im Sinne des *Erkenne dich selbst* – nicht nur dabei behilflich sein, ein individuelles Persönlichkeits- und Charakterporträt zu zeichnen. Sie gibt auch Antworten auf die Frage nach der aktuellen Zeitqualität, das heißt, welche Themen und Aufgaben gerade auf den oder die Ratsuchenden zukommen. Dazu wird das Geburtshoroskop mit den Positionen der umlaufenden Planeten zu einem bestimmten Zeitpunkt in Beziehung gesetzt. Dies ist meist die aktuelle Gestirnskonstellation, es kann jedoch auch jeder beliebige Zeitpunkt in der Vergangenheit oder Zukunft gewählt werden.

Der Schwerpunkt der Analyse dieser so genannten Planeten-*Transite* (vom lateinischen *transire* = überschreiten, hinübergehen) liegt in der Psychologischen Astrologie nicht in der Vorhersage konkreter Ereignisse, sondern in der Beschreibung von seelischen Veränderungen und Entwicklungen.[230] Einschneidende Krisen und Wandlungsaufgaben werden meist durch die Transite von Saturn, Uranus, Neptun und Pluto über wichtige Punkte im Geburtshoroskop angezeigt.

Auch bei der astrologischen Paarberatung ist die Kenntnis der aktuellen individuellen psychischen Situation der beiden Partner wichtig, nicht zuletzt erneut für das verbesserte wechselseitige Verständnis der beiden Partner füreinander. Zum Zeitpunkt der Beratung bildete der umlaufende Uranus einen Spannungsaspekt zum Mond in Martins Geburtshoroskop. Eine Deutung ist, dass Martin sich in einer Zeit der Veränderung und Befreiung (Uranus) in Bezug auf seine Gefühlswelt generell (Mond) und in der Beziehung zu seiner Frau (ebenfalls vom Mond symbolisiert) befindet. Die am Beginn der Paarberatung besprochene Anregung, sich mehr und auf eine neue Weise (Uranus) mit seinen Gefühlen und vor allem auch mit denen seiner Frau zu befassen, wird auch in der aktuellen Zeitqualität sichtbar.

Bei Tanja wies der umlaufende Uranus im siebten Haus (Partnerschaft) auf eine längere Krise mit erheblicher Unruhe in ihrer Beziehung hin, allerdings mit der Chance eines Neuanfangs. Die Uranus-Transite von Tanja und Martin hätten auch eine Trennung anzeigen können. Dies wäre aber nur eine der möglichen Manifestationsweisen, und deshalb ist hierzu keine sichere Vorhersage möglich.

Die Synastrie – wie sich die Planeten-Schauspieler der beiden Partner vertragen

Im nächsten Beratungsschritt werden die Horoskope der beiden Partner in ihren wichtigen Komponenten miteinander verglichen. Dies ermöglicht einen Überblick zu den Lebensbereichen, in denen sich die beiden Partner gut verstehen und in denen es Konflikte gibt. Dazu werden die harmonischen und die spannungsreichen Aspekte zwischen den Planeten und den Achsen im Horoskop untersucht. Eine Kostprobe dieser als *Synastrie* bezeichneten Methode war schon in dem obigen »Gespräch« zwischen den »Planetengöttern« von Tanja und Martin zu lesen.

Hier noch einige Beispiele aus der Synastrie von Tanja und Martin: Der Gedankenaustausch zwischen den beiden ist fließend (Tanjas und Martins Merkur in harmonischem Aspekt). Dies ist eine sehr positive Voraussetzung für eine Partnerschaft, der den gleichzeitig vorhandenen Hinweis auf Machtkonflikte in der Kommunikation relativiert (Merkur und Pluto gegenseitig in Spannungsaspekt). Es gibt viel gegenseitiges Wohlwollen füreinander (Tanjas und Martins Jupiter in harmonischem Aspekt) und eine starke Anziehung im sexuellen Bereich (Tanjas Mars harmonisch zu Martins Pluto).

Bei Paaren mit einer Mobbing-Beziehung finden sich im Horoskopvergleich oft ausgeprägte Spannungsmuster, beispielsweise zwischen der Sonne des einen Partners und Mars, Saturn, Uranus, Neptun, Pluto und Chiron des anderen.

Die Beziehung als neues Wesen – Das Composit

Ein sehr interessanter Punkt in der Beratung ist die Untersuchung, welches »neue Wesen« die beiden Partner mit ihrer Beziehung erschaffen. Aus der »Mischung« der beiden Charaktere entsteht etwas Neues, ein Energiefeld mit einer speziellen Dynamik. Die durch die Beziehung zum Leben erweckten Kräfte sind für beide Partner in der Begegnung fühlbar, werden aber auch für andere nach außen hin deutlich, wenn sie dem Paar begegnen. Die Beziehung als »neues Wesen« wird in der Astrologie durch das *Composit* beschrieben.[231] Es wird aus dem arithmetischen Mittel der astrologischen Daten der beiden Einzelhoroskope berechnet. In der kurzen astrologischen Interpretation der Paargeschichte von Edgar und Dante wurde bereits ein Beispiel gegeben (siehe S. 214).

Das »neue Wesen« in der Beziehung zwischen Tanja und Martin schafft ein Energiefeld von Genuss und Sinnlichkeit (Composit-Sonne im Stier) und von Optimismus und Großzügigkeit (Jupiter-Betonung). Weiterhin liefert die Beziehung einen gemeinsamen Schwung, stets nach vorne zu blicken und die Möglichkeiten des Lebens auf unkonventionelle Weise zu erweitern (Uranus-Betonung). Diese positiven Energien der Beziehung tragen über Krisen hinweg und haben offenbar Anteil an der konstruktiven Lösung der Mobbing-Krise.

Im nächsten Schritt wird untersucht, welche Auswirkungen die Beziehung jeweils auf Tanja und Martin individuell hat. Dazu setzt man das Composit in Bezug zu den beiden Einzelhoroskopen. Hier zeigt sich, dass die Beziehung als neues Wesen Martin ebenfalls dazu anregt, sich mit seinem unterdrückten Zorn konstruktiv zu befassen (Composit-Mars in Spannungsaspekt zu Martins Mars in seinem Geburtshoroskop). Für Tanja hat die Beziehung manchmal auch einen deprimierenden Effekt, so dass sie ab und zu auch etwas ohne Martin unternehmen sollte, um ihr Selbstwertgefühl zu stärken und Lebensfreude aufzutanken (Composit-Saturn im Spannungsaspekt zur Venus in ihrem Geburtshoroskop).

In welchem »Fahrwasser« sich die Beziehung aktuell gerade befindet, wird ersichtlich, wenn man das Composit mit den aktuellen Planetenständen (den Transiten[232]) zum Beratungszeitpunkt in Beziehung setzt. Hier zeigt sich die Aufgabe für Tanja und Martin, neue Strukturen und Regeln zur Festigung ihrer Liebesbeziehung zu erarbeiten (umlaufender Saturn in harmonischem Aspekt zur Composit-Venus).

Das Computer-Horoskop als Lebenshilfe

Die Psychoanalytikerin und Astrologin Liz Greene hat in Zusammenarbeit mit dem Physiker Alois Treindl vom Astrodienst Zürich seit 1987 Computer-Horoskope entwickelt, die in ihrer Tiefe und mit ihren hilfreichen Einsichten und Empfehlungen einer persönlichen astrologisch-psychologischen Beratung sehr nahe kommen.

Anders als bei herkömmlichen Computer-Horoskopen werden hier Zusammenhänge zwischen den einzelnen astrologischen Parametern analysiert, und es wird eine Art »roter Faden« gefunden. Als Beispiel ist das *Beziehungshoroskop* von Liz Greene für *Prinz Charles* (Sonne Skorpion, Mond Stier, Aszendent Löwe) und *Camilla Mountbatten-Windsor* (Sonne und Mond im Krebs, Aszendent Schütze) auf der Homepage des Astrodienst Zürich nachzulesen.[233]

Eine Besonderheit des Beziehungshoroskops von Liz Greene ist eine Analyse des in der Seele individuell unterschiedlich angelegten inneren Bildes für die eigene Rolle als Mann oder Frau. Dieses innere Rollenbild, das mit einer mythologischen Figur verbunden ist und auch mit prägenden Elternerfahrungen in Zusammenhang steht, erweist sich für das Selbst- und Fremdverständnis und für das Verstehen der Paardynamik als außerordentlich bedeutsam. Bei *Prinz Charles* gibt es unter anderem ein inneres Bild vom Mann als »Dichter, Visionär und manchmal auch Opfer«[234], wie es in der Mythologie durch Orpheus dargestellt wird. Dies verleiht ihm in der Partnerschaft mit Camilla eine romantische Note. *Camilla* hat primär das innere Bild der Frau als mitfühlende Erlöserin und zeitweilig ebenfalls als Opfer. Dies zeigt ihre Fähigkeit des Mitgefühls für das Leid anderer und die Gabe, in der Beziehung mit Charles auf seine Bedürfnisse einzugehen. Eine Version dieser inneren Gestalt ist die Maria als Mater Dolorosa.[235]

Nutzen und Grenzen der Paarberatung mit Hilfe der Psychologischen Astrologie

> *Nun da der Abend unser Aug' umflort,*
> *Betracht ich zukunftssüchtig die Gestirne,*
> *Durch die uns Gott in Lettern, wohl zu deuten,*
> *Der Kreaturen Los und Schicksal kündet.*
> *Denn der aus Himmelshöhn den Menschen schaut,*
> *Weist ihm aus Mitleid oft den rechten Pfad*
> *In seiner Sterne Schrift am Firmament.*
> *Doch wir im Staube haftend, sündenschwer,*
> *Verachten solche Schrift und sehn sie nicht.*
>
> William Shakespeare

Der Gewinn einer Paarberatung mit Hilfe der psychologischen Astrologie liegt vor allem darin:

· sich selbst und den Partner besser zu verstehen
· Kenntnisse zu erwerben über die eigenen Bedürfnisse, Begabungen, Potentiale, Fähigkeiten, Konflikte und Schwierigkeiten (und solches Wissen auch über den Partner, speziell über seine individuellen Bedürfnisse)
· sich und den Partner auch mit den vorhandenen Grenzen anzunehmen
· Kenntnis der harmonischen und der konflikthaften Bereiche in der Paarbeziehung sowie der Beziehung als »neues Wesen«
· ein toleranterer, bewusster und kreativerer Umgang miteinander – auch in Konflikten, Krisen und bei einer eventuellen Trennung
· wieder besser mit dem Partner ins Gespräch zu kommen, vielleicht gerade auch mit Hilfe der bildhaften Sprache der Astrologie (empfehlenswert ist auch die gemeinsame Lektüre von Computer-Horoskopen)
· Prophylaxe von Mobbing in der Partnerschaft

Ein Horoskop ermöglicht Aussagen über das, was in der Seele angelegt ist und nach Entfaltung drängt, im Sinne des *Werde, der du bist* (Pindar). Es sind keine Aussagen über vollständig entfaltete Eigenschaften sowie über den Bewusstseins- und Reifegrad eines Menschen möglich. Auch der Einfluss kultureller Faktoren auf die Persönlichkeit steht nicht im Horoskop.

Bei einer astrologischen Paarberatung kann keine Empfehlung darüber gegeben werden, ob eine Paarbeziehung fortgeführt werden soll oder nicht. Dies bleibt der Entscheidung der beiden Partner vorbehalten.

Die Astrologie ist ein kostbares Instrument der Menschenkenntnis. Verantwortungsbewusst angewandt kann sie den Menschen nach einem Wort von Howard Sasportas helfen, »*Sinn und Bedeutung in dem, was in ihrem Leben passiert, zu finden*«.[236]

Die nachstehende Mindmap fasst die einzelnen Schritte bei einer Paarberatung mit Hilfe der Psychologischen Astrologie zusammen:[237]

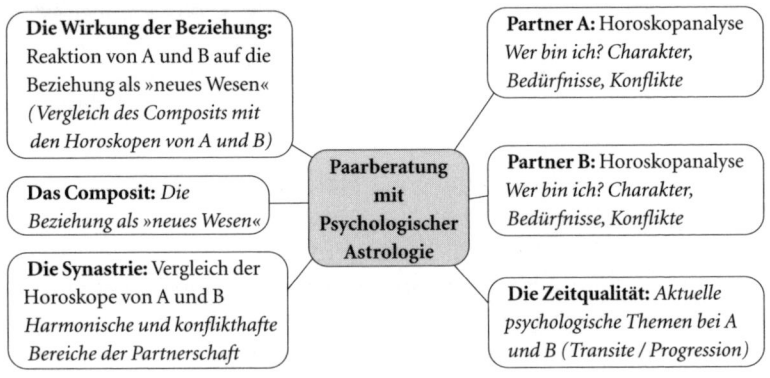

Die Wirkung der Beziehung: Reaktion von A und B auf die Beziehung als »neues Wesen« (*Vergleich des Composits mit den Horoskopen von A und B*)

Das Composit: *Die Beziehung als »neues Wesen«*

Die Synastrie: Vergleich der Horoskope von A und B *Harmonische und konflikthafte Bereiche der Partnerschaft*

Paarberatung mit Psychologischer Astrologie

Partner A: Horoskopanalyse *Wer bin ich? Charakter, Bedürfnisse, Konflikte*

Partner B: Horoskopanalyse *Wer bin ich? Charakter, Bedürfnisse, Konflikte*

Die Zeitqualität: *Aktuelle psychologische Themen bei A und B (Transite / Progression)*

5

Selbsthilfegruppen

Das Leben lehrt,
zu sich und anderen weniger streng zu sein.

Johann Wolfgang von Goethe

Selbsthilfegruppen unterschiedlicher Thematik sind neben Beratungen ebenfalls hilfreich, um aus der Isolation und Fixierung auf den Partner herauszukommen (Adressen siehe S. 373).

Auch wenn es noch keine Selbsthilfegruppe für Mobbing in der Partnerschaft gibt, besteht die Möglichkeit, eine solche Selbsthilfegruppe mit Unterstützung von Selbsthilfezentren zu gründen.

Abgesehen davon sind die Zwölf-Schritte-Gruppen der Anonymen Alkoholiker, speziell die Angehörigen-Gruppen oder Co-Abhängigen-Gruppen, sehr hilfreich, was die Loslösung aus der Fixierung auf den Partner angeht.

Für Männer mit Gewaltpotential gibt es auch so genannte Anti-Gewalt-Gruppen.

6

Selbsterkenntnis

Erkenne dich selbst.
Inschrift am Apollon-Tempel in Delphi

Je mehr Selbsterkenntnis Sie besitzen, sei es über eine Therapie, ein Coaching, eine Weiterbildung oder durch Ihre Beziehung, desto mehr sind Sie in der Lage, mit krisenhaften Situationen konstruktiv umzugehen und eine kreative Lösung zu finden.

Selbsterkenntnis ist die Voraussetzung, sich auch in das Gegenüber einzufühlen und die aktuelle Lebenssituation besser einzuschätzen.

Selbsterkenntnis hat etwas mit Selbstliebe und Selbstannahme zu tun. Es ist eine lebenslange Aufgabe, an der Selbsterkenntnis und der Liebe zu sich selbst zu arbeiten.

Selbsterkenntnis umfasst ein Bewusstsein über das eigene biographische Gewordensein, ein Wissen über den eigenen Charakter und die Persönlichkeit, Kenntnis der eigenen Stärken und Schwächen. Interessant sind auch unsere bewussten und weniger bewussten bzw. unbewussten Motive.

Selbsterkenntnis und Selbstliebe sind die Grundbausteine des Selbstwertgefühls.

7

Selbstwertgefühl

Love Yourself.
Anonym

Du sollst deinen Nächsten lieben wie dich selbst.
Das 3. Buch Mose 19,18

In unserer von Narzissmus geprägten Zeit begegnen uns zunehmend Menschen mit einem gestörten Selbstwertgefühl. Im Extremfall treten Narzissten aufgrund ihres mangelnden Selbstwertgefühls überzogen arrogant und ichbezogen auf. Hinter der Fassade versteckt sich ein ungeliebtes Kind mit tiefen Selbstwertzweifeln. Es konnte in seiner Kindheit nie die Erfahrung machen, dass es um seiner selbst willen geliebt wurde und seine Wünsche, Bedürfnisse und Interessen wertgeschätzt wurden. Deshalb konnte der Narzisst kein stabiles Selbstwertgefühl entwickeln.

In jeder Paarbeziehung ist mangelndes Selbstwertgefühl eines oder beider Partner eine große Hypothek. Die Erwartung an den Partner, hier stellvertretend für die frühen Elternpersonen das Selbstwertgefühl aufzufüllen, kann nicht gut gehen.

> **Buchtipp**
> Nathaniel Branden:
> Die 6 Säulen des Selbstwertgefühls.
> Erfolgreich und zufrieden durch ein starkes Selbst.
> München 2005

8

Eine erwachsene Form
der Paarbeziehung

Das Ich wird erst über das Du zum Ich.
Martin Buber

Eine reife, erwachsene Form der Beziehung setzt voraus, auf typische frühkindliche Verhaltensmuster zu verzichten. Im Gegensatz zur kindlichen Form der Beziehung ist die erwachsene frei von überzogenen oralen Bedürfnissen und frei von analem Macht- und Kontrollverhalten. Die Begriffe »oral« und »anal« stammen aus der Psychoanalyse, aus Sigmund Freuds Modell der psychosexuellen Entwicklung. Die orale Phase umfasst das erste und zweite Lebensjahr, in dem der Säugling die Welt durch den »Mund« erlebt. Das Kleinstkind ist symbiotisch verbunden mit der Mutter, quasi in Verlängerung der Zeit an der Nabelschnur.

Erwachsene mit starker oraler Fixierung haben orale Riesenerwartungen, glauben ständig, zu kurz zu kommen, und entwickeln eventuell Süchte. Die orale Bedürftigkeit kann jedoch auch auf den Partner projiziert werden. Dann wird die orale Seite nicht mehr als eigene Schwäche gesehen. Es wird die Rolle des »starken Versorgers« oder des Helfers übernommen. In der umgekehrten Variante wird der Partner zum Versorger für einen selbst, und es gerät in Vergessenheit, dass er keine Melkkuh und keine Tankstelle ist.

Die anale Phase beginnt mit dem dritten Lebensjahr. Hier geht es um die Sauberkeitserziehung, um erste Erfahrungen von Macht und Kontrolle über den Stuhlgang. Erwachsene mit analer Fixierung kontrollieren und sind eher zwanghaft.

Prä-ödipale Beziehungen, das bedeutet Partnerschaften mit starker oraler oder analer Prägung, führen eher zu Mobbing. Aufgrund der Frustration der oralen Bedürfnisse und Riesenerwartungen kommt es zu ständiger Enttäuschung mit entsprechender Wut. Auch das ständige

Kontrollieren und Machtausüben der analen Variante führt zu Resignation und ist eine Form der Aggression.

Eine reife Form der Beziehung zeigt sich darin, dass beide Partner mehr oder weniger frei sind von oralen und analen Zügen. Freud spricht auch in diesem Zusammenhang vom »Primat der reifen Sexualität«.

Die Partner sind mehr oder weniger autonom und erwachsen mit einem stabilen Selbstwertgefühl. Sie haben keine starre Rollenaufteilung im Sinne von Pfleger oder Pflegling und spielen auch nicht Herr oder Knecht. Sie wechseln je nach Bedarf vom Geben zum Nehmen, vom Versorgen zum Versorgtwerden.

9

Verstehen des Partners und der Paardynamik

Was Petrus über Paulus aussagt,
sagt mehr aus über Petrus als über Paulus.
Redensart

Beim Scheitern einer Beziehung sind auch gesellschaftliche Aspekte mit zu berücksichtigen. Gesellschaftliche Zwänge, Rollenvorschriften, Arbeitsbedingungen, ökonomische Fragen, Familie, Kultur und Religion beeinflussen die Situation eines Paares, nicht nur die Charaktere der beiden Partner.

Wenn zwei Menschen heiraten oder eine Beziehung eingehen, sind auch zwei Sippen, unterschiedliche Kulturen, Werte, Traditionen und neurotische Programmierungen involviert. Es geht wie in der Familientherapie um ein Verstehen der beteiligten Systeme.

Oft hat der Partner das gleiche Thema wie man selbst. Und seltsamerweise hat die Familie des Partners ähnliche Strukturen wie die eigene Herkunftsfamilie.

Ein Beispiel: Beide Partner sind die Ältesten in ihrer Familie. Beide verlassen ihre Herkunftsfamilie, sind eventuell sogar von ihrer Sippe Ausgestoßene und somit »heimatlos« im eigenen Herkunftsland. Oder sie haben beide das Thema Vaterverlust durch Tod, Krankheit, Unfall oder gar Selbstmord. Beide Familien sind ohne Familienoberhaupt, und die Familie zerfällt und zerbröckelt.

Der Partner als Leidensgenosse ist oft Spiegel für einen selbst getreu dem Motto: *Gleich und Gleich gesellt sich gern.*

Indem Sie Verständnis für sich selbst, Ihren Partner und die Paardynamik entwickeln, sind Sie von Mobbing eher verschont oder in der Lage, eine eingefahrene »Mobbing-Spur« zu verändern oder zu verlassen. Das Reflektieren oder Verstehen erspart das Ausagieren bzw. Fortsetzen von destruktiven Energien.

Den Splitter im Auge des anderen sehen,
aber nicht den Balken im eigenen.

Sprichwort, nach Matthäus 7, 4–5

10

Das Gespräch mit dem Partner

Das Wesentliche ist für das Auge unsichtbar.
Man sieht nur mit dem Herzen gut.
Antoine de Saint-Exupéry

Gewaltfreie Kommunikation

Der amerikanische Psychologe Marshall B. Rosenberg entwickelte die Methode der »Non Violent Communication«, der »gewaltfreien Kommunikation«.[238]

Im Kern handelt es sich hierbei mehr um eine menschliche Grundhaltung als um eine Kommunikationstechnik: »In der gewaltfreien Kommunikation geht es darum, eine einfühlsame Verbindung zu uns selbst und anderen aufzunehmen. Es geht um Mitgefühl, dieses wertvolle und zutiefst menschliche Potential.«[239] Wir bevorzugen für Rosenbergs Theorie den Begriff »Sprache des Herzens«.

Man verbindet sich auf einfühlsame Weise mit dem, was in einem selbst und in anderen lebendig ist. So kann es gelingen, das Schönste zu erreichen, was zwischen Menschen möglich ist: *Zur Bereicherung des Lebens des anderen beizutragen.* Dies ist der zentrale Gedanke in Rosenbergs Philosophie.

Rosenberg sagt, dass wir über Jahrtausende darin trainiert wurden, die »Wolfssprache« zu sprechen. Damit bezeichnet er einen negativen Kommunikationsstil, der durch Herrschaftsbeziehungen, Kritik, Vorwürfe, Angriffe und Forderungen geprägt ist.

Die in diesem Buch dargestellten verbalen Mobbing-Handlungen (siehe S. 27f.) fallen alle unter die Kategorie »Wolfssprache«. Dieser Sprache stellt Rosenberg die so genannte »Giraffensprache« gegenüber. Die Giraffe ist das Landtier mit dem größten Herzen, und ihr langer Hals verleiht ihr Überblick. Gleichzeitig macht sie der lange Hals auch sehr verletzlich. Rosenberg betrachtet aggressives und gewalttätiges Verhalten als tragischen Ausdruck von unerfüllten Bedürfnissen. Hinter dem vielleicht aggressiven und cholerischen Verhalten des Partners stecken unerfüllte Bedürfnisse und Wünsche.

Wenn wir mit dem Herzen sehen und verstehen, wird eine andere Ebene hinter der Fassade sichtbar, und wir sind dann in der Lage, mit dem Gegenüber anders umzugehen.

Beziehungsfähigkeit ist nicht etwas, das uns in die Wiege gelegt wird, sondern es setzt Fähigkeiten und Kenntnisse voraus. Vergleichbar mit dem Erlernen eines Instruments oder einer Fremdsprache muss auch die Sprache des Herzens gelernt werden, was ebenso Zeit, Geduld und Übung erfordert.

Es würde für Partnerschaften eine große Bereicherung und Erleichterung bedeuten, wenn beide Partner diese Sprache lernen würden.

Hier wird die Idee aufgegriffen, dass der Partner so etwas wie Ausland ist mit eigenen kulturellen Eigenheiten, Werten, Standards, Gewohnheiten. Sich längere Zeit im Ausland aufzuhalten, ohne die Sprache zu sprechen und Kenntnisse der Seele des Landes zu haben, schafft Isolation und sogar Gefahr. Es ist eine Sprache erforderlich, um sich mit dem jeweils Fremden im anderen zu verbinden. Das gilt fürs Ausland wie für Partnerschaften.

Die gewaltfreie Kommunikation hat nach Rosenberg vier Komponenten:

Zunächst geht es um Selbsteinfühlung bei den vier Schritten Beobachtung – Gefühle – Bedürfnisse – Bitten:

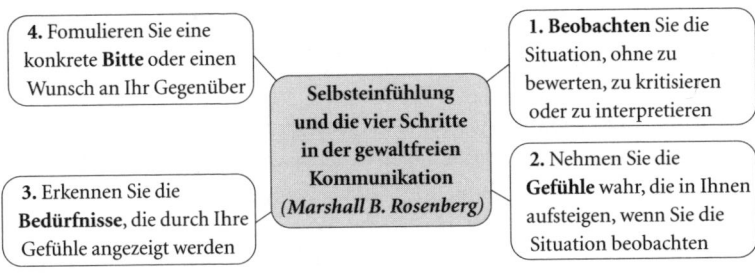

Ein Beispiel:

1. *Beobachten:*	Wenn ich sehe, dass ich bei deinen Äußerungen ganz sprachlos werde,
2. *Gefühl:*	fühle ich mich hilflos und ohnmächtig,
3. *Bedürfnis:*	weil mein Bedürfnis nach einem respektvollen Miteinander verletzt wird.
4. *Bitte:*	Deshalb bitte ich dich, dass du deine Anliegen in einer freundlichen Art mit mir besprichst.

Im Umgang mit anderen Menschen ist die *Einfühlung* von zentraler Bedeutung. Auch hier kommen die vier Schritte in der Methodik Rosenbergs zur Anwendung: Beobachtung – Gefühle – Bedürfnisse – Bitte

1. Schritt:	Beobachten Sie die Situation des anderen, ohne sie zu bewerten.
2. Schritt:	Welche Gefühle könnte der andere haben?
3. Schritt:	Was könnten die Bedürfnisse des anderen sein, die durch diese Gefühle angezeigt werden?
4. Schritt:	Was wäre die konkrete Bitte, die der andere formulieren könnte?

Ein Beispiel:

1. *Beobachten:*	Wenn du siehst, wie deine Mutter in ihrer Einsamkeit mit dir umgeht,
2. *Gefühle*	sorgst du dich dann, wie es mit ihr weitergehen soll,
3. *Bedürfnis*	weil du gerne hättest, dass deine Mutter auch im Alter gut versorgt ist,
4. *Bitte/Wunsch:*	und möchtest du jetzt von deinem Partner Unterstützung haben?

Vielen Menschen fällt es ausgesprochen schwer, ihre Gefühle und Bedürfnisse in Worte zu fassen. Wir sind »*Analphabeten des Gefühls*«, wie Ingmar Bergman feststellte.

Für das Erlernen der Sprache des Herzens sind »Vokabeln« hilfreich, mit denen man seine Gefühle ausdrücken kann. Gefühle sind Anzeigeinstrumente für die Erfüllung oder Nichterfüllung von Bedürfnissen.

Wir haben nachfolgend beispielhaft Listen von grundlegenden Gefühlen und Bedürfnissen des Menschen zusammengestellt: Diese Listen erheben nicht den Anspruch auf Vollständigkeit, sondern sollen helfen, die neue Sprache der Gefühle und Bedürfnisse wie Vokabeln zu lernen.

Gefühle als Anzeigeinstrument für erfüllte und nicht erfüllte Bedürfnisse[240]

Positive Gefühle als Anzeigeinstrument für erfüllte Bedürfnisse	Negative Gefühle als Anzeigeinstrument für nicht erfüllte Bedürfnisse
Freude	*Angst*
ich bin glücklich	ich habe Angst
ich bin froh	ich fühle mich bedroht
ich bin fröhlich	ich fühle mich unsicher
ich bin stolz	ich fühle mich besorgt
Zufriedenheit	*Unzufriedenheit*
ich bin entspannt	ich bin unzufrieden
ich bin zuversichtlich	ich bin frustriert
ich fühle mich verstanden	ich fühle mich zerrissen
ich fühle mich wohl	ich fühle mich unwohl
Liebe	*Trauer*
ich liebe dich	ich bin traurig
ich mag dich	ich bin einsam
ich fühle mich geliebt	ich fühle mich verletzt
ich fühle mich geborgen	ich fühle mich übergangen
	Ärger
	ich bin wütend
	ich bin sauer
	ich fühle mich gereizt
	ich fühle mich ausgenutzt

Bei allen Arten von Konflikten ist es sehr hilfreich, sich zu fragen, welche unerfüllten Bedürfnisse die Auslöser sein könnten. Hier eine Übersicht zu grundlegenden Bedürfnissen des Menschen:[241]

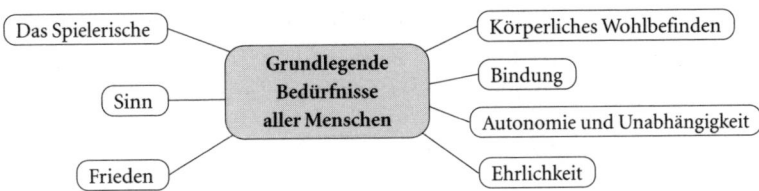

Das Bedürfnis nach körperlichem Wohlbefinden
saubere Luft, Nahrung, Wasser, Bewegung, Ausruhen, Schlaf, Sexualität, Körperkontakt, Behausung

Das Bedürfnis nach Bindung
Annahme, Wertschätzung, Zugehörigkeit, Nähe, Freundschaft, Leidenschaft, Beständigkeit, Empathie, Intimität, Liebe, Gegenseitigkeit, Respekt für sich und den anderen, Sicherheit, Unterstützung, sehen und gesehen werden, verstehen und verstanden werden, Vertrauen, Wärme, zur Bereicherung des Lebens beitragen

Das Bedürfnis nach Autonomie und Unabhängigkeit
Wahlfreiheit, Recht auf einen eigenen Platz und Raum, Spontaneität, eigene Ziele und Werte wählen, selbst bestimmte Wege gehen

Das Bedürfnis nach Ehrlichkeit
Authentizität, Integrität, Präsenz

Das Bedürfnis nach Frieden
Schönheit, Leichtigkeit, Gleichheit, Harmonie, Inspiration, Ordnung, Gemeinschaft, Spiritualität

Das Bedürfnis nach Sinn
Bewusstheit, das Leben feiern, Herausforderungen, Kompetenz, Kreativität, Effizienz, Wachstum, Hoffnung, Lernen, Trauern, Teilnahme, Zweck, Selbstausdruck, Anregung

Das Bedürfnis nach dem Spielerischen
Freude, Humor

Die Methode der gewaltfreien Kommunikation ist nicht nur bei Mobbing in der Partnerschaft zu empfehlen, sondern auch in Phasen von Trennung und Ablösung. Beide Partner können so den Schmerz der Trennung menschlich und partnerschaftlich gemeinsam bewältigen.

> **Buchtipp:**
> Marshall B. Rosenberg:
> Gewaltfreie Kommunikation. Eine Sprache des Lebens.
> Paderborn 2005
> **DVD-Tipp:**
> Marshall B. Rosenberg:
> Einführung in die Gewaltfreie Kommunikation.
> 3 DVD's Auditorium Netzwerk / Jokers edition 2006

Weitere grundlegende Gesprächsregeln

Eine grundlegende Empfehlung in der Kommunikation mit anderen Menschen ist, in so genannten Ich-Botschaften zu sprechen. Der Nachteil von Du-Botschaften besteht darin, dass sich das Gegenüber angegriffen fühlt, auf Abwehr geht und dann nicht mehr zuhört. Du-Botschaften sind oft mit Schuldzuweisungen, Vorwürfen und Diagnosen verbunden. Ich-Botschaften dagegen drücken eigene Standpunkte, Meinungen, Gefühle, Bedürfnisse und Wünsche aus.

Ein Beispiel für eine Ich-Botschaft:
Ich habe keine Lust, heute ins Kino zu gehen. Ich möchte mich zu Hause ausruhen.

Du-Botschaft:
Der Film ist nicht interessant. Du wolltest doch am Wochenende mit deinen Freunden Fußball spielen. Das machst du ja so oder so am liebsten.

Eine prägnante Zusammenstellung der wichtigsten Regeln für ein konstruktives Gespräch hat der Berliner Arbeitsrichter Bernd Ruberg in seinem Buch über »Schikanöse Weisungen« gegeben.

In Analogie zu dem ohne Regeln nicht zu bewältigenden Straßenverkehr stellt er seine Empfehlungen für ein gelungenes Gespräch unter die Überschrift:

Gesprächsregeln –»Verkehrsregeln« im Dialog[242]

1. Den Partner »gewinnen«, nicht zwingen wollen
   a.) Einsicht wecken, nicht »Ultimaten« stellen
   b.) Lösungen suchen, nicht »Schuldige«
   c.) Bedürfnisse artikulieren, nicht »Vorwürfe«
   d.) »Unzweckmäßigkeit« unerwünschten Verhaltens vor Augen führen, nicht »Unrecht«

2. Die Sache, nicht die Person
   a.) »Gemeinsame« Sache machen
   b.) »Geltungsbedürfnis« meiden – das eigene!
   c.) Eine »goldene« Regel: Es nicht »persönlich« nehmen
   d.) Fremde Anliegen »gelten« lassen
   e.) »Falsches« auch »stehen« lassen können

3. Die »Offenheit« des Gesprächsergebnisses
   a.) Zuhören – wer nur redet, erfährt nichts
   b.) Vorschläge einholen, nicht diktieren

4. Eigenbeiträge zur Problembewältigung anbieten

5. Abkommen treffen, nicht Direktiven erteilen

6. Erfolgskontrolle verabreden

7. Falls Ziel erreicht: »Schwamm drüber« – und zwar endgültig.

11

Konfliktmanagement

Hintergrund für Mobbing in der Arbeitswelt und in der Partnerschaft sind ungelöste Konflikte.

Bezogen auf die Partnerschaft ist ein Konflikt
· eine Spannungssituation zwischen zwei Menschen,
· in der Unvereinbarkeiten und Widersprüche im Denken, Fühlen, Wollen und Verhalten bestehen.
· Einer der beiden oder beide Partner fühlen sich durch den anderen beeinträchtigt oder sogar verletzt.[243]

Konflikte gehören zum Leben. Wir sind jedoch mehrheitlich so erzogen worden, dass wir Konflikte negativ oder gar als Katastrophe bewerten und die positive Funktion von Konflikten nicht sehen. Vor allem besteht ein Nachholbedarf im Erlernen eines konstruktiven Umgangs mit Konflikten. Die Eltern waren dafür in den seltensten Fällen ein gutes Vorbild, und nur selten lernen Kinder in der Schule etwas über Konfliktmanagement.

Zur positiven Bedeutung von Konflikten dient die folgende Übersicht:

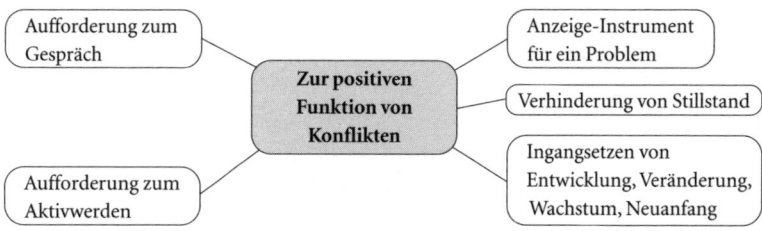

Der angesehene Konfliktforscher Friedrich Glasl hat in seiner langjährigen Tätigkeit als Berater für Einzelpersonen wie für Organisationen in Konfliktsituationen festgestellt, dass sich sehr häufig zwei extreme Haltungen finden: Streitlust auf der einen und konfliktscheues Verhalten auf der anderen Seite. Jenseits dieser beiden Extreme plädiert Glasl für die Entwicklung einer alternativen, konstruktiven Haltung: der Konfliktfähigkeit.

Streitlust bedeutet nach Glasl,»dass ich Gegensätze suche und betone, dass ich mich gerne reibe und andere angreife, Vorwürfe und Forderungen erhebe und Ähnliches mehr«.[244] Der Konfliktscheue hat Angst vor seinen Aggressionen, er unterdrückt seine Gefühle und zieht sich zurück.[245]

Konfliktfähigkeit dagegen bedeutet, die eigenen Interessen und Standpunkte klar artikulieren und mutig vortragen zu können, aber ebenso offen zu sein für die Bedürfnisse und Anliegen des anderen. Es geht darum, aus den Differenzen der Auffassungen zu lernen und auch das Positive in der Meinung des anderen wertzuschätzen.»Konfliktfähige Menschen gehen der Auseinandersetzung nicht aus dem Weg, weil sie Unterschiede als bereichernd erleben. Und weil für sie das Nachgeben in einer Angelegenheit nicht dem Verlust ihres Selbstwerts gleichzusetzen ist.«[246]

Konflikte haben die Tendenz, zu eskalieren und dann zu einer Verhärtung der Fronten zu führen. Deshalb besagt die goldene Regel des Konfliktmanagements, Konflikte möglichst frühzeitig anzusprechen. Hier gilt die Empfehlung»Wehret den Anfängen!«.

Durch frühzeitiges Ansprechen von Problemen gelingt es auch, sich auf ein konkretes Konflikt-Thema zu begrenzen, statt nach Monaten oder gar Jahren einen ganzen Berg aller möglichen Partnerschaftsprobleme vor sich zu haben.

Die Konflikt-Themen in der Partnerschaft, an denen sich das Mobbing häufig»entzündet«, sind:[247]

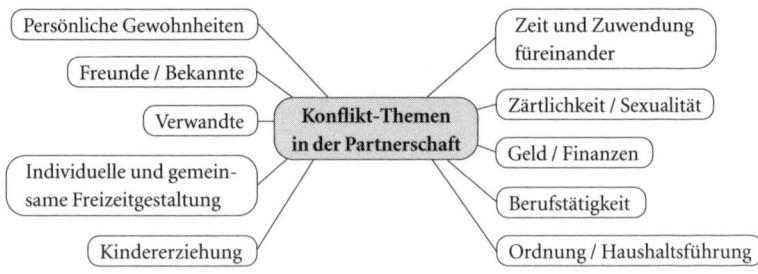

Für ein konstruktives Konfliktgespräch sind vier Schritte zu empfehlen:[248]

4. Welche Vereinbarungen treffen wir? *Welche Lösungsschritte planen wir fest und verbindlich?*

Das konstruktive Konfliktgespräch

1. Was ist das Problem? *Was stört mich? Welche Gefühle sind damit verbunden?*

3. Welche konkreten Lösungs- und Änderungsmöglichkeiten gibt es? *Was kann ich selbst, was kann der andere dazu beitragen?*

2. Was brauche ich und wünsche ich? *Was kann ich selbst, was kann der andere dazu beitragen?*

Hilfe – ich liebe einen aggressiven Partner. Was tun?

Wer einen aggressiven und zur Gewalt neigenden Partner liebt, ist wegen des Zwiespalts der Gefühle in einer schwierigen Situation. Oft halten Liebe, Gewöhnung und gemeinsam Aufgebautes die Bindung an den Mobbing-Partner aufrecht. Sich ungezwungen zu verhalten und so zu reden, »wie einem der Schnabel gewachsen ist«, ist nicht möglich. Oberstes Ziel muss sein, eine Eskalation zu verhindern.

Die folgende Mindmap fasst generelle Tipps für den Umgang mit einem aggressiven Partner zusammen[249]. Die nachfolgende Übersicht gibt Hinweise für eine Akutsituation mit einem gewalttätigen Partner:

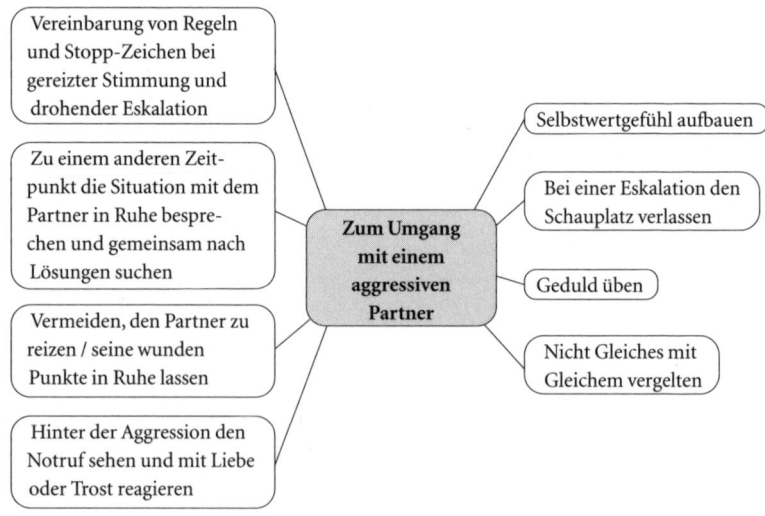

Tipps für den Umgang mit einem »ausrastenden« und gewalttätigen Mobbing-Partner in einer Akutsituation
(gültig auch für die Situation mit einem Alkoholisierten):

· Versuchen Sie, ruhig zu bleiben.
· Schweigen Sie zunächst, halten Sie inne und reagieren Sie nicht spontan.
· Vermeiden Sie auf jeden Fall verbale Provokationen!
· Überlegen Sie, was Sie dem Partner sagen.
· Machen Sie dem Partner eine »klare Ansage«, z.B.: »*Bitte leg das Messer hin und mach keinen Scheiß.*«
· Verlassen Sie möglichst die Situation, den Raum, die Wohnung, das Haus.
· Bevor Sie gehen, sagen Sie dem Partner, dass Sie mit ihm sprechen, wenn die Situation sich beruhigt hat. Ähnlich ist es im Umgang mit einem Suchtkranken oder Alkoholiker. Mit einem Betrunkenen zu diskutieren bringt überhaupt nichts außer Stress.
· Kommen Sie zeitnah mit Ihrem Partner ins Gespräch. Sagen Sie ihm, wie es Ihnen ergangen ist in der Gewaltsituation, wie Sie sich in der Situation gefühlt haben. Sprechen Sie von sich und Ihren Gefühlen. Sagen Sie Ihrem Partner, was Sie möchten und was nicht. Sagen Sie ihm, was Sie aushalten können und was nicht.
· Vermitteln Sie Ihrem Partner, wo Ihre Grenzen sind und welches Verhalten für Sie absolut nicht akzeptabel ist.
· Fragen Sie Ihren Partner, wie es ihm ging und was er braucht. Was hat ihn so rasend und aggressiv gemacht? Was sind seine frustrierten, unerfüllten Bedürfnisse?
· Versuchen Sie, das »verletzte Kind« hinter dem aggressiven Erwachsenen zu verstehen.
· Nehmen Sie das Verhalten des Partners nicht persönlich. Sein Verhalten sagt mehr darüber aus, was er selbst erlebt hat und was ihm selbst angetan wurde und dass er im Moment unbewusst etwas wiederholt und noch nicht anders kommunizieren kann.
· Finden Sie einen Kompromiss. Zum Beispiel für die nächsten vier Wochen diskutieren Sie nicht mehr über die Arbeitslosigkeit des Partners, wenn z. B. finanzielle Probleme der Auslöser für die Gewalt-Eskalation war.

Der Umgang mit einem Partner mit einer Borderline-Persönlichkeit

Im Kapitel über die »schwierigen Charaktere« haben wir über die komplizierten und widersprüchlichen Eigenschaften und Verhaltensweisen von Menschen mit einer Borderline-Persönlichkeit berichtet (siehe S. 91).

Jerold Kreisman & Hal Strauss haben in ihrem Buch »Ich hasse dich – verlass mich nicht« ein dreiteiliges Kommunikationsmodell für den Umgang mit einer Borderline-Persönlichkeit entwickelt.[250] Dieses Modell nennen sie SET-Kommunikation. Es beinhaltet Support (Unterstützung), Empathy (Mitgefühl) und Truth (Wahrheit).

Im Umgang mit einer Borderline-Persönlichkeit stehen eine Verbesserung des eigenen Kommunikationsverhaltens, das Setzen von Grenzen und das Thema Verantwortung für das eigene Leben im Mittelpunkt.

Die folgenden Mindmaps fassen Tipps im Umgang mit einem Mobbing-Partner mit einer Borderline-Persönlichkeit zusammen:[251]

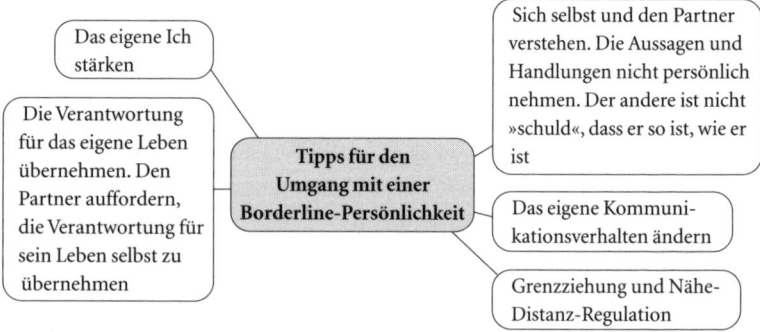

Die folgende Mindmap baut auf der oberen auf und benennt Kommunikations-Strategien im Umgang mit einer Borderline-Persönlichkeit:

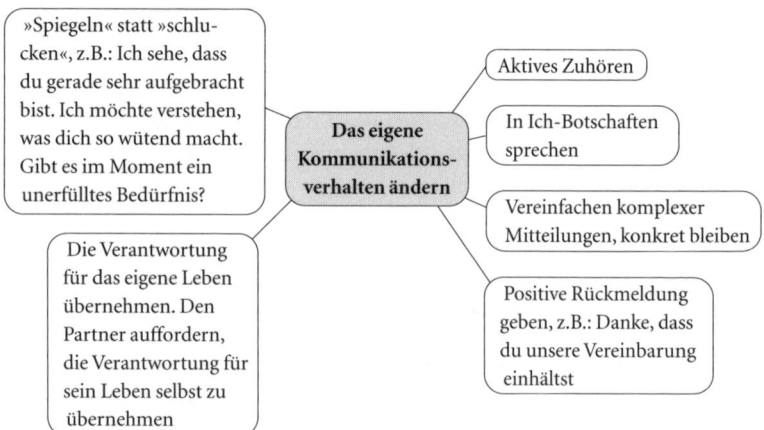

Besonders wichtig im Umgang mit einer Borderline-Persönlichkeit ist das Setzen von Grenzen:

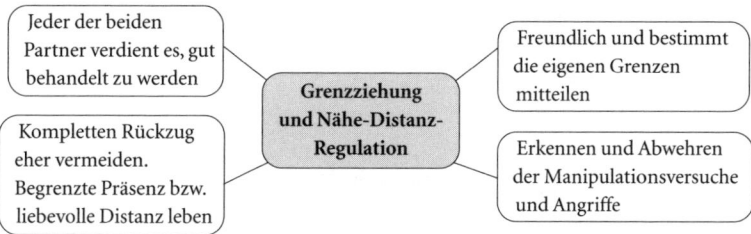

Der Weg aus der »Borderline-Verwicklungs-Spirale« beginnt vor allem damit, sich auf sich selbst zu besinnen, auf sich selbst zu achten und die Verantwortung für das eigene Leben zu übernehmen (siehe auch Kapitel *Sucht und Co-Abhängigkeit* S. 99):

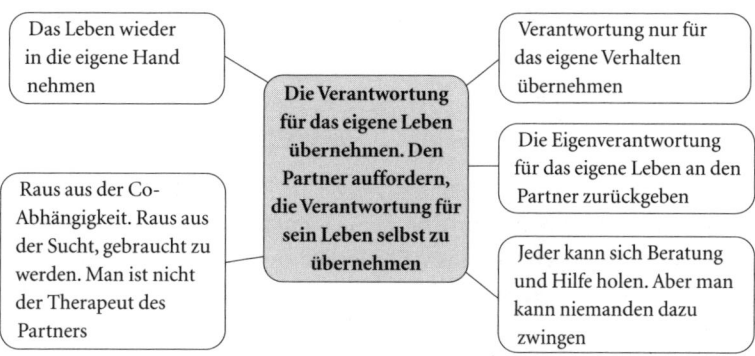

Sein eigenes Leben zurückzuerobern im Zusammenleben mit einem Partner mit einer Borderline-Persönlichkeit ist nicht einfach. Hier gelten folgende Leitsätze:

· Ich bin nicht der Grund für sein schwieriges Verhalten.
· Ich kann sein Verhalten nicht kontrollieren.
· Ich kann ihn nicht »retten«.
· Ich lasse ihn oft einfach in Ruhe.
· Ich gehe ihm aus dem Weg.
· Ich fange an, mein eigenes Leben zu leben.[252]

Das eigene Ich geht oft im Zusammenleben mit einem Partner mit Borderline-Persönlichkeit»den Bach hinunter«. Deswegen kommt es immer wieder darauf an, das eigene Ich zu stärken und Kraft für sich selbst zu sammeln:

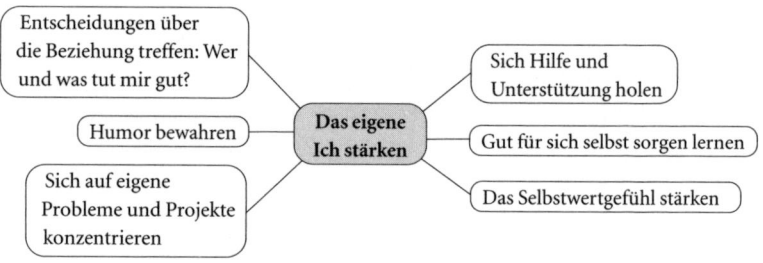

Buchtipp:
Paul T. Mason & Randi Kreger:
Schluss mit dem Eiertanz.
Für Angehörige von Menschen mit Borderline.
Bonn 2007

Viele Borderline-Persönlichkeiten zeigen in ihrem sehr wechselhaften Verhalten extreme Wutausbrüche. Diese kommen von einer Sekunde auf die andere. Die Angehörigen von Borderline-Persönlichkeiten leiden speziell unter deren aggressivem Verhalten. Aber nicht nur Süchtige oder Borderline-Persönlichkeiten können destruktiv-aggressiv sein. Der folgende Abschnitt fasst einige Gedanken zusammen, die für die Mobbing-Akteure hilfreich sein könnten.

Hilfe für den aggressiven Mobbing-Akteur

> *Wenn wir lernen wollen zu geben,*
> *sollte unser erster Schritt der sein,*
> *dass wir aufhören, anderen Wesen zu schaden.*
> *Auf diese Weise bewahren wir uns selbst*
> *ebenfalls vor Schwierigkeiten,*
> *denn wenn wir anderen Leid zufügen,*
> *schaden wir damit uns selbst.*
>
> Dalai Lama[253]

»Heilung« ist möglich durch eine Bearbeitung der Ursachen für das aggressive Verhalten.

Dabei können folgende Fragen hilfreich sein, die der Mobber sich stellen könnte:

· Was ist die Ursache für die Aggression?
· Wo habe ich selbst Aggression erfahren und dadurch aggressives Verhalten gelernt?
· Wer sind meine unbewussten Vorbilder für Aggression?
· Welche anderen, nicht aggressiven Verhaltensweisen habe ich?
· Welche neuen Verhaltensweisen könnte ich erlernen?
· Was ist der Gewinn und Nutzen meiner Aggressivität?
· Was verliere ich durch mein aggressives Verhalten?
· Welche unerfüllten Wünsche und Bedürfnisse verstecken sich vielleicht hinter meinem aggressiven Verhalten?

Bei schwerwiegenden aggressiven Partnerschaftskonflikten sollen diese und nachfolgend genannten Tipps Anregungen geben. Sie können jedoch in schwierigen und lange festgefahrenen Fällen eine professionelle Beratung nicht ersetzen. Sehr empfehlenswert sind auch die Anti-Gewalt-Gruppen (Adressen siehe S. 373).

Eine professionelle Beratung und Unterstützung kann zum Beispiel helfen, mit der Zeit einen »inneren Coach« zu etablieren, der vergleichbar zum Fußball rechtzeitig Anweisungen gibt, wenn »das Spiel aus dem Ruder läuft«. Dieses Selbstmanagement macht es dann möglich, die eigenen Stimmungen wahrzunehmen, sie zu beeinflussen und in eine konstruktive Richtung zu lenken, um einen aggressiven Ausbruch zu vermeiden.

Ein Typus des aggressiven Menschen hat oft auch nicht gelernt, seine Gefühle und Bedürfnisse wahrzunehmen und sie auszudrücken. Er neigt dazu, alles in sich reinzufressen. Irgendwann wird aus der gehemmten Aggression eine Bombe.

Neben der psychologischen Bearbeitung der destruktiven Aggression ist eine körperbezogene Betätigung wie Yoga, Fußball, Fahrradfahren und andere Sportarten sehr hilfreich, um die aggressive Energie umzulenken und das Selbstwertgefühl aufzubauen.

Aber auch kreative Tätigkeiten könnten hilfreiche Ventile sein für die angestauten und bisher nur destruktiv ausgelebten Energien, wie z.b. ein Trommelkurs, Schlagzeug lernen, Gitarre spielen, Schreiben, Malen, Fotografieren etc. Im Idealfall verstärkt der Partner den Umlernprozess, indem veränderte friedliche Verhaltensmuster des Borderline-Partners gelobt werden. Dies nennt man in der Psychologie positive Verstärkung.

Konsequentes Verhalten gegenüber einem aggressiven Partner hilft beiden!

Es sind gerade die Inkonsequenzen eines Lebens,
welche die größten Konsequenzen haben.

André Gide

Konsequentes Verhalten ist das beste Mittel im Umgang mit einem aggressiven Partner. Und es hilft auch dem aggressiv mobbenden Partner, weil er unbewusst wie ein kleines Kind auch nach Grenzen und Orientierung sucht.

Aggressivität und Gewalttätigkeit müssen rechtzeitig durch den Hinweis auf die Konsequenzen in ihre Schranken gewiesen werden. Wichtig ist jedoch dabei, die Konsequenzen auch durchzuführen, wenn sie angekündigt wurden. Das bedeutet, dass die Frau sagt, dass sie dem Partner beispielsweise deutlich bei der nächsten Schlägerei auf jeden Fall sofort auszieht. Und das muss sie dann auch tun. Ansonsten kommt es zum bekannten Teufelskreis von Mobbing, Gewalt, Versöhnen und Verzeihen. Und alles fängt wieder von vorne an.

Ist es schon häufiger zur Gewalt gekommen, ohne dass eine Bereitschaft zur Veränderung vorliegt, hilft oft nur die Trennung. Der Teufelskreis von Mobbing und Versöhnung bietet keine zufriedenstellende Lebensperspektive und bedeutet letztendlich das Risiko einer Erkrankung oder gar einer Gewalttat.

Durch das rechtzeitige Setzen von Grenzen und konsequentes Verhalten gelingt es jedoch auch einigen Paaren, zu einer Verbesserung ihrer Beziehung und Kommunikation zu gelangen. Wie bei Mobbing in der Arbeitswelt gilt auch bei Mobbing in der Partnerschaft: *Wehret den Anfängen!*

13

Trennung und kreativer Neuanfang

Verzeihen Sie sich, falls Sie Schwierigkeiten mit Trennungen haben. Es gibt sehr viele Menschen, die unter Trennungsängsten leiden oder sogar zu Trennungen unfähig sind (mehr zum Thema Trennungsproblematik siehe S. 139).

Die hohe Zahl von Frauen, die kurzfristig in Frauenhäuser gehen, um dann doch zu ihren gewalttätigen Ehemännern zurückzukehren, weist auf die Komplexität des Themas hin.

Oft erweisen sich gerade schwierige und dramatische Beziehungen als äußerst haltbar. Für Außenstehende ist das oft nicht verständlich.

Aus der Psychoanalyse und Familientherapie wissen wir, dass Menschen mit Trennungsschwierigkeiten meist dramatische Verlusterfahrungen in ihrer Kindheit erlitten haben. Eine mögliche Trennung vom Partner aktualisiert unbewusst kindliche Verlassenheits- und Todesängste.

Dann »lieber mit dem Teufel zusammen als alleine«. Die Angst vor dem Neuen ist größer als das Leiden am vertrauten Elend.

Ein gebranntes Kind scheut das Feuer. Aber Sie sind heute kein Kind mehr. Und wenn Sie wissen, dass Trennungen nicht gerade Ihre Stärke sind, dann können Sie sich Unterstützung und auch professionelle Hilfe suchen.

Auch ein Trennungs-Tagebuch ist sehr hilfreich. Es trägt zur Stärkung der Ich-Kräfte bei. Sport und kreatives Tätigsein helfen ebenfalls, den Schmerz einer Trennung besser zu überstehen. Es geht für beide Partner auch darum, eine Trennung auf eine menschliche Weise hinzubekommen, vorausgesetzt, beide spielen dabei mit.

Sobald eine Trennung als nicht mehr so schmerzhaft und dramatisch wie in der Kindheit erlebt wird, kommt es zu Heilung und Versöhnung.

Eine langsame, behutsame Trennung, die nicht Tod und absolute Verlassenheit, sondern Veränderung der bisherigen Beziehungsform, Freundschaft und einen Neubeginn bedeutet, würde beiden Partnern viel Leid ersparen. Es bleibt dann die Dankbarkeit für das Positive durch den Partner.

Trennung ist in manchen Situationen oft der letzte und einzige Ausweg aus einer Konfliktsituation, vergleichbar zum Mobbing in der Arbeitswelt.

Das »Verfallsdatum« der Beziehung ist erreicht. Das meiste im Leben scheint nicht auf Dauer angelegt zu sein. Viele Beziehungen haben einen *funktionalen Charakter*, wie Carl Gustav Jung meinte. Das heißt, eine Partnerschaft hat eine bestimmte konkrete Aufgabe – oft für eine bestimmte, begrenzte Zeit.

Die Trennung bzw. Scheidung wäre dann zu vollziehen, wenn die körperliche und / oder seelische Unversehrtheit eines Partners oder Kindes bedroht sind.

Wenn man alleine besser lebt als zu zweit und wenn das Leid für einen oder für beide unerträglich geworden ist und alle Lösungsversuche gescheitert sind, dann ist eine Trennung ein sinnvoller und *notwendiger* Weg.

Teil X

Kreative Modelle für Partnerschaft

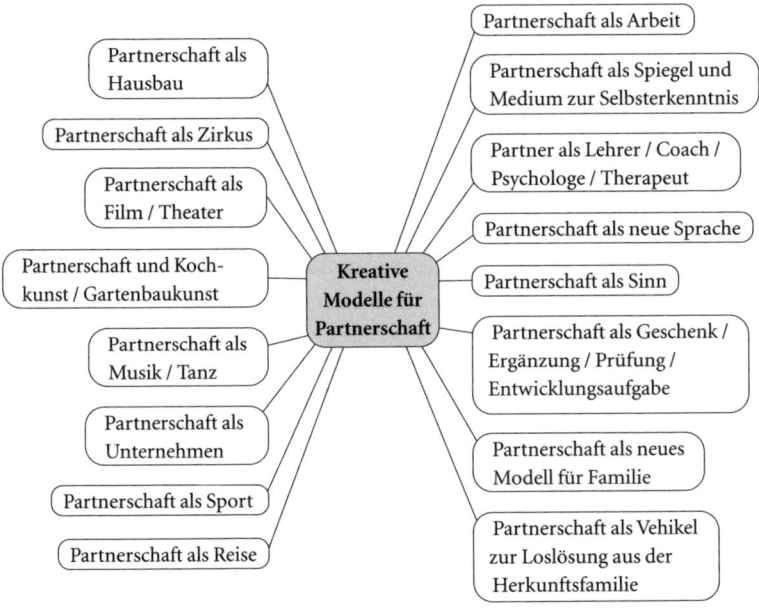

Partnerschaft als Arbeit

Partnerschaft als Spiegel und Medium zur Selbsterkenntnis

Partner als Lehrer / Coach / Psychologe / Therapeut

Partnerschaft als neue Sprache

Partnerschaft als Sinn

Partnerschaft als Geschenk / Ergänzung / Prüfung / Entwicklungsaufgabe

Partnerschaft als neues Modell für Familie

Partnerschaft als Vehikel zur Loslösung aus der Herkunftsfamilie

Kreative Modelle für Partnerschaft

Partnerschaft als Hausbau

Partnerschaft als Zirkus

Partnerschaft als Film / Theater

Partnerschaft und Kochkunst / Gartenbaukunst

Partnerschaft als Musik / Tanz

Partnerschaft als Unternehmen

Partnerschaft als Sport

Partnerschaft als Reise

1

Partnerschaft als Arbeit

Das habe ich immer und immer wieder erfahren,
dass es kaum etwas Schwereres gibt, als sich lieb haben.
Dass das Arbeit ist …

Rainer Maria Rilke[254]

Die Definition von »Liebe als Arbeit« findet sich in einem Brief von Rainer Maria Rilke an seinen Schwager. Er fügte hinzu, dass junge Menschen auf »so schweres Lieben nicht vorbereitet werden«, denn die Gesellschaft hat der Liebe »den Schein gegeben, als könnten sie es alle«.[255] Wir sollten aber bedenken, dass wir in der Liebe »Anfänger sind, Stümper des Lebens, Lehrlinge in der Liebe, – müssen Liebe lernen, und dazu gehört (wie zu jedem Lernen) Ruhe, Geduld und Sammlung«.[256]

In dieser anfängerhaften Unsicherheit in der Kunst des Liebens berühren wir einander auf »herrische und unduldsame Art«[257]. Es kommt zu Zerwürfnissen und zu Ungeduld und zu einem weiteren Irrtum, die Liebesfähigkeit sei etwas Leichtes, wir könnten den Veränderungen in der Beziehung ausweichen, etwas endgültig festhalten. Alles Lebendige ist der Wandlung unterworfen, ist eine weitere wichtige Erkenntnis neben der, dass Liebe Arbeit ist. »Leben ist ja gerade Sichverwandeln, und menschliche Beziehungen … sind das Veränderlichste von allem, steigen und fallen von Minute zu Minute, und Liebende sind diejenigen in deren Beziehung und Berührung kein Augenblick dem anderen gleicht.«[258]

Der Gedanke, dass Partnerschaft Arbeit ist und dass die Liebe so viele »Lernaufgaben« bereithält, ist für uns ungewohnt. Wir sehen es als selbstverständlich an, dass wir zur Partnerschaft fähig sind, ohne besonderes Zutun, Wissen, Kenntnisse oder gar eine spezielle Art von Lehre oder Unterweisung. Die Vorstellung, dass wir etwas ganz spontan und wie von Natur aus können, gilt übrigens auch für die Kindererziehung.

Für fast alles im Leben brauchen wir eine Ausbildung, ein Studium, eine Lehre. Partnerschaft soll aber einfach so funktionieren. Das Erlernen von grundlegenden psychologischen Kenntnissen für das spätere Leben in Partnerschaft und Familie sollte eigentlich schon in der Schule beginnen. Oder es müsste eine *Liebesschule* geben, wie Natalia Wörner vorgeschlagen hat.[259]

Erfolg ist, was folgt. Dies gilt für Partnerschaften wie für das Berufsleben. Biographien erfolgreicher Menschen zeigen, dass einem auch der berufliche Erfolg nicht in die Wiege gelegt wird.

2

Partnerschaft als Spiegel und Medium zur Selbsterkenntnis

Es ist nicht gut, dass der Mensch allein sei.
Das 1. Buch Mose 2,18

»Gleich und Gleich gesellt sich gern« und »Gegensätze ziehen sich an« gelten als populäre Grundregeln der Partnerwahl. Wir entdecken meist nach einiger Zeit, dass der Partner und seine »Sippe« uns selbst, bestimmten Personen aus unserer Herkunftsfamilie sehr ähnlich ist. Das heißt, wir bekommen einen Spiegel vorgehalten, der uns mit uns selbst und den Mustern unserer Familie konfrontiert.

Ein Beispiel wäre, dass zwei Erstgeborene sich finden und entdecken, dass sie beide ihre Herkunftsfamilie wegen eines Studiums verlassen haben. Das wäre ein gemeinsames biographisches Thema, das sie unbewusst verbindet. Sie helfen sich sozusagen, indem sie sich »an die Hand nehmen« und sich nicht mehr so alleine fühlen.

Ein Beispiel für die Wahl eines gegensätzlichen Partners: Ein Partner hat künstlerische Fähigkeiten, lebt sie aber nicht und wählt sich einen Partner, der Künstler ist (siehe Paargeschichte Sophie und Karl S. 160). Hier wäre langfristig die Entwicklungsaufgabe, das eigene künstlerische Potential zu erkennen, zu entfalten und nicht nur an den Partner zu delegieren.

Über den Spiegel des Partners finden wir zu mehr Selbsterkenntnis, denn der Partner macht uns bekannt mit bisher verborgenen Anteilen unseres Selbst.

Beispielsweise kann die ungehemmte Aggression des Partners uns darauf hinweisen, an unseren eigenen »gehemmten« Aggressionen zu arbeiten.

Wir sollten die Projektion unseres aggressiven Anteils auf den Partner zurücknehmen, so dass er nicht die doppelte Portion an Aggressivität ausleben muss. Der Partner dient in diesem Sinne als Projektionsfläche eigener nicht eingestandener Regungen.

Die Projektion eigener uneingestandener Wünsche auf den Partner ist häufig Auslöser für Mobbing. Zum Beispiel unterstellt ein Partner dem anderen, dass er fremdgeht. Seine eigenen Untreuetendenzen verdrängt und verleugnet er jedoch.

Eine weitere Variante ist doppelte Moral. Einer der Partner beansprucht für sich, was er dem anderen nicht zugesteht. Dies ist dann eine stete Quelle für Auseinandersetzungen.

3

Der Partner als Lehrer / Coach / Psychologe / Therapeut

Thank you for being such a pain.
Mark. I. Rosen

Wenn wir den Partner als Spiegel für die eigene Selbsterkenntnis begreifen, fungiert er gewissermaßen wie ein »Entwicklungshelfer«. So gesehen ist Partnerschaft immer ein Training und eine Schulung, ob wir das wollen oder nicht.

Viele Menschen nehmen allerdings nur das Negative wahr und nicht das, was sie durch den Partner lernen können. Wenn wir das berücksichtigen, bleibt bei allen Schwierigkeiten und selbst nach einer Trennung noch ein Gefühl von Dankbarkeit.

Im günstigsten Fall ist eine Partnerschaft eine wechselseitige Förderung von Potentialen. Es geht darum, sich gegenseitig dabei zu unterstützen, zu dem zu werden, der man ist.

Partnerschaft im Idealfall könnte ein Alternativmodell sein für die Erfahrungen in der Kindheit, in der oft unsere Bedürfnisse und Begabungen von den Eltern nicht berücksichtigt wurden.

Wenn man allerdings an einen Mobber gerät, hat man wahrscheinlich das unterdrückende Klima der Kindheit wiederholt und neu inszeniert. Auch dann wäre der mobbende Partner ein Lehrer, indem er einem nahelegt, sich von den Verstrickungen und Mustern der eigenen Kindheit zu befreien. Sei es, dass das Mobbing durch Aufstellen neuer Regeln und Grenzen und durch eine verbesserte Kommunikation gestoppt wird oder indem man sich trennt.

4

Partnerschaft als neue Sprache

Das Menschlichste, was wir haben,
ist doch die Sprache,
und wir haben sie,
um zu sprechen.
 Theodor Fontane

Wir haben unsere Muttersprache, vielleicht lernen wir die eine oder andere Fremdsprache oder wachsen sogar mit zwei oder mehreren Sprachen auf. Für eine Partnerschaft benötigen wir eine zusätzliche Sprache, die wir wie eine neue Fremdsprache lernen müssen: die Partner- und Beziehungssprache.

Das Gespräch ist der wichtigste Schlüssel zu einer glücklichen Beziehung und gleichzeitig eine Kunst. So wie jede Sprache eine Grammatik hat, brauchen wir die richtigen Worte, um unsere Gefühle und Bedürfnisse auszudrücken, und wir benötigen Kenntnisse zur Gesprächsführung.

Wenn wir die Sprache des Partners nicht verstehen, dann ist es so, als wenn wir in zwei Fremdsprachen untereinander sprechen. Dann benötigen wir einen Übersetzer. Im psychologischen Bereich vermittelt er als Beziehungscoach und hilft uns, die »Fremdsprache« des Partners zu verstehen und unsere eigene Sprache dem Partner zu »übersetzen«.

Beziehung bedeutet Übersetzungsarbeit. Der Mensch neigt dazu, von sich auf andere zu schließen. Aber die Annahme, dass der andere genauso funktioniert, ist falsch. Jeder »tickt« auf seine Weise und hat seine ganz spezielle Wahrnehmung der Welt. Das heißt, dass wir die Anliegen, die Motive und die Verhaltensweisen des anderen ständig wie eine Fremdsprache übersetzen müssen. Und wir müssen lernen, die Welt mit der Brille des anderen zu sehen – und seine, die eigene und eine gemeinsame Sprache zu lernen und zu sprechen.

5

Der Partner als Ausland

Der Partner ist eigentlich immer so etwas wie Ausland. Er ist einem fremd. Er hat seine Eigenarten, Gewohnheiten, Prägungen, Werte, Vorstellungen, Wünsche und Bedürfnisse.

Man könnte fast sagen, dass man für den Partner nicht nur eine »Fremdsprache« und eine gemeinsame neue Sprache benötigt, sondern einen Reiseführer braucht, der uns mit den Werten und Gebräuchen seiner Kultur vertraut macht. Selbst wenn wir einen Partner aus dem Heimatland gewählt haben, kann es nötig sein, ihn als Ausland zu sehen.

Das Zeitalter der Globalisierung zeigt sich auch in den häufiger werdenden bi-kulturellen Paarbeziehungen. Hier ist man auf einer sichtbaren Ebene füreinander Ausland. Man lernt über den ausländischen Partner eine neue Kultur, eventuell eine neue Religion, neue Familien- und Gesellschaftsmodelle kennen.

Nicht nur in der Partnerschaft, auch im Berufsleben ist interkulturelle Kommunikation und Kooperation erforderlich. Ein erfolgreicher Unternehmer verschafft sich Kenntnisse über Politik, Geschichte, Wirtschaft, Kultur, Traditionen und Verhandlungsgepflogenheiten eines fremden Landes, bevor er dort wirtschaftliche Kontakte knüpft bzw. ein Unternehmen eröffnet.

Eine chinesische Managerin berichtete uns, wie ein bayerischer Unternehmer einen Millionen-Deal in China in den Sand setzte, weil er sich typisch deutsch verhielt und keine Sensibilität für die Sitten des fremden Landes aufbrachte.

Der chinesische Partner fragte ihn, ob sein Sohn für ein Semester in Deutschland bei ihm wohnen könnte. Dies entspricht der chinesischen Grundhaltung, dass es keine starre Trennung zwischen Beruf und Familie gibt. Beziehungen sind das Allerwichtigste und haben immer Vorrang. Ohne eine positive zwischenmenschliche Beziehung gibt es kein Geschäft.

Die Ehefrau des bayerischen Unternehmers wollte den Studenten nicht aufnehmen, und so führte die abweisende Haltung zur Ablehnung des Millionengeschäftes von Seiten des chinesischen Geschäftsmannes. Der bayerische Gesprächspartner war nicht auf die Idee gekommen, nach einer freundlichen, vermittelnden Alternative zu suchen und beispielsweise anzubieten, den chinesischen Studenten bei der Zimmersuche zu unterstützen.

Solche Pleiten sind in der Partnerschaft an der Tagesordnung, weil man eben zu wenig über den anderen weiß.

Den anderen als Ausland zu sehen bedeutet auch, Zeit, Geduld und Verständnis zu investieren und nicht gleich bei den ersten Schwierigkeiten davonzulaufen.

Die »Entdeckung der Langsamkeit« ist gerade in unserer gehetzten Zeit eine gute Empfehlung für Beziehungen. Den anderen als Ausland zu erkunden erfordert Zeit.

Jeder ist hin und wieder mal Ausländer. Diese Erfahrung machen wir nicht nur auf Reisen, sondern auch in unserem Heimatland. Viele Menschen erleben in ihrer Kindheit die Familie nicht als Heimat. Ein Familienmitglied wird zum Außenseiter oder Sündenbock und macht so die Erfahrung, Ausländer im eigenen Land zu sein. Solche Menschen haben oft einen guten Draht zu Menschen aus anderen Ländern, weil sie die Erfahrung der Heimatlosigkeit kennen.

Wenn man als »Ausländer« in der eigenen Familie groß geworden ist und so die Erfahrung von Heimatlosigkeit gemacht hat, weil man unerwünscht war oder abgelehnt und so zum schwarzen Schaf wurde, hat man ein großes Bedürfnis, irgendwann einmal im Leben eine Heimat zu finden.

Diese Sehnsucht nach Heimat aufgrund des erfahrenen Heimatverlustes kann sich in einer Partnerschaft und in einer eigenen Familie erfüllen, wenn alles gut geht. Auf der anderen Seite kann ein Partner überfordert sein durch die Erwartung des anderen, er möge einem die vermisste mütterliche / väterliche Heimat geben und alle vergangenen Wunden heilen.

Der andere sollte wie bei der Ausländerthematik generell nicht als Bedrohung, sondern als Bereicherung erlebt werden. Der Charme einer Großstadt basiert gerade auf der multikulturellen Vielfalt, sei es im gastronomischen Bereich, in der Kunst, Politik, Wissenschaft oder im Arbeitsalltag.

Der andere als Ausland – dazu eine kleine Geschichte, fast wie eine moderne Fabel:

Die Ente und der Schwan

Die Zukunft liegt in den interkulturellen Potentialen.
Alexander Thomas

Zwei artfremde Wesen, eine Ente und ein Schwan, schwimmen als Paar auf der Spree in Berlin. Der Kapitän eines Rundfahrtenschiffes macht die Gäste auf das seltene Paar aufmerksam. Man könnte denken, dass es sich bei den beiden um Ausgestoßene handelt. Vermutlich sind beide aus ihren jeweiligen Familienbanden und Paarbeziehungen rausgemobbt worden. Aber sie haben sich zusammengetan, um das Unheil zu vergessen und nicht allein zu sein. Dass sich zwei artfremde Tiere derart gut verstehen, könnte dem Menschen Mut machen ...

Ente gut, alles gut!
Wilhelm Busch

6

Partnerschaft als Politik

In der Politik ist es wie in der Elektrizität:
Wo es Kontakte gibt, gibt es auch Spannung.
Pierre Mendès-France

Partnerschaft ist auch vergleichbar mit den diplomatischen Beziehungen zwischen zwei Ländern.

Diplomatie erfordert eine hohe interkulturelle Kompetenz. Diese umfasst nicht nur ein breites Wissen über die Geschichte des eigenen Landes, sondern auch die des anderen und den Blick für die weltweite Politik. Auch in einer Paarbeziehung sollten wir uns bemühen, die Geschichte des Partners, seine Biographie, zu erfahren. Aus der Geschichte, der Biographie des Partners, lässt sich sein gegenwärtiges Verhalten besser verstehen.

Ein Diplomat kennt sich aus in Rhetorik, Allgemeinwissen, in den Höflichkeitsregeln, er besitzt Toleranz, Sprach- und Verhandlungskompetenz. Das Ziel von Diplomatie ist Vermitteln, Verhandeln, Friedensarbeit, der Versuch, Feindbildern entgegenzuwirken oder abzubauen. Die Aufgabe der Diplomatie ist vor allem, Kriege zu verhindern und Konflikte zu lösen. Politiker sollten deshalb über psychologische Kompetenzen verfügen.

Ein Nein in der Liebe und bei Freundschaften und ein Nein in der Politik sind ab und zu notwendig. Das Nein von Gerhard Schröder bezüglich der Beteiligung Deutschlands zum Irak-Krieg war eine wichtige Station rot-grüner Außenpolitik.

Gerhard Schröder schreibt dazu im Nachwort zur Taschenbuchausgabe seines Buches »Entscheidungen – Mein Leben in der Politik«: »*Unser Nein zu diesem Krieg war wohlüberlegt. Die bitteren Folgen des Krieges sind heute täglich zu besichtigen . . . . Meine Gespräche in den Golfstaaten, in Südostasien, in Afrika und bei den europäischen Nachbarn haben mir klar vor Augen geführt, wie sehr dieses Beispiel schwierigster Durchsetzung eigener Positionen gegen eine uneinsichtige Supermacht unsere internationale Reputation hat wachsen lassen.*«[260]

Es sollte zwischen Nationen wie zwischen Menschen möglich sein, dass die Beziehung ein Nein verkraftet, ohne dass die Freundschaft daran zerbricht oder gleich in Frage gestellt wird. Die Fähigkeit zum Neinsagen und das friedliche Akzeptieren einer Abgrenzung sind leider weder in der Politik noch in Beziehungen sehr verbreitet. Interkulturelles Konfliktmanagement dient dazu, Stigmatisierungen abzubauen. Zum Beispiel ist es notwendig, einer vorurteilsgesteuerten Diskriminierung von Moslems entgegenzuwirken. Nicht jeder Moslem ist gleich Al-Qaida-Mitglied oder Selbstmordattentäter.

Und dies gilt ebenso für Partnerschaft. Der andere wird schnell in die Ecke des Sündenbocks gedrängt, wie unsere Mobbing-Paargeschichten zeigen. Wie in der Politik geht es auch in der Partnerschaft darum, den eigenen Schatten wahrzunehmen.

Auch in der Partnerschaft sollten wir vermittelnd und diplomatisch auftreten, damit es gar nicht erst so weit kommt, dass ein dramatisches Krisenmanagement notwendig wird.

7

Partnerschaft als Reise

Nur Reisen ist Leben,
wie umgekehrt das Leben Reisen ist.

Jean Paul

Sieht man den Partner als eine Art Ausland und haben wir seine Fremdsprache und eine gemeinsame Beziehungssprache gelernt, dann fehlt uns noch eine Art »Reiseführer« und Kartenmaterial für das »fremde Land«. Um die eigene und die fremde »seelische Landkarte« besser zu verstehen, kann die psychologische Astrologie und Beratung wertvolle Orientierung für die gemeinsame »Reise« geben.

Um den Partner besser kennen zu lernen, kann auch eine gemeinsame Reise förderlich sein. In psychologischen Weiterbildungsseminaren ist eine gemeinsam zu organisierende Reise oft eine Übung zum Thema Gruppe und Team.

Bei einer Reise ist man aufeinander angewiesen, man lässt Alltag und persönliches Umfeld hinter sich und kann so die Atmosphäre testen, die durch das Miteinander entsteht.

Im übertragenen Sinn ist die Partnerschaft mit einer Reise oder Expedition vergleichbar. Wie bei einer Reise beginnt die Beziehung an einem Start- oder Ausgangspunkt. Während der Reise bzw. Beziehung nehmen wir viele neue Eindrücke wahr und machen neue Erfahrungen. Und wie bei einer Reise gibt es Unvorhergesehenes und Pannen. Irgendwann endet die Reise oder auch nicht.

Partnerschaft als Reise bedeutet, offen zu sein für Neues und zunächst Fremdes. Eine Partnerschaft lässt sich ebenso mit einer Reise mit dem Zug vergleichen, der uns über verschiedene Lebens-»Stationen« führt. Wir schauen uns gemeinsam die vor unserem »Lebensfenster« vorbeifliegende Landschaft an. Ab und zu steigt jemand in unser Abteil dazu, mit dem wir vielleicht in Kontakt kommen. An jeder neuen Station haben wir die Möglichkeit, im Notfall auszusteigen und eine andere Richtung, einen anderen Zug zu wählen.

Das Gefühl der Freiheit beim Miteinander-Verreisen, aber auch die Möglichkeit, wieder aussteigen zu können, wenn der Zug im übertragenen Sinne »abgefahren« und die Partnerschaft auf einem Abstellgleis angekommen ist, würde man jedem Paar wünschen.

Zu Komplikationen und Mobbing auf der Beziehungsreise kommt es vor allem dann, wenn unsere »Ausrüstung« und unsere Vorbereitung unzureichend sind.

8

Partnerschaft als Sinn

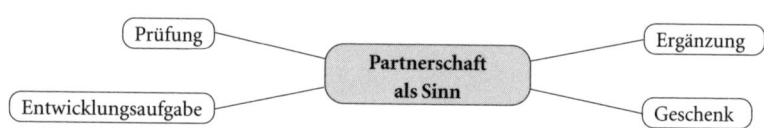

Hat man sein Warum? des Lebens,
so verträgt man sich fast mit jedem Wie?
Friedrich Nietzsche

Der Psychotherapeut Viktor E. Frankl hat die Frage nach dem Sinn zum zentralen Aspekt seiner speziellen Form von Psychotherapie gemacht. Er überlebte das Konzentrationslager im Zweiten Weltkrieg vor allem deshalb, weil er versuchte, seinen eigenen Lebenssinn, trotz allem was er erleben musste, zu bewahren. Das verlieh ihm eine besondere innere Stärke.

Hinter dem Leid einer Mobbing-Partnerschaft einen verborgenen Sinn zu sehen kann helfen, die Situation zu bewältigen.

Im Folgenden finden sich verschiedene Aspekte von Sinngebung durch eine Partnerschaft:

Der Partner als Ergänzung

1. Phase der Partnerschaft (Verliebtheit):
Du hast alles, was mir fehlt.
2. Phase (Probleme tauchen auf):
Du hast mir gerade noch gefehlt.
3. Phase (Trennung):
(Wieder:) Du hast alles, was mir fehlt.
(All die Sachen, die du bei der Trennung mitgenommen hast.)
Hajo Banzhaf

Die Seele strebt nach Vervollkommnung. So sucht man sich unbewusst oft einen Partner, der Eigenschaften hat, die einem selbst fehlen. Diese Ergänzung kann zu dem wunderbaren Gefühl führen: Gemeinsam sind wir stark. Die positiven Qualitäten und Eigenschaften beider addieren sich zu einer Kraft, die hilft, die Lebensreise besser zu bewältigen.

Oft lebt der Partner die Aktivitäten oder Eigenschaften, die in einem selbst angelegt sind. Im Laufe der Partnerschaft kann es sein, dass die Eigenschaften des anderen, die man selbst nicht lebt, zu einem unbewussten Anlass für Aggressionen und Mobbing werden. Damit dies nicht passiert, ist es ratsam, einige dieser Eigenschaften oder Aktivitäten auch bei sich selbst zu entwickeln. Oft sind es künstlerische oder andere kreative Neigungen, die an den Partner delegiert werden.

Man macht sich vom Partner unabhängig, wenn man die eigene Kreativität entwickelt. Umso schöner, wenn der Partner fördernd daran Anteil nehmen kann. Eigene kreative Tätigkeiten führen zu einer Ich-Stärkung und wirken dem symbiotischen Sog in der Partnerschaft entgegen. Im Fall einer eventuellen späteren Trennung bleibt einem auch etwas, mit dem man sich sinnvoller- und tröstenderweise beschäftigen kann.

Der Partner als Geschenk

> *Geteiltes Leid ist halbes Leid.*
> *Geteilte Freude ist doppelte Freude.*
> Deutsches Sprichwort

Es gibt im Leben wohl doch keine Zufälle. Der Beginn und das Ende von Partnerschaften scheinen mit etwas Schicksalhaftem verbunden zu sein.

Dies wird einem oft erst im Nachhinein bewusst. Die Begegnung mit dem anderen war Schicksal. Er wurde einem »geschickt«.

Versuchen Sie einmal, sich an den Tag und die Situation zu erinnern, an dem Sie Ihren Partner kennen gelernt haben. Was waren Ihre ersten Gedanken, Eindrücke und Gefühle? Wie sehen Sie diese Begegnung aus heutiger Sicht?

Auch wenn Sie mit Ihrem Partner Schwieriges und Leidvolles erlebt haben, gibt es viele positive Dinge, die Sie von ihm erhalten haben.

Jede Beziehung ist in diesem Sinne auch ein Geschenk. Wir haben mit Hilfe des anderen etwas gelernt und uns weiterentwickelt.

Den Partner als Geschenk zu sehen löst in uns Dankbarkeit aus für das Gute und Wertvolle, das wir durch ihn – und zwar nur durch ihn – erfahren haben.

Dieser Gedanke findet sich oft in Todesanzeigen, in denen es heißt, dass man nicht traurig sein sollte, dass der andere gegangen ist, sondern dankbar dafür, dass er da war.

9

Partnerschaft als Entwicklungsaufgabe

Man entfaltet sich nur insoweit,
als die Mitmenschen
sich auch entfalten,
wachsen und freier werden.
Man beeinflusst sich gegenseitig.

Anais Nin

Von der Kindheit bis zum Tod ist das Leben Entwicklung und Veränderung. Das Leben duldet keinen Stillstand. Entwicklungshilfe brauchen wir manchmal für uns selbst. Dabei können wir für den Partner
und er für uns zum »Entwicklungsland« oder »Entwicklungshelfer«
werden.

Die Haltung, den anderen »mütterlich« oder »väterlich« zu fördern, ist
in den westlichen Industrieländern aufgrund der zunehmenden Indivi-
dualisierung zurückgegangen. Jemand aus Afrika zum Beispiel kommt
mit einem ganz anderen Familienmodell nach Deutschland. In wärmeren Gefilden und in den mediterranen Ländern ist der emotionale Aspekt
viel stärker ausgeprägt. Auch die Bereitschaft, den anderen zu »bemuttern« oder zu »bevatern«, ist noch vorhanden.

Die gemeinsame Weiterentwicklung und die Freude daran bleibt das
höchste und schönste Ziel jeder Partnerschaft.

10

Partnerschaft als Prüfung

Gott gibt die Nüsse,
aber er hilft sie nicht knacken.
Deutsches Sprichwort

Wenn die erste Zeit der Verliebtheit und Begeisterung vorbei ist, sich vielleicht schon erste Anzeichen von Mobbing zeigen, fragt man sich, wo man da eigentlich hineingeraten ist.

Eine Partnerschaft erinnert oft an Märchen, in denen die Protagonisten schwierige Aufgaben und Prüfungen zu bewältigen haben.

Auch findet sich eine Parallele zur Arbeitswelt: Zuerst müssen wir die Prüfungen in der Schule, Berufsausbildung oder im Studium absolvieren. Danach müssen wir die Probezeit am Arbeitsplatz bestehen. Und manchmal erscheint einem jeder Arbeitstag wie eine Prüfung.

Auch eine Partnerschaftsbeziehung ist eine Abfolge von Prüfungen, die wir bewältigen müssen. Wie im Berufsleben gibt es die Chance, die Prüfungen zu meistern, mit Hilfe von Kenntnissen, Geduld und Ausdauer.

Wenn der Partner die Prüfung ist, dann bedeutet das auch, dass wir gemeinsam quasi eine Schule besuchen und miteinander und voneinander lernen. In regelmäßigen Abständen finden Prüfungen statt und werden Entscheidungen getroffen.

11

Partnerschaft als Schule

Wenn der Partner Prüfung ist, dann bedeutet das auch, dass wir gemeinsam quasi eine Schule besuchen und miteinander und voneinander lernen. In regelmäßigen Abständen finden Prüfungen statt und werden Entscheidungen getroffen. Ingmar Bergman sprach in seinem Film »Szenen einer Ehe« (siehe S. 51) von der Idee, eine Partnerschaft auf begrenzte Zeit einzugehen und sich jedes Jahr neu zu überlegen, ob man zusammenbleiben möchte.

Auf die Idee von Natalia Wörner, das gemeinsame Lernen durch eine Liebesschule zu fördern, haben wir schon hingewiesen (s.S. 298).

12

Partnerschaft als neues Modell
für Familie

In einer harmonischen Familie
sprießt das Glück von allein.
Chinesisches Sprichwort

Zwei Menschen tun sich zusammen. Es begegnen sich aber immer zwei unterschiedliche Modelle von Familie, auch wenn wir mit einem Partner aus dem gleichen Herkunftsland zusammen sind. Genau genommen sind es zwei »Sippen«, die sich vermischen und die in die Partnerschaft einwirken.

Kommt der Partner aus einer anderen Kultur, sind die Modelle für Familie vielleicht noch unterschiedlicher.

In der Begegnung der beiden Partner entsteht ein weiteres neues Modell für Familie. Es werden einige Traditionen, Werte aus der Herkunftsfamilie übernommen, anderes wird abgelegt. So entsteht mit dem Partner gemeinsam etwas ganz Neues.

Dies kann auch zu einer Abgrenzung führen, zu dem, was man in der eigenen Familie nicht so gut fand. Oder man sucht im Partner etwas, das man in seiner eigenen Familie vermisst hat.

Leider laufen wir oft in die Falle des unbewussten Wiederholungszwanges. Der Partner ist dann wie eine Neuauflage oder ein Abbild für Mutter, Vater, Bruder, Schwester, Tante, Großmutter usw. Wir suchen uns beispielsweise einen mediterranen Typ als Partner, aber nach kurzer Zeit »ist Schluss mit lustig«. Es stellt sich heraus, dass er die gleichen autoritären Züge hat wie der Vater. Der erste Eindruck hat getäuscht. Es ist also in diesem Fall nichts Neues und auch kein neues Modell für Familie.

Die Sehnsucht nach einer Familie scheint tief in uns angelegt. Und dies oft umso mehr, je weniger man eine »heile Familie« erlebt hat. Die Gefahr ist umso größer, dem Wiederholungszwang aufzusitzen, je mehr Unerledigtes aus der Kindheit aufzuarbeiten ist. Für das Gelingen einer Partnerschaft oder Familie ist somit eine Voraussetzung, dass wir unsere Kindheit weitgehend bewältigt oder zumindest ein Stück weit reflektiert haben.

Im Beziehungsverlauf ist es wichtig, darauf zu achten, dass die Partner sich wechselseitig versorgen. Wie schon betont, sollte eine Balance von Geben und Nehmen gegeben sein. Ist diese gestört, kann es dazu führen, dass ein Partner überzogen »zur Kasse gebeten wird«. Wichtig ist, dass die Rollen nicht starr sind, sondern flexibel, so dass im Idealfall jeder einmal zum Versorger wird.

13

Partnerschaft als Vehikel zur Loslösung von der Herkunftsfamilie

Zu den Geschenken einer Partnerschaft kann auch gehören, sich aus den Verstrickungen aus der Herkunftsfamilie zu lösen. Aus systemischer Sicht wendet man sich durch eine Heirat, Partnerschaft oder eine Patchwork-Familie von dem alten Herkunftssystem ab und einem neuen System zu. Gelingt die Partnerschaft, lösen wir uns auch aus der Herkunftsfamilie.

Auf den ersten Blick nicht erkennbar kann Mobbing in der Partnerschaft die Funktion haben, über eine eventuell notwendig werdende Trennung vom Partner gleichzeitig die bisher nicht erfolgte Trennung und Loslösung von Bezugspersonen der Kindheit zu schaffen. Die Trennung vom Partner bedeutet dann die Befreiung aus dem Herkunftssystem mit ganz ähnlichen Mustern.

Wurden über die Partnerwahl Beziehungsmuster und Rollen der Kindheit wiederholt, dienen die aufbrechenden Konflikte als Vehikel zur Loslösung aus der Herkunftsfamilie.

»Atomkraft – Nein danke...«
Drastisch formuliert könnten wir die schädigenden Einflüsse der Kindheit mit Atommüll vergleichen. Wie beim Atommüll geht es um die Ent-Sorgung der verseuchten Inhalte. Entsorgung bedeutet im übertragenen Sinn die End-lagerung der Sorgen, d.h. sich von den Sorgen zu befreien und Belastendes loszulassen.

Aber wie beim Atommüll wird man ihn im Grunde nie ganz los. Im günstigsten Fall kann man ihn unschädlich machen durch Sicherung in einem Endlager. Und der Transport bis dahin ist kompliziert und schwierig. Mit unseren Kindheitserfahrungen ist es ähnlich.

Die amerikanische Psychologin Susan Forward spricht von »Toxic Parents«, in der deutschen Übersetzung »Vergiftete Kindheit«. Hat man in seiner Kindheit viel Schweres erlebt und wurde sozusagen seelisch »verstrahlt«, läuft man Gefahr, sich im Erwachsenenleben in einer Partnerschaft unter ähnlichen Vorzeichen erneut zu »vergiften«.

Hat man aber den Transport der schädlichen Energien in ein »Endlager« geschafft, das heißt im psychologischen Sinn Ablösung und Versöhnung, werden neue Energien frei und neue Erfahrungen möglich.

14

Partnerschaft als Sport

Mal verliert man, und mal gewinnt der andere.

Otto Rehagel

Das Gemeinsame aller Sportarten sind feste Regeln und Rituale. Der Schiedsrichter hat die Aufgabe, in Konfliktfällen zu vermitteln und für die Einhaltung der Regeln und des »Fair Play« zu sorgen.

Auch Paarbeziehungen brauchen Regeln, wie beispielsweise die Regeln der Kommunikation. Leider wird dies meist erst dann einsichtig, wenn die Konflikte in der Partnerschaft sich zum Mobbing zugespitzt haben. Im Fußball ist gut zu beobachten, dass ein Spiel vollkommen aus dem Ruder läuft, wenn der Schiedsrichter nicht rechtzeitig mit der gelben Karte einschreitet.

Ein Beispiel für die Notwendigkeit des Einhaltens und Aufzeigens von Grenzen:

Die Mutter der Ehefrau kommt zu Besuch. Während die beiden arbeiten, gestaltet sie die gesamte Wohnung um, mit der Begründung, sie habe nur aufgeräumt. Das Paar muss der Mutter Grenzen aufzeigen. Wenn das Paar, speziell die Ehefrau ihrer Mutter ihre Grenzüberschreitung erlaubt und ihr im übertragenen Sinne keine gelbe oder notfalls eine rote Karte zeigt, kann die Mutter zum Auslöser für Mobbing in der Paarbeziehung werden. Der Ehemann kommt nach Hause, findet nichts mehr und wird dies seiner Ehefrau vorhalten. Wenn das Paar uneinig ist und der Mutter keine Grenze aufzeigt, ist eine unangenehme Dreieckskonstellation mit erheblicher Mobbing-Gefahr entstanden. Der Ehemann wird der Ehefrau unterschwellig heimzahlen, dass die Schwiegermutter ungestraft eindringen durfte.

Wir empfehlen übrigens auch für Paarbeziehungen die Anschaffung einer gelben und roten Karte. Dem Partner, oder der Mutter / Schwiegermutter, im Bedarfsfall spielerisch die gelbe und im Wiederholungsfall die rote Karte zu zeigen kann eine Konfliktsituation spielerisch-humorvoll entschärfen.

> **Tipp:**
> Gelbe und rote Karte
> für den Hausgebrauch kaufen.
> → Schiedsrichter-Kartenset / Sportbedarf
> → gelbe Karte: auch als Postkarte erhältlich

Es gibt noch mehr Parallelen zwischen Sport und Paarbeziehung, beispielsweise die Teamarbeit:
Beim Fußball gibt es in einer Mannschaft häufig eine Paarbildung von zwei Spielern, die sich blind verstehen. Ihr Zusammenspiel ist hochgradig kooperativ und einfühlsam. Der eine Spieler weiß im Moment des Zuspiels intuitiv und zentimetergenau den Laufweg des anderen, und beide werden so zur höchst erfolgreichen Torfabrik, zum Herz einer Mannschaft.

Ein Beispiel für eine derart perfekte Zusammenarbeit sind der Niederländer Clarence Seedorf und der Brasilianer Kakà beim AC Milan. In dem atemberaubenden Champions League Halbfinale zwischen Manchester United und AC Milan (3:2) am 28. April 2007 gab dieses »*Duo Infernale*« – so der Fußballreporter Fritz von Thurn und Taxis[261] – wiederholt geniale Kostproben ihres Zusammenspiels.

Umgekehrt ist die fehlende Freundschaft und Kooperation in einer Fußballmannschaft, eine subtile Rivalität und Ausgrenzung einzelner Mitspieler oft der Hauptgrund für mangelnden Erfolg. An einem gemobbten Mittelstürmer beispielsweise läuft das Spiel dann vorbei. Er bekommt einfach keinen Ball und wird von seinen (Nicht-)Mitspielern nicht mit Flanken »gefüttert«.

Oft kann ein Paar von der Beratung durch einen Coach enorm profitieren. Die Fußballweltmeisterschaft 2006 in Deutschland zeigte am Beispiel von Jürgen Klinsmann und der deutschen Mannschaft, was ein erfolgreiches Coaching an Motivation, Leistung und auch Spaß hervorbringen kann.

Klinsmanns Erfolg beruhte auf seinem Konzept. Er beobachtete vor der Weltmeisterschaft seine Spieler über einen langen Zeitraum. Er sah, welche Potentiale und Talente der einzelne Spieler besaß. Er gab jedem seinen Platz entsprechend seiner Potentiale. Er machte den Spielern Mut und motivierte sie, an sich zu glauben und die Potentiale zu entfalten. Er sorgte für eine weitgehende Gleichberechtigung innerhalb des Teams und stellte das gemeinsame Ziel in den Mittelpunkt.

Das Modell von Klinsmann lässt sich auch auf Partnerschaften übertragen. Es geht um die Förderung der eigenen Potentiale und die des Partners. Und es geht um die Zusammenarbeit auf ein gemeinsames Ziel hin. Gelegentlich braucht auch ein Paar eine Beratung durch einen Schiedsrichter oder Coach.

Auch hier findet sich der Aspekt der Arbeit: Sport erfordert regelmäßiges Training und ein hohes psychologisches Selbst-Management. Wie ein Profi-Tennisspieler aus Argentinien berichtete, geht es im Tennis primär um die Beziehung zu sich selbst. Es geht um die optimale innere Vorbereitung. Sie erfordert ein hohes Maß an Körperbeherrschung und -training und eine stete Arbeit an der geistig-seelischen Verfassung. Auch loslassen und sich entspannen können sind wichtige Fähigkeiten.

In dem Moment, wo der Profi-Tennisspieler Angst spürt, trifft er den Ball nicht oder nicht gut genug. Als Spieler muss man sich im Match auf sich selbst konzentrieren und sich während des Spiels selbst coachen. Der positive, aufbauende Dialog mit sich selbst ist Voraussetzung, um erfolgreich zu sein. Beim Profi-Tennis ist das Tempo des Spiels extrem hoch. Die Schläge kommen im Sekundentakt und erfordern volle Konzentration, Visualisierung und Intuition. Der Spieler muss das Spiel schon im Voraus sehen und ahnen, wohin und wie der andere den Ball spielen wird.

Der Gegner ist nicht so wichtig, wie man als Laie denken würde. In dem Moment, wo der Profispieler sich geistig zu sehr beim Gegner aufhält und sich selbst vergisst, verliert er.

Auch für eine geglückte Paarbeziehung ist es wichtig, dass jeder der Partner eine positive Beziehung zu sich selbst hat. Das ist die beste Voraussetzung für Beziehungsfähigkeit. In vielen Mobbingbeziehungen verliert sich einer der Partner, indem er sich vom Mobbing-Akteur »schachmatt« setzen lässt. Er ist als eigenständiges Wesen »gar nicht mehr auf dem Platz«, um bei der Parallele zum Sport zu bleiben. Er sitzt maximal auf der Reservebank.

Sport ist generell für jeden Menschen wichtig. Sport dient dem körperlichen Wohlbefinden und der psychologischen Ich-Stärkung. Viele Paare berichten über den wohltuenden Effekt, den gemeinsames Sporttreiben für die Partnerschaft hat.

Sport hilft uns, ein konstruktives Ventil für unsere Aggressionen zu haben. Durch Sport lernen wir schnelles Reaktionsvermögen und verbessern unsere Fähigkeiten, eigene Entscheidungen zu treffen, und zwar auch spontan. Wie eine häufige Alltagserfahrung lehrt, ist man in dem

Augenblick, in dem es eigentlich darauf ankommt, oft nicht in der Lage, das Richtige zu sagen oder zu tun. Man fühlt sich innerlich wie gelähmt. Sport hilft, das spontane Reaktionsvermögen zu verbessern.

> *Die Herrschaft über den Augenblick ist*
> *die Herrschaft über das Leben.*
> Marie von Ebner-Eschenbach

Wie der Sport benötigt auch eine erfolgreiche Partnerbeziehung Übung, Geduld, das Aushandeln und Einhalten von Regeln, Fairness und das Treffen von klaren Absprachen. Dann können beide nur gewinnen.

Ein wichtiger Aspekt im Sport ist auch das Auf und Ab, das Gewinnen und Verlieren. Es gibt keine Mannschaft oder keinen Sportler, der nur gewinnt oder nur verliert. Also gilt es auch in der Partnerschaft, etwas lockerer zu werden im Sinne eines »sportlichen« Denkens, um das Auf und Ab in einer Partnerschaft kreativ zu bewältigen.

15

Partnerschaft als Unternehmen

Eine Partnerschaft ist wie ein Unternehmen, eine Institution oder Organisation. Wie im Unternehmen geht es um das gemeinsame Erreichen von Zielen. Eine Organisation ist umso erfolgreicher, je mehr Struktur, Eigenverantwortung und Freiheit gegeben sind. Dies schafft ein positives Arbeitsklima und fördert die Kreativität aller Beteiligten. Eine moderne, gute Unternehmenskultur führt nicht nur zu finanziellem Erfolg, sondern auch zu innerem Reichtum, der sich in einem guten Betriebsklima zeigt. Dies kommt auch beim Kunden an. Eine Beziehung braucht eine ebenso gute Unternehmenskultur bzw. »Paarkultur«.

Das Prinzip der Aufgabenverteilung lässt sich ebenfalls von einem Unternehmen auf die Partnerschaft übertragen. Hier wie dort sollte jeder die Aufgaben übernehmen, die seinen Fähigkeiten entsprechen.

Eine erfolgreiche Institution oder Firma hat ein erfolgreiches Team, das untereinander und mit den Kunden kooperiert und kommuniziert.

In einer modernen Firma gibt es flache Hierarchien. Das Unternehmen hat gleichberechtigte und autonome Mitarbeiter und Partner. Diese Arbeitsteilung und Gleichberechtigung sollte auch für eine Paarbeziehung gelten.

16

Partnerschaft als Musik

Liebes-Lied

*Wie soll ich meine Seele halten, dass
sie nicht an deine rührt? Wie soll ich sie
hinheben über dich zu anderen Dingen?
Ach gerne möchte ich sie bei irgendwas
Verlorenem im Dunkel unterbringen
an einer fremden stillen Stelle, die
nicht weiterschwingt, wenn deine Tiefen schwingen.
Doch alles, was uns anrührt, dich und mich,
nimmt uns zusammen wie ein Bogenstrich,
der aus zwei Saiten eine Stimme zieht.
Auf welches Instrument sind wir gespannt?
Und welcher Geiger hat uns in der Hand?
O süßes Lied.*

Rainer Maria Rilke[262]

Klassik

Musik als Spiegel

Auch in der Sprache der Musik finden die zwischenmenschlichen Beziehungen ihren symbolischen Ausdruck.

Betrachtet man die klassische Musik, entspricht die *Sonate für Klavier* oder ein anderes Soloinstrument dem Menschen als Einzelwesen, das über einen musikalischen Monolog mit der Welt und sich selbst kommuniziert.

Die *Sonate für zwei Instrumente* entspricht dem Paar, also Mann und Frau oder einer anderen Zwei-Personen-Beziehung. Kompositionen für drei Instrumente, wie zum Beispiel das *Trio* für Klavier, Violine und Cello entspricht der Erweiterung der Paarbeziehung um ein Kind, also dem klassischen Dreieck von Vater, Mutter und Kind.

Im *Streichquartett, -quintett, -sextett* usw. erweitert sich die Familiengruppe um weitere Mitglieder. Das Kammerorchester stellt die größere Gruppe dar, das große Orchester ist Abbild der gesellschaftlichen Dynamik in ihrer Vielfalt und Buntheit von Stimmen.

In seinem Buch »Vom Solo zur Sinfonie« hat der Dirigent Christian Gansch beschrieben, was Unternehmen von Orchestern lernen können. Im Idealfall basiert der Erfolg eines Unternehmens wie der eines Orchesters auf der Realisierung der Prinzipien Einfühlung, Kooperation, Kreativität, Freiheit und der gemeinsamen Zielorientierung.[263] Das Gleiche gilt für die Familie und die Paarbeziehung.

Der Dirigent entspricht auf der psychologischen Ebene dem Wunsch des Menschen nach Anlehnung, Orientierung und Vorgabe einer sinnvollen Richtung. Im Idealfall hat man das in der Kindheit von den Eltern bekommen. Dirigieren heißt nicht, autoritär zu sein und dem anderen die Freiheit zu nehmen, sondern eine Richtung vorzuschlagen, über die dann Übereinkunft erzielt wird, weil es ein guter, kreativer Weg ist. In einer Partnerschaft sollte auch jeder mal Dirigent sein. Wichtig dabei ist, dass die Rollen nicht starr sind, was eben auch erfordert, über die Rollenverteilung zu reflektieren, sich auch mal zurücknehmen zu können und dem anderen die »Chef«-Rolle zu überlassen.

Das Paar und die Musik

Von allen bedeutenden Komponisten der Barockzeit und der Klassik gibt es Kompositionen für zwei Instrumente, vor allem für Violine und Klavier oder auch Cello und Klavier. In diesem symbolischen Modell für Paarbeziehungen befinden sich beide Spieler in einem gleichberechtigten Dialog miteinander.

Die zentrale Aufgabe ist es, gut hinzuhören, sich in das Spiel des anderen und seine Melodie einzufühlen. Der berühmte Begleiter Gerald Moore veröffentlichte seine Memoiren unter dem Titel »Am I too loud?«[264]. Seine große Befürchtung war es stets, dass er mit seiner Klavierbegleitung zu dominant sein könnte. Stattdessen horcht der Begleiter nach den Worten Moores »mit Einfühlung auf die Stimme seines Sängers, bis er deren Möglichkeiten so gut kennt wie die seines eigenen Instruments, und gibt seinem Partner so viel Unterstützung als nur möglich, während er gleichzeitig auf der Hut ist, die Stimme nicht zu übertönen oder zuzudecken«.[265]

Die amerikanische Bratschistin Kim Kashkashian berichtete in einem öffentlichen Gespräch mit einem Musikjournalisten über ihre Zusammenarbeit mit dem Pianisten Robert Levin bei der Aufführung und der Aufnahme von Kammermusikwerken für Viola und Klavier.[266] Den Begriff der Begleitung für die Rolle des Pianisten in diesen Werken findet sie eigentlich ganz unpassend: »Es gibt keine Begleitung, es gibt nur Partnerschaft.«

»Und es ist fast schwerer«, fügte Kim Kashkashian lachend hinzu, »einen solchen musikalischen Partner zu finden, mit dem man sich gut versteht, als einen Ehemann. Man muss versuchen, sich in den anderen hineinzuversetzen. Robert Levin ist anders als ich, er denkt als Musiker auf eine andere Art. Er ist sehr struktur- und rhythmusorientiert, mein Schwerpunkt liegt eher auf der melodisch-farbigen Seite der Musik. Jeder von uns hat andere Stärken und andere Schwächen, aber in diesen Stärken und Schwächen unterstützen wir einander, statt uns zu stören. Das Wichtigste ist, dass wir zusammen atmen können, und das ist im Zusammenspiel sehr wichtig. Da müssen wir manchmal überhaupt nicht reden, weil es einfach so wunderbar läuft.«[267]

Der Musiker muss bei jedem neuen Werk, das er sich erarbeitet, zunächst seine eigene »Stimme« lernen und studieren. Das entspricht psychologisch dem Thema der Selbsterkenntnis. Dann muss er noch die »Stimme« und »Melodie« des anderen kennen lernen. In der Liebe und Sexualität steht wie in der Musik und im Paartanz das dialogische Prinzip im Mittelpunkt. Es ist ein dauerndes Zusammenspiel wie im Liebesspiel. Man könnte sich auch vorstellen, dass der andere ein Instrument ist und man versucht, Resonanz zu finden, den unterschiedlichen Seelenanteilen zärtliche Töne zu entlocken.

Durch das Zusammenspiel entsteht in der Musik wie in der Paarbeziehung eine gemeinsame Melodie.

Jeder Mensch bringt durch seine Kultur und seinen Charakter, durch seine familiären Prägungen und durch seine Erfahrungen ein Skript oder Drehbuch mit. Wie der Dirigent die Partitur einer Symphonie studieren muss, sollten wir in einer Liebesbeziehung die eigene Lebensmelodie und die des anderen kennen und verstehen lernen.

Die Liebe zur Musik und die Freude, die sie bereitet, zeigt die Sehnsucht der Menschen nach einer liebevollen, harmonischen Beziehung. Eine Sonate für Violine und Klavier von Mozart repräsentiert das Ideal einer harmonischen Beziehung und Zusammenarbeit.

Die Sehnsucht des Menschen nach Harmonie wird in der klassischen Musik erfüllt, weil sich Spannungen und Dissonanzen in Harmonie auflösen.

Wie jeder Musiker ein Musikwerk auf seine Weise interpretiert und ganz anders spielt als andere Musiker, so löst jeder Mensch im anderen etwas anderes aus. Deshalb ist auch keine Paarbeziehung wie eine andere. So wie jeder Mensch etwas Besonderes ist und einen ganz speziellen Fingerabdruck hat, ist auch jede Beziehung etwas Besonderes und Einmaliges.

Eifersuchts-Mobbing, Johannes Brahms und die versöhnende Kraft der Musik

Freundschaft und Liebe will ich
einfach und frei atmen können wie die Luft.
Johannes Brahms[268]

Einer der berühmtesten Geiger des 19. Jahrhunderts war Joseph Joachim, ein enger Freund von Johannes Brahms. Joseph Joachim war sehr eifersüchtig und bezichtigte seine Ehefrau Amalie, eine sehr erfolgreiche Konzertsängerin, der Untreue mit dem Musikverleger Fritz Simrock. Im Scheidungsverfahren zog Amalie einen privaten Brief von Johannes Brahms als Beweismittel für ihre Treue heran. Brahms hatte ihr im Dezember 1880 zum Eifersuchts-Mobbing ihres Ehemannes geschrieben:

>*»Liebe Frau Joachim,*
>*... Jetzt brauche ich wohl kaum noch zu sagen, dass ich die unglückliche Charaktereigenschaft, mit der Joachim sich und andere so unverantwortlich quält, früher als Sie kannte. Freundschaft und Liebe will ich einfach und frei atmen können wie die Luft.... Unnütze durch Einbildung hervorgerufene Szenen sind mir ein Gräuel....*
>*Durch das trostlose Hin- und Hergrübeln Joachims wird das Einfachste so aufgebauscht, so weitläufig, dass man nichts weiß anzufangen und fertigzuwerden....*
>*Ich will es Ihnen also nur ausdrücklich und deutlich sagen, wie ich es Joachim schon unzählig oft tat, dass er, meiner Einsicht und Meinung nach, Ihnen und Simrock schwerstes Unrecht getan und dass ich auch nur wünschen kann, er möge von seinen falschen und entsetzlichen Einbildungen lassen....*
>*Glauben Sie..., dass Sie an mir einen ernsten, treuen Freund haben....*
>*Von ganzem Herzen Ihnen ergeben. J.B.«*[269]

Nachdem Brahms mit diesem Brief im Ehekrieg zwischen Joseph Joachim und seiner Frau für Amalie Joachim Partei ergriffen hatte, kündigte Joachim Brahms die 30 Jahre währende Freundschaft.

Nach sieben Jahren Funkstille unternahm Johannes Brahms einen Versuch der Versöhnung und komponierte im Sommer des Jahres 1887 ein *Konzert für Violine, Violoncello und Orchester in a-Moll op. 102*, sein letztes Orchesterwerk überhaupt. Er legte dieses *»Versöhnungswerk«*

(Clara Schumann) Joachim zur Begutachtung vor, und die Versöhnung gelang. Joseph Joachim (Violine) und Robert Hausmann (Cello) waren die Solisten in der von Johannes Brahms dirigierten Uraufführung im Herbst 1887 in Köln.

Diese auch als »Doppelkonzert« bezeichnete romantische Komposition spiegelt im Dialog von Violine und Cello die Freundschaft von Brahms und Joachim. Es ist aber darüber hinaus ein Werk über die Liebe in der Sprache der Musik. Es enthält im Hinblick auf Joachims gescheiterte Ehe auch die Botschaft von Johannes Brahms an Joseph Joachim, dass Freundschaft und Liebe eben wirklich nur im »freien und einfachen Atmen« möglich sind.

Das Doppelkonzert beginnt mit einem kurzen und festlichen Auftakt des Orchesters. Dann hat das Cello eine Solopassage, die wie eine Liebeswerbung klingt. In der folgenden kurzen Orchestersequenz scheinen Engel oder sogar Eros höchstpersönlich auf die Bühne zu schweben. Die Violine greift das romantische Orchesterthema auf und beginnt ihren Dialog mit dem Cello, wobei auch Konflikte, schwierigere und »wolkenreiche« Phasen durchzustehen sind. Aber das Versöhnliche siegt. Im zweiten langsamen Satz scheint das Paar im ruhigen Fluss des gemeinsamen Lebens angekommen zu sein. Melancholische Anflüge von Seiten der Violine werden vom Cello mit Wärme und Einfühlung beantwortet. Der dritte Satz ist ein gemeinsamer festlicher Tanz voller optimistischer Kraft und Lebensfreude.

Für das Miterleben und Mitfühlen dieser musikalischen Lebensreise eines Paares sei die Aufnahme dieses Konzerts mit Wolfgang Schneiderhan (Violine), Janos Starker (Violoncello) und dem Radio-Symphonie-Orchester Berlin unter der Leitung von Ferenc Fricsay empfohlen (1961).[270] Es ist eine Referenzaufnahme voller Wärme und Kraft.

Weitere Beispiele für den Dialog von zwei Instrumenten:
Das *Konzert für zwei Violinen und Orchester in d-Moll* von Johann Sebastian Bach. Der langsame zweite Satz gehört zu den ergreifendsten Sätzen der Musikgeschichte. Ein Paar scheint gemeinsam durch ein Tal der Tränen zu wandern. Lieben heißt auch leiden.[271] Ein zärtliches und fröhliches Paar ist im ausgelassenen dritten Satz von Wolfgang Amadeus Mozarts *Sinfonia concertante für Violine und Viola* zu hören.[272] Heiter und entspannt ist auch Mozarts *Konzert für zwei Klaviere und Orchester* in Es-Dur. Klänge aus den Sphären des Glücks.[273]

Jazz

Jazz ist Freude am Spiel und
deshalb Unterhaltung im besten Sinne.
        Leonard Bernstein

Ein besonders interessantes Modell für zwischenmenschliche Beziehungen liefert der Jazz. Den einzelnen Musikern ist es im Gegensatz zur Klassik möglich, bestimmte Passagen vollkommen frei zu improvisieren. Für ein Paar symbolisiert dies die Autonomie und Gestaltungsfreiheit, die jeder für sich in einer Beziehung haben sollte.

Der Psychoanalytikerin und Astrologin Liz Greene zufolge ist Jazz »die sonnenhafteste Musik«, weil sie es erlaubt, dass jeder der Musiker einmal seine »Sonne« als Symbol für das Ich und den Wesenskern zum Strahlen bringen kann. Jedes Instrument tritt irgendwann aber auch einmal ganz in den Hintergrund, um dem Solo des Schlagzeugers, des Pianisten oder Bassisten usw. zuzuhören oder ihn phantasievoll leise und dezent zu begleiten. Als Zuhörer genießen wir das Zusammenspiel, das wir selbst auch gerne im alltäglichen Leben so harmonisch und kreativ verwirklichen würden.

CD-Tipp:
Somethin' Else
Miles Davis, trumpet; Cannonball Adderley, alto saxophone; Hank Jones, piano; Sam Jones, bass; Art Blakey, drums.
Blue Note Records: RVG Edition 1999

17

Partnerschaft als Tanz

It takes two a tango.
Amerikanisches Sprichwort

Der Tanz ist ebenfalls als ein symbolisches Modell für eine geglückte Paarbeziehung zu sehen. Tanz ist Kommunikation auf einer spielerischen und nonverbalen Weise und hat auch mit erotischer Energie, mit Ausdruck von Emotionen, Lebensfreude, Vertrauen, Leidenschaft und Kreativität zu tun.

Wie bei der Orchestermusik geht es um das »Dirigieren«, das Führen. Meist führt der Mann, es kann aber auch die Frau führen, wenn dies vorher abgesprochen ist. Beim Salsa ist das oft der Fall, wenn zum Beispiel zwei Frauen oder auch zwei Männer miteinander tanzen. Beim Tango hingegen sind die Rollen eher festgelegt. Der Mann führt, die Frau lässt sich führen.

Mittlerweile gibt es Managementseminare mit Tangoeinlagen. Am Beispiel des Tango lernen die Führungskräfte spielerisch, Musik und Takt zu interpretieren und wie es sich anfühlt, zu führen bzw. geführt zu werden. Ein Perspektivwechsel ist wie immer im Leben von Nutzen.

Auch das Gefühl für Nähe und Distanz kann beim Tanz entwickelt werden. Wie beim Flirt kann spielerisch geübt werden, einen spontanen, höflichen und freundlichen Kontakt aufzubauen. Tanz ist eine Möglichkeit, sehr viel über Körpersprache zu lernen. Tanzen ist trotz aller Regeln gleichzeitig individuell. Jedes Paar hat seinen eigenen Tanzstil.

Wie im Sport gibt es beim Tanzen Regeln, Schritte und Haltungen, die einzuhalten sind.

Wir empfehlen Paaren, die noch nicht ganz im Mobbing-Morast versunken sind, sich für einen Tanzkurs in einer Tanzschule oder in einem Salsa- oder Tangoclub anzumelden. Ein Paar, das gemeinsam gut tanzen kann bzw. tanzen lernt, gewinnt eine verbesserte Sensibilität für das Miteinander. Profi-Tanzpaare berichten, dass sie bei einem Streit oder Konflikt einfach Musik anmachen und tanzen. Auch hier gilt: lieber sich beim Tanz im Kreis zu drehen als im permanenten Streit.

Beim Salsa geht es um die heitere Seite des Lebens, um Sonne und Liebe. Das erklärt auch, warum die Salsa-Musik und der Salsa-Tanz überall und multikulturell »boomen«.

In unserer klimatisch und emotional eher kühlen Region bringt die Salsa-Musik die oft vermisste Wärme und Lebensfreude. So wird der Salsa-Club zu einer Oase für die Freisetzung von Glückshormonen. Aber wie alles im Leben inklusive Partnerbeziehungen kann Salsa oder auch Fitness suchtartig und zwanghaft betrieben werden. Es gibt mittlerweile Menschen, die arbeitsunfähig werden, weil sie täglich Stunden im Salsa-Club oder im Fitnesscenter zubringen.

Das positive Zusammenwirken eines Paares lässt sich auch sehr gut im Eiskunstlauf und Eistanz beobachten. Bei der so genannten »Todesspirale« zum Beispiel, bei der die Partnerin nur an einem Arm gehalten fast horizontal über das Eis schwebt, geht es um Vertrauen, hohe Präzision, perfekte Einfühlung und Koordination mit dem Partner. Ansonsten kann der Tanz tödlich ausgehen.

18

Partnerschaft und Gartenkunst

Ach, die Gärten bist du ...
Rainer Maria Rilke

Eine Paarbeziehung ist mit einem gemeinsamen Garten zu vergleichen. Der Garten ist wie die Wohnung ein Spiegel der Seelen und der Beziehung: Was für einen Garten wünscht sich das Paar? Und wird er gemeinsam angelegt?

Ist es ein typisch deutscher Garten mit Gartenzwergen? Ein englischer Garten, ein Zen-Garten oder ein verwilderter Garten? Gibt es einen Brunnen, einen Teich oder einen Swimmingpool? Beschwert sich einer der Partner immer über den Zustand des Gartens oder sind beide damit zufrieden? Muss immer einer allein die Gartenarbeit machen oder herrscht Ausgewogenheit?

Partnerschaft als Analogie zur Gartenkunst besagt, im Partner eine Blume oder Pflanze zu sehen, die wir gut behandeln sollten, indem wir ihr regelmäßig Wasser geben. Wenn sie nichts bekommt, geht sie ein. Der Garten braucht wie eine Beziehung viel Pflege und Sonne und muss von Unkraut und Schädlingen befreit werden. Der blühende Garten und seine Gestaltung sagt etwas über die Qualität der Paarbeziehung aus. Der Garten ist ein Symbol für die kreative Gestaltung der gemeinsamen Aufgabe Partnerschaft.

Ein Garten unterliegt wie eine Partnerschaft dem Wandel der Zeit. Die Jahreszeiten verändern sein Gesicht. Die Psychologie der Jahreszeiten spiegelt Zustände von Neubeginn im Frühling, Hochgefühl im Sommer, Verfall und Wandlung im Herbst und Überwintern bei Kälte.

Willst du für eine Stunde glücklich sein,
so betrinke dich.
Willst du für drei Tage glücklich sein,
so heirate.
Willst du für acht Tage glücklich sein,
so schlachte ein Schwein und gib ein Festessen.
Willst du aber ein Leben lang glücklich sein,
so schaffe dir einen Garten.

Chinesisches Sprichwort

19

Partnerschaft und Kochkunst

How to cook your life?
Film von Doris Dörrie
How to cook your partnership?

Als Analogie zur Paarbeziehung stellt sich hier die Frage, wie das gemeinsame Mahl des Paares aussieht. Herrscht zu Hause »Schmal-Hans-Küchenmeister«? Lebt das Paar nur von Fünf-Minuten-Terrinen? Kochen beide, aber nur innerlich vor Wut?

Oder speist man zu Hause ein lust- und liebevoll zubereitetes Fünf-Gänge-Menü? In schöner Atmosphäre? Wird immer wieder mal etwas Neues ausprobiert? Kann jeder essen, was er will? Oder wird gegessen, was auf den Tisch kommt? Mäkelt einer ständig herum an dem, was der andere gekocht hat? Verwöhnt das Paar sich wechselseitig kulinarisch und lässt auch Freunde daran teilhaben?

Liz Greene vergleicht eine Partnerschaft und das Neue, das dadurch entsteht, mit dem Backen eines Kuchens, der zunächst aus ganz verschiedenen Zutaten und Bestandteilen besteht und beim Backen einen Verwandlungsprozess erfährt. Als Ausgangspunkt für diese Analogie wählt sie ein Zitat von Carl Gustav Jung: »Das Zusammentreffen von zwei Persönlichkeiten ist wie die Mischung zweier verschiedener chemischer Körper: Tritt eine Verbindung überhaupt ein, sind beide gewandelt.«[274]

Jede Partnerschaft ist dennoch ein Geheimnis, und oftmals verstehen wir auch das Gesamtergebnis der »Partnerzugaben« trotz aller psychologischen Kenntnisse nicht richtig.

Liebe geht durch den Magen.
Deutsches Sprichwort

20

Partnerschaft als Film / Theater

Beim Film ist es wie im Leben:
Man beginnt als jugendlicher Liebhaber,
dann wird man Charakterdarsteller
und endet als komischer Alter.

Jean Gabin

Bei einem Paarkonflikt sind die beiden Hauptdarsteller gefühlsmäßig meist so stark in das gemeinsame Drama involviert, dass es ihnen schwerfällt, ihre Situation mit Abstand zu betrachten. Hier kann es hilfreich sein zu versuchen, sich selbst und den Partner wie Schauspieler auf einer Bühne oder Leinwand zu betrachten.

Mit etwas Distanz gesehen ist oft festzustellen: Es ist immer der gleiche Film oder das gleiche Stück. Aufgabe wäre es dann, den Ablauf des Filmes bzw. Theaterstücks zu verändern und neue Rollen zu erlernen. Eine Beziehung ist oft einfach nur Gewöhnung an eingefahrene Rollen. So spielt einer der beiden Partner seit Jahren das »arme Opfer« und der andere den »Bösen«. Die Kunst besteht darin, die Rollen zu erkennen und zu verändern.

Das Unternehmens-Theater dient dem kreativen Konfliktmanagement, um Führungskräften Konflikte und Kommunikationsverhalten in ihrem Unternehmen vorzuführen. Die Theater-Coaches erforschen das Klima eines Unternehmens und spielen dann den Führungskräften Konflikt-Szenen aus Abteilungen und Konferenzen vor. Die Führungskräfte können so mit Abstand betrachten, was sie da so alltäglich im Umgang miteinander und mit ihren Mitarbeitern »fabrizieren«, und darüber kritisch reflektieren.

Übertragen auf Partnerschaften müsste es so etwas wie ein Paartheater oder auch Paarkabarett geben, zwei Schauspieler, die dem Paar ihre »Story« vorspielen.

Zurück zum Film: In fast jedem Haushalt gibt es eine Kamera, die man als »versteckte Kamera« für ein paar Stunden mitlaufen lassen kann – an einem Tag, an dem es mal wieder so richtig kracht. Schaut man sich die Aufzeichnung dann später an, ist es vielleicht möglich, über sich und den anderen ebenso zu lachen wie über Al Bundy und seine Frau aus der »Schrecklich netten Familie«.

21

Partnerschaft als Zirkus

Zähmen kann man Tiere und Menschen nicht,
aber man kann lernen, mit ihnen umzugehen.
Gerd Siemoneit-Barum

Der Dompteur und Zirkusdirektor Gerd Siemoneit-Barum beschreibt mit seinem Co-Autor Robert Griesbeck in dem Buch »*Die Kunst, mit dem Tier im Menschen umzugehen*« seine jahrzehntelangen Erfahrungen im Umgang mit Raubtieren.

Das Interessante an seinem Buch sind die Schlussfolgerungen, die der Dompteur aus seinen Erfahrungen für den Umgang mit Menschen zieht. In vielerlei Hinsicht, so die These des Buches, sind wir immer noch die »*alten Raubtiere*«: »Unsere Angstreflexe, unser Hierarchiegebaren ebenso wie unser Empfinden von Nähe und Distanz haben sich über die Jahrmillionen nur wenig geändert.«[275] Tier- wie Menschenbabys brauchen Vater und Mutter, Liebe, Sicherheit und auch Grenzen.

Unser Verhalten, in Gefahren- und Angstsituationen instinktiv und blitzschnell mit Flucht oder Angriff zu reagieren, wird wie bei Tieren vom Hirnstamm aus gesteuert, auch als »Reptilienhirn« bezeichnet.

Wenn wir es mit einer gemischten Raubtiergruppe (im Zirkus oder im übertragenen Sinn mit Menschen) zu tun haben, ist sehr wichtig, dass jeder seinen Platz bekommt und auch hat. Der sichere Platz und Raum im realen und psychologischen Sinne gibt Mensch und Tier Sicherheit und ermöglicht eine positive Zusammenarbeit.

In einer Partnerschaft geht es wie im Fitnesscenter darum, wo »markiere« ich mein Territorium im Raum, wo lege ich meine Yoga-Matte hin, wo ist mein Platz. Tiere markieren ihr Revier durch Urin. Menschen bauen ihre Häuser, ziehen ihre Zäune um die Gärten und brauchen auch unbedingt ihr »eigenes Revier« in der Wohnung.

Ein bedauernswerter Mensch ist in meinen Augen,
wer in seinem Heim keinen Platz hat,
wo er sich selbst gehört,
wo er sich nur um sich allein bemüht,
wo er verborgen sein kann.

Michel de Montaigne

Was zählt im Umgang mit »Raubtieren«, sind die klaren Ansagen. Auch ein Tier reagiert auf die menschliche, ihm fremde Ansprache. Die Sprache sollte jedoch kurz, klar und liebevoll sein. Neben der Sprache ist auch der Blickkontakt wichtig.

Liest man die »Die goldenen Dompteurregeln« von Gerd Siemoneit-Barum, so hat man das Gefühl, eine Anleitung zur Verhinderung von Mobbing in der Partnerschaft in den Händen zu halten. Unsere Übertragung der Dompteurregeln auf das Miteinander in der Partnerschaft haben wir jeweils kursiv hinzugefügt:

Die goldenen Dompteur-Regeln von Gerd Siemoneit-Barum[276] – übersetzt auf den »Zirkus Partnerschaft«

· Ein guter Dompteur ist ein Tierlehrer, der weiß, wie Tiere ihr Spiel spielen.
  – *Ein guter Partner weiß, wie der Partner »tickt«.*

· Ein guter Dompteur ist kein gefürchtetes Alpha-Tier und kein strenger Zuchtmeister, sondern ein Coach.
  – *Ein guter Partner ist kein gefürchtetes Alpha-Tier und kein strenger Herrscher, sondern ein hilfreicher Coach.*

· Ein guter Dompteur muss ein aufmerksamer und liebevoller Beobachter sein, ein Mensch, der jedes Tier individuell fördert und fordert, der ihm nichts aufzwingt, was dessen Wesen fremd wäre, ein Lehrer und Trainer – aber niemals ein tierischer Kumpel und Freund.
  – *Ein guter Partner ist ein aufmerksamer und liebevoller Beobachter, der seinen Partner fördert und ihm nichts aufzwingt, was dessen Wesen fremd wäre. Beide sind gleichberechtigte und autonome Wesen.*

· ... Ein Ausbilder oder Tiertrainer ist etwas anderes als ein Dompteur. Solche Tierexperten wollen das Verhalten von Tieren »gesellschafts-tauglich« machen und die Schale des Wissens weitergeben. Ihnen fehlt die Besessenheit und die Lust, mit Tieren gemeinsam ein Kunstwerk zu kreieren.

– *Manche Partner wollen den anderen erziehen oder umerziehen. Das ist aber Mobbing. Es geht darum, gemeinsam schöpferisch und kreativ das »Kunstwerk Partnerschaft« zu kreieren.*

· Ein guter Dompteur präsentiert das Tier – nicht sich selbst.

– *Ein guter Partner ist stolz auf seinen Partner und liebt den gemeinsamen »Auftritt«.*

· Die erste Aufgabe eines Dompteurs ist es, seine Tiere zu schützen.

– *Das Wichtigste ist einer Partnerschaft ist Achtsamkeit und Fürsorge für sich und den Partner.*

· Wie sage ich's meinem Tier? Ich mache es ihm vor.

– *Wie sage ich es meinem Partner? Ich lebe es ihm vor und sage, was ich mir von ihm wünsche.*

· Ein guter Tierlehrer verführt zum richtigen Verhalten.

– *Der Partner als Coach begeistert den anderen und verführt zu Weiterentwicklung.*

· Im Laufe der Ausbildung muss ein Zusammengehörigkeitsgefühl der Tiere erwachsen.

– *Im Laufe der Partnerschaft sollte sich in ausgewogener Balance von Nähe und Distanz ein Zusammengehörigkeitsgefühl ergeben. Liebe ist ein tiefes Gefühl der Zusammengehörigkeit.*

· Ein guter Dompteur vereint perfektes Timing mit eleganter Choreographie.

– *Partnerschaft hat viel mit dem Tanz gemeinsam. Der Dialog von Schritten macht aus dem Tanz ein Kunstwerk.*

· Jeder muss dasselbe Ziel vor Augen haben und voll motiviert sein.

– *Beide Partner haben gemeinsame Ziele, für die sie sich einsetzen, weil beide es wünschen.*

· Keiner darf die Gruppenharmonie stören, denn eine gelungene Dressur ist nur in einer entspannten Atmosphäre möglich.

– *Das A und O für eine Partnerschaft ist eine grundsätzlich positive und entspannte Atmosphäre. Nach einem konstruktiv bewältigten Konflikt sollten sich beide wieder wohl fühlen.*

· Der gute Dompteur wird immer die subtilen Spannungen in seiner Tiergruppe beobachten.

– *Die Partner achten auf Spannungen bei sich und dem anderen und kommen darüber ins Gespräch, bevor sich Feindseligkeit und Mobbing entwickeln können.*

· Zwischen dem Dompteur und seinen Tieren ist für Gleichberechtigung kein Platz – aber für Achtung.

– *In einer geglückten Partnerschaft ist jeder abwechselnd mal »Dompteur« – je nachdem, wer gerade nicht »durch den Reifen springen« mag. Es existiert trotzdem Gleichberechtigung und gegenseitige Achtung.*

· Ein guter Dompteur braucht Respekt, Autorität, Mut und Begeisterung.

– *Was für wunderbare Leitworte für eine Partnerschaft!*

· Es gibt keine schlechten Dompteure – die sind alle auf dem Friedhof.

– *Mobbing-Paare leben schon bei Lebzeiten wie auf dem Friedhof.*

· Der Schweizer Tierpsychologe und Zoodirektor Heini Hedinger fasste seine Vorstellung vom Wesen der Dressur einmal so zusammen: »Ein guter Dompteur ist der große Katalysator der Tierseele.«

– *Der gute Partner ist Coach, Übersetzer, Vermittler und Kenner der Seele des anderen.*

Buchtipp:
Gerd Siemoneit-Barum & Robert Griesbeck:
Die Kunst mit dem Tier im Menschen umzugehen. München 2007

22

Partnerschaft als Hausbau

Bei Unverträglichkeit gedeiht
kein Feuer im Haus:
Der eine bläst es an,
der andere bläst es aus.
     Friedrich Rückert

Partnerschaft ist vergleichbar mit dem Bau eines Hauses. Beim Hausbau muss man sich über den Ort und die Lage des Grundstücks Gedanken machen und sich einigen, welche Art von Haus man bauen will.

Die Außen- und Innengestaltung erfordert viele kleine und große Entscheidungen, die gemeinsam getroffen werden müssen. Hat jeder der beiden Partner die Möglichkeit, auch seine ganz individuellen Wünsche und Vorstellungen mit in die Planung einzubringen?

Das Fundament ist sehr wichtig. Ist es stabil oder zeigen sich von Anfang an Risse im Beton? Der Hausbau ist ein Prozess. Paare, die gemeinsam einen Hausbau geplant und bis zur Schlüsselfertigkeit durchgezogen haben, berichten, wie viel Freude ein derartiges gemeinsames Projekt machen kann und welche Herausforderung es ist, sich immer wieder bei auftauchenden Problemen aufs Neue zu verständigen und einen gemeinsamen Weg zu finden.

Bedauerlich ist es dann, wenn das Haus fertig ist und die Partner es als Gefängnis zu zweit erleben. Wenn die Kinder aus dem Haus sind, wird dann oft alles verscherbelt und im Streit verkauft.

Im übertragenen Sinn ist für eine Partnerschaft wichtig, immer wieder neue gemeinsame, sinnvolle und kreative Aufgaben zu finden.

Ein trautes Heim ist ein Heim,
in das man sich heimtraut.
     Robert Lembke

Teil XI

Partnerschafts-Modelle für das 21. Jahrhundert

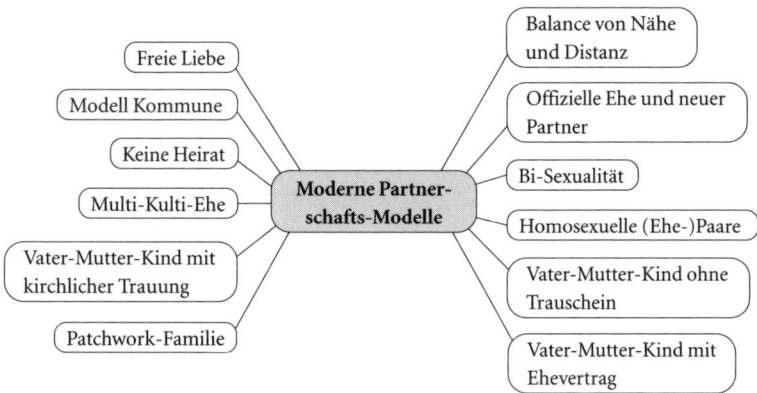

Die herkömmlichen Modelle für Ehe und Partnerschaft scheinen in der heutigen Zeit nicht mehr zu funktionieren. Die traditionellen Rollenbilder für Mann und Frau wirken gleichwohl weiter. Die biologische Forschung wie die Gehirnforschung betonen, dass es archaische Muster gibt, die Männer und Frauen voneinander unterscheiden. Trotz Emanzipierung der Frauen existieren die alten Muster des männlichen Jägers und des gebärenden, fürsorglichen weiblichen Prinzips.

Manche Kulturen kennen bis heute die Liebesheirat nicht. Die Ehepartner werden von den Familienclans vermittelt. Einerseits bedeutet dies Autonomieverlust und Zwang. Die organisierte Verheiratung scheint positiv verstanden auch aus dem Wissen zu resultieren, dass Partnerschaften und Ehen in der Regel schwierig sind und es mitunter von Vorteil sein kann, die Erwartungen auf das »große Glück« erst gar nicht zu nähren. Statt der Hoffnung auf die große Liebe steht bei einem Arrangement der Eheleute die Bewältigung des gemeinsamen Überlebens im Vordergrund. Diese psychologische Interpretation darf keinesfalls als Plädoyer für eine Zwangsheirat missverstanden werden.

Die Freiheit der Wahl in unserem Zeitalter hat andererseits auch zur Folge, dass Beziehungen oft bei den ersten Problemen schnell abgebrochen werden. Dadurch zerbrechen auch Familien, oft ohne dass vorher nach anderen Auswegen mit Hilfe von Beratung gesucht wird. In der Folge werden die Beziehungsmuster mit dem nächsten Partner leider oft unreflektiert wiederholt.

Frauen verbinden vermehrt Beruf und Familie aus finanziellen und aus Selbstverwirklichungs-Gründen, was oft zu einer Doppelbelastung führt. Im gleichen Zug haben sich schon viele Männer in ihrer Vaterrolle weiterentwickelt und kümmern sich ebenfalls vorbildlich um ihre Kinder.

Unter dem Motto »Sowohl als auch« scheint es notwendig, dass Paare im 21. Jahrhundert verstärkt das »Entweder-Oder«-Prinzip verlassen. Hier ist auch die Psychologie und Psychotherapie gefragt, deren Aufgabe es unter anderem ist, aus Einseitigkeiten und Extremen herauszuführen und Widersprüche, Ambivalenzen und Konflikte zuzulassen – in der eigenen Seele, beim Gegenüber und auch in der Beziehung.

Eine sehr wichtige Entdeckung der Psychoanalyse war die *Ambivalenz*. Damit ist gemeint, dass wir alle Impulse von Zuneigung und Ablehnung der gleichen Person gegenüber in uns tragen. Dies entspricht auch den Polaritäten des Lebens. Alles besteht aus Gegensätzen: das Weibliche und das Männliche, Tag und Nacht, Yin und Yang, Sonne und Mond, passiv und aktiv, Freiheit und Bindung etc. Wer Ambivalenz bei sich und anderen berücksichtigen und aushalten kann, lebt freier und gelassener.

Wie wohl ist einem bei Menschen,
denen die Freiheit des Anderen heilig ist.
                              Seneca

1

Balance von Nähe und Distanz

Die Partner leben nicht zwangsläufig in einer Wohnung oder einem Haus. Jeder hat ein eigenes deutlich abgegrenztes Territorium. Im Zuge der zunehmenden »Wander- und Projektarbeiter« führen die Partner sogar eine Fernbeziehung und leben in unterschiedlichen Orten, Städten oder Ländern.

2

Offizielle Ehe und neuer Partner

Viele Paare sind offiziell verheiratet, leben jedoch getrennt und bleiben vielleicht aus finanziellen Gründen oder wegen der gemeinsamen Kinder verheiratet, haben aber eine neue Liebesbeziehung.

3

Bi-Sexualität

Nach einem Wort von Alexander Mitscherlich ist nur der Zustand der Verdrängung der Homosexualität pathologisch. Eine Partnerschaft wird nicht selten damit konfrontiert, dass ein Partner nach zahlreichen heterosexuellen Ehejahren seine Homosexualität ausleben möchte. Manches Ehepaar trifft dann folgendes Arrangement: Mann und Frau bleiben freundschaftlich verbunden und auch offiziell verheiratet. Jedoch hat jeder seinen neuen Partner, der eine gegen-, der andere gleichgeschlechtlich.

4

Homosexuelle (Ehe-)Paare

Homosexuelle Paare sind mittlerweile nicht nur »toleriert«, sondern legalisiert durch die Möglichkeit der Eheschließung. Dies ist jedoch noch nicht überall auf der Welt der Fall.

5

Vater – Mutter – Kind ohne Trauschein

Eine Tendenz zeigt, dass junge Paare nicht immer heiraten, wenn sie ein Kind bekommen. Der Rahmen Heirat scheint dann nicht als Garant fürs Zusammenbleiben zu gelten.

6

Vater – Mutter – Kind mit Ehevertrag

Junge Paare beugen aus weiser Vorsicht für den Fall des Scheiterns der Ehe vor und schließen einen Ehevertrag ab, wenn sie heiraten.

7

Patchwork-Familie

Alleinerziehende mit Kindern, Geschiedene oder Singles tun sich zusammen und gründen so eine Patchwork-Familie. Dies entspricht dem Modell der Großfamilie und hat den Vorteil, dass nicht nur die leibliche Mutter bzw. der leibliche Vater Bezugsperson ist. Das Modell Patchwork könnte auch ein Paar sein, das Kinder aus eigener oder fremder Kultur adoptiert. Die Partnerschaft bekommt dadurch eine besondere Aufgabe und einen Sinn.

8

Vater – Mutter – Kind mit kirchlicher Trauung

Oft gibt es mehrere Eheschließungen, und beim dritten Mal klappt es dann vielleicht auch kirchlich, wenn die Empfehlung »Augen auf bei der Partnerwahl« befolgt wird. Es gibt durchaus Fälle, die selbst beim siebten Mal nochmals das Wagnis der Ehe und des möglichen Scheiterns einer Ehe eingehen nach dem Motto »Versuch und Irrtum«.

9

Partnerschaft / Ehe mit einem Menschen aus einer anderen Kultur

Im Zuge der weltweiten Migrationsbewegungen kommt es häufiger zu Multi-Kulti-Paarbeziehungen. Gelingt die Multi-Kulti-Beziehung, ist sie eine Bereicherung und ein Modell für das friedliche Zusammenleben der Völker und Kulturen weltweit.

10

Partnerschaft ohne Heirat mit oder ohne Kind

Zwei Partner gründen zusammen eine Arbeits- und Lebensgemeinschaft, und statt gemeinsamer Kinder widmen sie sich anderen Aufgaben wie der Gründung einer Firma oder einer Stiftung für soziale Zwecke. Viele Paare haben ein gemeinsames Kind und sind aber nicht verheiratet.

11

Zurück zur Natur und Modell Kommune, auch für das Alter

Der »Bio-Trend« zeigt sich auch in Paarmodellen. Paare kaufen einen Bauernhof und leben Öko. Geistig und seelisch Gleichgesinnte tun sich zusammen, Leute mit gleicher Wellenlänge kaufen sich ein Haus und leben als Kommune oder Wohngemeinschaft zusammen – auch für die Zeit des Älterwerdens.

12

Freie Liebe

Bei zu viel Nähe oder zu viel Distanz oder unbereinigten Konflikten kommt es in vielen Fällen zu einer Dreiecksbeziehung. Eine sexuelle Affäre führt nicht in allen Fällen zur Trennung oder Scheidung, sondern könnte für ein Paar auch eine Krise auslösen, die im Idealfall eine Weiterentwicklung bedeutet. Hier gilt das Motto, den Partner nicht zu verletzen, also ihm nicht Schmerzen zuzufügen, die man selbst nicht erleiden möchte. Das Leben lehrt uns, unsere Schwächen und Unvollkommenheiten sich selbst und dem Partner zu verzeihen und nicht beim anderen zu bekämpfen.

In muslimischen Kulturen gibt es theoretisch und offiziell die Möglichkeit, bis zu vier Ehefrauen zu haben, vorausgesetzt der Ehemann kann alle Ehefrauen gleichermaßen gut versorgen, sowohl finanziell als auch emotional. Und da dies schwer zu realisieren ist, kommt es auch nicht so häufig vor, wie unsere Phantasien vermuten lassen. Außerdem müssten die Ehefrauen zustimmen, die schon da sind. Das polygame Modell gilt allerdings ungerechterweise bisher nicht für Frauen. Frauen können sich offiziell nicht mehrere Ehemänner gleichzeitig nehmen. Hier ist eine Parallele zur Arbeitswelt, in der Frauen in der Regel bis zum heutigen Tag weltweit bezüglich der Bezahlung benachteiligt werden.

In unserem Kulturkreis ist zwar offiziell nur ein Ehepartner legal erlaubt. Inoffiziell gibt es jedoch oft zusätzliche Partner über Affären. Die Menschen unterschiedlicher Kulturen und Religionen scheinen sich vielleicht weniger zu unterscheiden, als es den Anschein hat.

13

Die Voraussetzung:
Eine gute Beziehung zu sich selbst

Voraussetzung für das Erleben einer guten Partnerschaft ist die gute Beziehung zu sich selbst. Erst wenn der Einzelne sich selbst als eigene und verantwortliche Persönlichkeit weitgehend entwickelt und sich selbst annehmen und lieben gelernt hat, ist er fähig zu einer glücklichen Paarbeziehung.

Die Frage all dieser alternativen Modelle für unser 21. Jahrhundert wäre somit nicht, was soll der Mann oder die Frau tun oder wie soll er oder sie sein, sondern was ist verbunden mit Würde, Achtung, Toleranz und Menschlichkeit. Wie im Arbeitsleben und in der Politik geht es auch in Partnerbeziehungen zentral um das Prinzip Kooperation und Menschlichkeit.[277]

Abschließend zum Kapitel kreative Lebens- und Partnerschaftsformen für das 21. Jahrhundert möchten wir betonen, dass es sicher noch viele weitere alternative Möglichkeiten gibt und in Zukunft auch geben wird.

Für das Gelingen einer Partnerschaft gibt es kein Patentrezept und kein Richtig oder Falsch. Vielmehr möchten wir dazu ermutigen, dass jeder Mensch und jedes Paar für sich ganz individuell den eigenen Weg findet. Dabei ist vor allem wichtig, im Einklang mit der eigenen Natur und der des anderen zu sein und niemandem zu schaden.

> *Primum non nocere.*
> *Zuerst einmal nicht schaden.*
> Leitsatz der Ärzte des Altertums

Dies kann natürlich auch beinhalten, dass man alleine und eher als »Single« lebt ohne feste Partnerschaft und dass man nur zeitweilig »eine Beziehung« hat oder vielleicht irgendwann einmal in der fernen Zukunft.

> *Jeder soll nach seiner Fasson selig werden.*
> Friedrich der Große

14

Was macht eine gute Partnerschaft aus?

Wir haben, wo wir lieben, ja nur dies:
einander lassen.
Denn dass wir uns halten,
das fällt uns leicht und
ist nicht erst zu lernen.
                    Rainer Maria Rilke

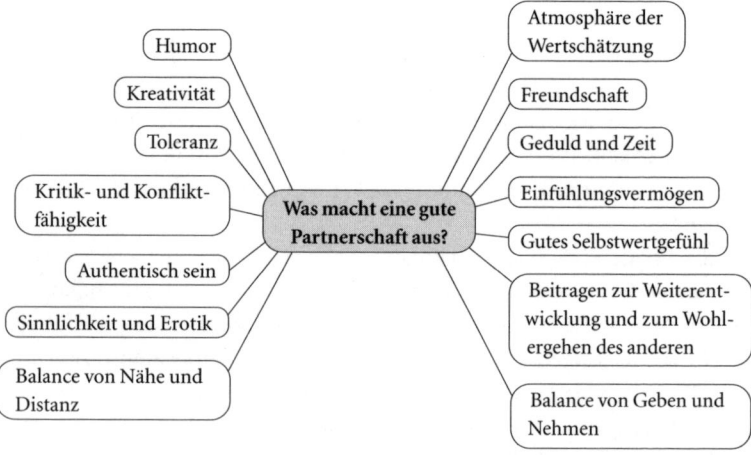

Gelingt es, diese 14 Merkmale in eine Beziehung einzubringen, ist eine gute *Prophylaxe* gegen Mobbing in der Partnerschaft gegeben.

15

Ein Plädoyer für die Liebe

Niemals in der Welt
hört Hass durch Hass auf.
Hass hört durch Liebe auf.
Buddha

Trotz der Komplikationen, Verwicklungen, trotz Hass, Neid, Eifersucht und sogar Gewalt in Beziehungen ist der Wunsch nach Liebe, Verständnis, Geborgenheit und Zugehörigkeit mächtig.

Mobbing in der Partnerschaft ist eine Form der Kommunikation, jedoch eine ungekonnte, enormes Leid verursachende. Feindseligkeit ist ein maskierter Notruf, eine enttäuschte Liebe und die Unfähigkeit, die eigenen Gefühle und Bedürfnisse angemessen auszudrücken.

Wenn wir eine Sprache des Herzens haben, sind wir nicht länger »Analphabeten des Gefühls« und können offener und liebevoller miteinander kommunizieren.

Auch eine Trennung sollte möglichst in Liebe, behutsam und nicht abrupt, erfolgen. Das gelingt, wenn wir das Geschenk würdigen, das die Partnerschaft bei allen Schwierigkeiten auch war, und wenn wir den verborgenen Sinn hinter den Lebensaufgaben erkennen können. Der verborgene Sinn hat meist etwas mit Entwicklung und Reifung zu tun.

Lieben und arbeiten

Sigmund Freud wurde einmal gefragt, was ein normaler Mensch seiner Meinung nach können müsse. Der Fragende erwartete einen langen Vortrag. Sigmund Freud antwortete nur: *Lieben und arbeiten.* Von diesen beiden Themen ist die Liebe das Primäre, weil sie mit der Geburt beginnt. Die Liebe ist das Thema Nummer eins des Menschen. Das kleine Baby interessiert sich nicht für Arbeit und Berufsaussichten. Es will einfach nur geliebt werden.

Die Liebe ist der Wunsch, geliebt zu werden.
Jean Giraudoux

Liebe ist nach Erich Fromms klassischem Buch »*Die Kunst des Liebens*« eine Kunst. Wie jede Kunst ist Liebe auch Arbeit, und so verbinden sich diese beiden Grundthemen des Menschen. »Wenn man die Liebe erlernen will, muss man genauso vorgehen, als wolle man irgendeine andere Kunst – zum Beispiel Musik, Malerei, Tischlerei oder die Kunst der Medizin oder der Technik – erlernen.«[278]

Unsere Grenzen

Dennoch: Alle psychologischen Erklärungen und alle noch so gut gemeinten Empfehlungen haben ihre Grenzen. Es ist im Leben nicht alles »machbar« – und wenn man es sich auch noch so sehr wünscht.

Der Evangelische Theologe, Zen- und Yoga-Lehrer Michael von Brück hat darauf hingewiesen, dass den beiden Erfahrungen *Liebe* und *Tod* gemeinsam ist, dass sie nicht steuerbar sind und sich unserer Kontrolle entziehen.[279]

Diesem Gedanken sei der Begriff des *Schicksals* angefügt. Am Beginn und am Ende einer Liebesbeziehung ist etwas Schicksalhaftes am Werk. Die Ohnmacht angesichts dessen, was nicht zu kontrollieren und zu »beherrschen« ist, löst einen Gegenimpuls aus, nämlich »zu herrschen und zu unterdrücken«.[280] Vielleicht ist dies der tiefere Hintergrund für *Mobbing in der Partnerschaft*: als unbewusster Versuch, Macht und Kontrolle über Unkontrollierbares und stets sich Veränderndes zu behalten.

Wie wir gesehen haben, spitzt sich das Mobbing besonders beim drohenden Ende einer Partnerschaft zu. Das Ende einer Paarbeziehung ist symbolisch mit dem Tod verbunden und mit den tiefen Ängsten, die eine Trennung auslöst.

Anstelle von Macht und Kontrolle bleibt wohl nur das Prinzip der Wandlung und des Neuanfangs, worauf Goethe in seinem Gedicht *Selige Sehnsucht* hingewiesen hat und in dem er den Schmetterling als Wandlungssymbol erwähnt:

Und solang du das nicht hast,
Dieses Stirb und Werde!
Bist du nur ein trüber Gast
auf der dunklen Erde.

Der Flirt und der Schmetterling

Unser Buch beschreibt Mobbing in der Partnerschaft, wie Liebe zum Desaster wird und wie man vom Flirt in die Hölle geraten kann. Der Ratgeberteil versucht Wege aufzuzeigen, wie man aus der Hölle wieder zum Flirt zurückgelangen könnte.

Der *Flirt* ist der Gegenpol zum Mobbing. Der Flirt ist die Königin der Kommunikationsstile und eine positive Grundhaltung dem Leben und den Menschen gegenüber, nicht nur am Beginn einer Beziehung. Ein Flirt ist wie ein Schmetterling. Der Schmetterling steht auch für die Kunst der Metamorphose. Er flirtet gern auf seinem Flug von Blume zu Blume und pendelt gekonnt zwischen *Nähe und Freiheit*.

Mit dieser gleichermaßen romantischen wie zeitgemäßen Botschaft wünschen wir Ihnen alles Gute!

Anmerkungen

1 Lin Yutang: Weisheit des lächelnden Lebens. Frankfurt a.M. und Leipzig 2004, S. 225 © 2002 Deutsche Verlags-Anstalt, München in der Verlagsgruppe Random House GmbH. Abdruck mit freundlicher Genehmigung der Deutschen Verlags-Anstalt

2 URL: http://www.gratis-forum.de/forum/index.html?fnr=63168&enr=568472 &show1=1&modus=1

3 Rhein-Neckar-Zeitung 28.12.06, nach:
http://www.rnz.de/zusammen3/00_20061228165833_Ehekrach_loeste_Flugzeugentfuehrung_aus.htm

4 Die Welt, 06.02.07, S. 31

5 So der Untertitel des Buches von Heinz Leymann: Mobbing. Psychoterror am Arbeitsplatz und wie man sich dagegen wehren kann. Reinbek b. Hamburg 1993, S. 21

6 ebd.

7 Christa Kolodej: Mobbing. Psychoterror am Arbeitsplatz und seine Bewältigung. Wien 1999, S. 22

8 Abusive Behavior Observation Checklist (ABOC) von M.A. Dutton (unter Verwendung der Domestic Tactics Scale, Straus 1979 und des Power and Control Wheel, Pence & Paymar 1986), in: Mary Ann Dutton: Gewalt gegen Frauen. Diagnostik und Intervention (Orig.: Empowering and Healing the Battered Woman, 1992). Bern usw. 2002, S. 43ff., S. 213ff. Katalog der 100+... Mobbinghandlungen von Axel Esser & Martin Wolmerath, in: dies.: Mobbing. Der Ratgeber für Betroffene und ihre Interessenvertretung. 6. Aufl. Frankfurt a.M. 2005, S. 25ff. Die 45 Handlungen – was die »Mobber« tun, von Heinz Leymann, in: ders.: Mobbing. Psychoterror am Arbeitsplatz und wie man sich dagegen wehren kann. Reinbek bei Hamburg 1993, S. 33f.

9 Katalog der 100+... Mobbinghandlungen von Axel Esser & Martin Wolmerath, in: dies.: Mobbing. Der Ratgeber für Betroffene und ihre Interessenvertretung. 6. Aufl. Frankfurt a.M. 2005, S. 25ff.

10 Bundesministerium für Familie, Senioren, Frauen und Jugend (Hg.): Lebenssituation, Sicherheit und Gesundheit von Frauen in Deutschland. Berlin 2004, S. 222. Die Gewalthandlungen erfolgten zu 99% durch Männer.

11 a.a.O., S. 226, 229

12 Bundesministerium für Familie, Senioren, Frauen und Jugend (Hg.): Lebenssituation, Sicherheit und Gesundheit von Frauen in Deutschland. Eine repräsentative Untersuchung zu Gewalt gegen Frauen in Deutschland. Zusammenfassung zentraler Studienergebnisse. Berlin 2004, S. 19

13 Bundesministerium für Familie, Senioren, Frauen und Jugend (Hg.): Lebenssituation, Sicherheit und Gesundheit von Frauen in Deutschland. Berlin 2004, S. 252

14 a.a.O., S. 253

15 a.a.O., S. 248

16 Russel P. Dobash & R. Emerson Dobash: Gewalt in heterosexuellen Partnerschaften. In: Wilhelm Heitmeyer & John Hagan (Hg.): Internationales Handbuch Gewaltforschung. Wiesbaden 2002, S. 921–941 (S. 926 f.)

17 Bundesministerium für Familie, Senioren, Frauen und Jugend (Hg.): Gewalt gegen Männer. Personale Gewaltwiderfahrnisse von Männern in Deutschland. Ergebnisse der Pilotstudie. Berlin 2004, S. 11

18 a.a.O., S. 10

19 Nach Angaben des Innenministeriums NRW: http://www.im.nrw.de/sch/doks/hg_jahreszahlen2006.pdf

20 Der Polizeipräsident in Berlin (Hg.): Polizeiliche Kriminalstatistik 2006. Berlin o.J., S. 98f.

21 http://www.hamburgerfrauenhaeuser.de/gewalt.htm

22 Dietmar Stiemerling: Wenn Paare sich nicht trennen können. Stuttgart 2006, S. 13

23 vgl. Hubertus Kudla: Spiele des Eros. Berühmte Liebespaare der Antike. München 2003, S. 76–87. Michael Grant & John Hazel: Lexikon der antiken Mythen und Gestalten. München 1994. (Orig.: Who's Who in Classical Mythology, 1973). Liz Greene & Juliet Sharman-Burke: Die mythische Reise. Die Bedeutung der Mythen als ein Führer durchs Leben. München 2004, S. 149–161 (Orig.: The Mythic Journey. The Meaning of Myth as a Guide for Life, 1999)

24 Homer: Ilias 24, 305–306. In: Homer: Ilias und Odyssee. Übersetzt von Johann Heinrich Voss. Essen 2004, S. 237

25 Homer: Ilias 5, 890–892. In: Homer: Ilias und Odyssee. Übersetzt von Johann Heinrich Voss. Essen 2004, S. 93

26 Liz Greene & Juliet Sharman-Burke: Die mythische Reise. Die Bedeutung der Mythen als ein Führer durchs Leben. München 2004, S. 167 (Orig.: The Mythic Journey. The Meaning of Myth as a Guide for Life, 1999)

27 a.a.O., S. 152

28 Sitcom = Situation Comedy

29 Eine schrecklich nette Familie. Erste Staffel, Disc 1, Episode 1: So hat alles angefangen. [1987] Columbia Tristar Home Entertainment 01651. 2 DVDs, 2004

30 ebd.

31 ebd.

32 ebd.

33 ebd.

34 ebd.

35 ebd.

36 Sigmund Freud: Der Humor [1927]. Studienausgabe Bd. IV. Frankfurt a.M. 1970, S. 275–282 (S. 278)

37 Thomas Bernhard: Ja. [1978] Frankfurt a.M. 2006. Neuausgabe des Suhrkamp-Verlages anlässlich des 75. Geburtstages von Thomas Bernhard (1931–1989)

38 a.a.O., S. 14

39 a.a.O., S. 15

40 a.a.O., S. 31

41 Edward Hopper: Hotel by the Railroad (Hotel am Bahndamm), 1952. In: Ivo Kranzfelder: Edward Hopper 1882–1967. Vision der Wirklichkeit. Köln usw. 2006, S. 169

42 Edward Hopper: Excursion into Philosophy (Philosophische Exkursion), 1959. In: Ivo Kranzfelder: Edward Hopper 1882–1967. Vision der Wirklichkeit. Köln usw. 2006, S. 168

43 nach Margaret Iversen: Hoppers melancholischer Blick. In: Sheena Wagstaff (Hg.): Edward Hopper. Ostfildern-Ruit 2004, S. 52–65 (S. 55)

44 Platon: Symposion 189c – 19d. In: Platon: Hauptwerke. Dt. Übers. von Wilhelm Nestle. Stuttgart 1973, S. 115–117

45 a.a.O., S. 117

46 Post coitum omne animal triste est, sive gallus et mulier (Galen, 2. Jh. n.Chr.)

47 John Updike: Meister der Spannung. Über den Maler Edward Hopper – aus Anlass einer Londoner Ausstellung. Die Zeit, 27.05.2005, http://zeus.zeit.de/text/2004/23/Hopper

48 Marcus Woeller: Das Cool in der Malerei. taz, 13.08.2004, S. 15; http://www.taz.de/dx/2004/08/13/a0253.1/textdruck

49 Edward Hopper: New York Movie (Kino in New York), 1939. In: Ivo Kranzfelder: Edward Hopper 1882–1967. Vision der Wirklichkeit. Köln usw. 2006, S. 143

50 Erich Kästner: Familiäre Stanzen [1930]. In: Erich Kästner: Gedichte. Ausgewählt und herausgegeben von Volker Ladenthin. Stuttgart 1987, S. 8f.

51 Erich Kästner: Gewisse Ehepaare [1930]. In: Erich Kästner: Gedichte. Ausgewählt und herausgegeben von Volker Ladenthin. Stuttgart 1987, S. 9f.

52 Erich Kästner: Sachliche Romanze [1929]. In: Erich Kästner: Gedichte. Ausgewählt und herausgegeben von Volker Ladenthin. Stuttgart 1987, S. 11f.

53 Zeruya Shalev: Ich habe einen Traum, in: Die Zeit, 17.01.06

54 Zeruya Shalev: Mann und Frau. (Aus dem Hebräischen von Mirjam Pressler), Berlin 2002, S. (Orig.: Ba'al we-ischa, 2000)

55 a.a.O., S. 95

56 a.a.O., S. 7
57 ebd.
58 a.a.O., S. 7f.
59 a.a.O., S. 8
60 a.a.O., S. 82
61 a.a.O., S. 108
62 a.a.O., S. 33, 35
63 a.a.O., S. 42
64 a.a.O., S. 127
65 Ingmar Bergman: Szenen einer Ehe. [Drehbuch] Aus dem Schwedischen von Hans-Joachim Maas. Berlin 1973, S. 8 (Orig.: Scener ur ett Äktenskap, 1973)
66 in der Kinofassung von: Szenen einer Ehe (Scener ur ett Äktenskap). S 1973. Regie und Drehbuch: Ingmar Bergman. Darsteller: Liv Ullmann (Marianne), Erland Josephson (Johan), Bibi Andersson (Kartarina), Jan Malmsjö (Peter) u.a. Arthaus 500830 (Kino- und TV-Fassung, 3 DVDs), o.J. [2005]
67 Ingmar Bergman: Kommentar zu Szenen einer Ehe, in: Ingmar Bergman: Szenen einer Ehe. [Drehbuch] Aus dem Schwedischen von Hans-Joachim Maas. Berlin 1973, S. 5–8 (S. 5). (Orig.: Scener ur ett Äktenskap, 1973). (Anm.: Die Zitate folgen Ingmar Bergmans Drehbuchfassung, von der die deutsche Synchronfassung des Filmes teilweise abweicht.)
68 Ingmar Bergman: Szenen einer Ehe. [Drehbuch] Aus dem Schwedischen von Hans-Joachim Maas. Berlin 1973, S. 20
69 a.a.O., S. 23
70 ebd.
71 a.a.O., S. 22
72 a.a.O., S. 26
73 Carl Gustav Jung: Synchronizität als ein Prinzip akausaler Zusammenhänge [1952]. In: ders.: Synchronizität, Akausalität und Okkultismus. München 1997, S. 9–97
74 Ingmar Bergman: Kommentar zu Szenen einer Ehe, in: Ingmar Bergman: Szenen einer Ehe. [Drehbuch] Aus dem Schwedischen von Hans-Joachim Maas. Berlin 1973, S. 5–8 (S.6)
75 Ingmar Bergman: Szenen einer Ehe. [Drehbuch] Aus dem Schwedischen von Hans-Joachim Maas. Berlin 1973, S. 110
76 a.a.O., S. 111
77 a.a.O., S. 134
78 ebd.
79 Ingmar Bergman: Kommentar zu Szenen einer Ehe, in: Ingmar Bergman: Szenen einer Ehe. [Drehbuch] Aus dem Schwedischen von Hans-Joachim Maas. Berlin 1973, S. 5–8 (S.7)
80 a.a.O., S. 7

81 Ingmar Bergman: Szenen einer Ehe. [Drehbuch] Aus dem Schwedischen von Hans-Joachim Maas. Berlin 1973, S. 180

82 a.a.O., S. 181

83 ebd.

84 Andrea Thain & Michael O. Huebner: Elizabeth Taylor. Hollywoods letzte Diva. Reinbek bei Hamburg 1994, S. 254

85 Loriot: Männer und Frauen passen einfach nicht zusammen. Zürich 2006.

86 http://de.wikipedia.org/wiki/Der_Rosenkrieg

87 http://www.cbsnews.com/stories/2005/12/06/earlyshow/contributors/emilysenay/main1100000.shtml

88 Rosalind Chait Barnett et al.: Marital-Role Quality and Stress-Related Psychobiological Indicators. Annals of Behaviour Medicine 30 (2005), 36–43

89 Margarete Isermann: Psychische Komorbidität bei Brustkrebs. In: Susanne Ditz et al (Hg.): Psychoonkologie – Schwerpunkt Brustkrebs, Stuttgart 2006, S. 103–110

90 a.a.O., S. 105

91 Lawrence LeShan: Diagnose Krebs: Wendepunkt und Neubeginn, Stuttgart 1993 (Orig.: Cancer as a Turning Point, 1989)

92 Mark I. Rosen: Thank you for being such a Pain. Spiritual Guidance for Dealing with Difficult People. New York 1999

93 Alexander Mitscherlich: Die Ehe als Krankheitsursache. In: Krise der Ehe? München 1966, S. 95–110

94 Alexander Mitscherlich: Die Ehe als Krankheitsursache. In: Krise der Ehe? München 1966, S. 95–110 (S. 97f.)

95 ebd.

96 vgl. von Luck, Clemens: Innere Kündigung in Beziehungen. Vom allmählichen Rückzug in sich selbst. Frankfurt a. M. 1995

97 modifiziert nach Burisch, Mathias: Das Burnout-Syndrom. Theorie der inneren Erschöpfung. Heidelberg 2006, S. 25f.

98 Weltgesundheitsorganisation: Internationale Klassifikation psychischer Störungen. ICD-10 Kapitel V (F). Klinisch-Diagnostische Leitlinien. Bern usw. 2000, S. 169f.; AWMF Online. Leitlinien Psychotherapeutische Medizin und Psychosomatik. Posttraumatische Belastungsstörung ICD-10: F 43.1. http://www.uni-duesseldorf.de/awmf/II/051-010.htm; Österreichische Bundesregierung: Gewalt in der Familie, Wien 2001, S. 404f.

99 Mary Ann Duton: Gewalt gegen Frauen. Diagnostik und Intervention. Bern usw. 2002, S. 184 (Orig.: Empowering and Healing the Battered Woman. A Model for Assessment and Intervention, 1992)

100 Kurt Tucholsky: Das Ideal [1927], vollständiger Gedichttext siehe http://meister.igl.uni-freiburg.de/gedichte/tuc_k02.html

101 ebd.

102 vgl. James Hollis: Im Schatten des Saturn. Männer und ihre Geheimnisse. München 1999

103 Loriot: Ödipussi. Auf DVD bei Warner Home Video, 2001

104 Khalil Gibran: Von der Ehe (aus: Der Prophet). In: Sämtliche Werke, hg. von Ursula und S. Yussuf Assaf. Düsseldorf 2003, S. 890. © 2003 Patmos Verlag GmbH & Co. KG, Düsseldorf. Abdruck mit freundlicher Genehmigung des Patmos Verlages

105 Hajo Banzhaf: Die vier Elemente in Astrologie und Tarot. München 1994, S. 19

106 Fritz Riemann: Grundformen der Angst. München, Basel 1997

107 darauf hat Hajo Banzhaf hingewiesen, a.a.O., S. 208

108 Fritz Riemann: Lebenshilfe Astrologie. Gedanken und Erfahrungen [1976]. München 2005

109 Fritz Riemann: Grundformen der Angst. München, Basel 1997, S. 32f.

110 a.a.O., S. 11

111 a.a.O., S. 105

112 a.a.O., S. 11

113 Fritz Riemann: Grundformen der Angst. München, Basel 1997, S. 165

114 Jürg Willi: Die Zweierbeziehung. Reinbek bei Hamburg 1975, S. 66

115 Jerold J. Kreisman & Hal Straus: Ich hasse dich – verlass mich nicht. Die schwarzweiße Welt der Borderline-Persönlichkeit (Orig.: I Hate You – Don't Leave Me. Understanding the Borderline Personality, 1989) München 2006. Zusammenfassung der Borderline-Persönlichkeitsstörung in Anlehnung an: Markus Jehle: Ich hasse dich, verlass mich nicht. Psychologische und astrologische Indikatoren der Borderline-Persönlichkeitsstörung. Meridian, Mai/Juni 2007, S. 20–26

116 Borderline-Diagnose nach DSM-IV

117 Markus Jehle: Ich hasse dich, verlass mich nicht. Psychologische und astrologische Indikatoren der Borderline-Persönlichkeitsstörung. Meridian, Mai/Juni 2007, S. 20–26 (S. 24)

118 Jerold J. Kreisman & Hal Straus: Ich hasse dich – verlass mich nicht. Die schwarzweiße Welt der Borderline-Persönlichkeit (Orig.: I Hate You – Don't Leave Me. Understanding the Borderline Personality, 1989) München 2006. Zusammenfassung der Borderline-Persönlichkeitsstörung in Anlehnung an: Markus Jehle: Ich hasse dich, verlass mich nicht. Psychologische und astrologische Indikatoren der Borderline-Persönlichkeitsstörung. Meridian, Mai/Juni 2007, S. 20–26

119 Markus Jehle: Ich hasse dich, verlass mich nicht. Psychologische und astrologische Indikatoren der Borderline-Persönlichkeitsstörung. Meridian, Mai/Juni 2007, S. 20–26 (S. 24)

120 vgl. Dan Olweus: Gewalt in der Schule. Bern 2006, S. 63f.

121 Jürgen Hesse / Hans Christian Schrader: Krieg im Büro. Frankfurt am Main 1993

122 zit. nach Justin A. Frank: Bush auf der Couch. Wie denkt und fühlt George W. Bush? (Orig.: Bush on the Couch. 2004). Gießen 2004, U 4 Seite

123 ebd.

124 ebd.

125 Justin A. Frank: Bush auf der Couch. Wie denkt und fühlt George W. Bush? (Orig.: Bush on the Couch. 2004). Gießen 2004

126 Sabine Bätzing (Drogenbeauftragte der Bundesregierung): Mit Vorsicht genießen. Beim Alkohol entscheidet der verantwortliche Konsum. In: Flaschenpost. Die Zeitung der Aktionswoche »Alkohol – Verantwortung setzt die Grenze«, 14.6.-18.6.2007, S. 1; Alkohol – Zahlen und Fakten, ebd.; Alkohol in Europa, in: http://www.dhs-intern.de/pdf/Alkohol_in_Europa.pdf

127 http://www.dhs-intern.de/ausweg/frame_da2.htm

128 Peter Sloterdijk: Weltfremdheit. Frankfurt a.M. 1993, S. 143

129 http://www.anonyme-alkoholiker.de/content/01horiz/01schri.php

130 siehe z.B. http://www.emotionanonymous.de/12schritte.html

131 Sonja Nufer: Der Werdegang von Diplom-PsychologInnen / PsychotherapeutInnen. Persönliche Motive und Erfahrungen. Psychologische Diplomarbeit, TU Berlin, 1999; vgl. Eva Jaeggi: Und wer therapiert die Therapeuten? Stuttgart 2002

132 vgl. Wolfgang Schmidbauer: Die Hilflosen Helfer, Reinbek bei Hamburg 1977

133 vgl. http://www.wlb-stuttgart.de/referate/theologie/oetgeb00.html

134 edition filou & sophie, Marburg

135 BZ, 25.04.2007, S. 8

136 zit. nach: http://www.gesetze-im-internet.de/gewschg/__1.html

137 zit. nach: Peter Imbusch: Der Gewaltbegriff. In: Wilhem Heitmeyer / John Hagan (Hg.): Internationales Handbuch der Gewaltforschung, Wiesbaden 2002, S. 26–57 (hier: S. 32)

138 Anne Losensky: Heirate mich mein Opfer, BZ, 23.02.07, S. 16. Abdruck mit freundlicher Genehmigung der Autorin. Name und Beruf der Frau wurden für den Artikel geändert.

139 vgl. Jens Hoffmann: Stalking. Heidelberg, 2006, S. 6

140 vgl. Jens Hoffmann: Stalking. Heidelberg, 2006, S. 8

141 vgl. Jens Hoffmann: Stalking. Heidelberg, 2006, S. 69f.

142 vgl. Susanne Reinker: Rache am Chef. Die unterschätzte Macht der Mitarbeiter. Berlin 2007

143 zit. nach Stern Nr. 14/2006, S. 57

144 Stern Nr. 14/2006, S. 56

145 Stern Nr. 14/2006, S. 52–64

146 Helmut Lukesch: Gewalt und Medien. In: Wilhem Heitmeyer / John Hagan (Hg.): Internationales Handbuch der Gewaltforschung, Wiesbaden 2002, S. 639–675 (hier: S. 645)

147 vgl. Marshall B. Rosenberg: Was deine Wut dir sagen will: überraschende Einsichten. Das verborgene Geschenk unseres Ärgers entdecken. Paderborn
2006. (Orig.: The Surprising Purpose of Anger, 2005)

148 vgl. Sonja Szomoru: Wer einmal schlägt, wird 's wieder tun. Gewalt und Co-
Abhängigkeit in Beziehungen. München 2006, S. 25

149 BZ, 28.02.2007, S. 52

150 vgl. Michael Bock: Gutachten vom 15.06.2001 zum Entwurf eines Gesetzes zur Verbesserung des zivilrechtlichen Schutzes bei Gewalttaten und
Nachstellungen sowie zur Erleichterung der Überlassung der Ehewohnung
bei Trennung. Online Version siehe http://www.vafk.de/themen/expanh-
bock.htm

151 Tagesspiegel, 18.04.2007, S. 32, Bildzeitung, 18.04.2007, S. 22

152 Tagesspiegel, 18.04.2007, S. 32

153 Christina Stürmer: »Scherbenmeer«. In ihrem Album »Lebe lauter«, Polydor
(Universal) 2006, Track 4. Songtext siehe http://www.golyr.de/songtext-
scherbenmeer-543348.html%20title=

154 Tagesspiegel, 20.02.07, S. 28

155 Berliner Kurier, 10.05.2007, S. 40; vgl. Bunte, 10.05.2007, S. 28ff.

156 In der Traumdeutung bezieht sich die so genannte Objektstufe der Deutung
auf reale Personen, Situationen oder Dinge, während sich die Subjektstufe
der Deutung mit der Persönlichkeit des Träumers und seinem subjektiven
Erleben befasst.

157 Dietmar Stiemerling: Wenn Paare sich nicht trennen können. Stuttgart 2006

158 ebd.

159 Michael Mary: Schluss mit dem Beziehungskrampf, Stuttgart 2000

160 Gala Nr. 15, 04.04.2007, S. 20

161 Gala Nr. 15, 04.04.2007, S. 16–20

162 Stefanie Hertel: Ich hab ein Handy in meinem Herzen. In: Hast du Zeit für ein
paar Träume? east west Records 0630-166633-2, 1996, Tr. 3. Songtext siehe
www.allthelyrics.com/de/song/285650/

163 Jürg Willi: Die Zweierbeziehung, Reinbek bei Hamburg 1975, S. 112

164 Bild, 10.02.07, S. 15

165 Berliner Morgenpost, 20.02.07, S. 14

166 BZ am Sonntag, 28.01.07, S. 8; BZ 01.02.07, S. 18

167 Bild-Bundesausgabe, 02.02.07, S. 15

168 SZ-Magazin, 05.08.06

169 URL: http://www.swr.de/nachrichten/rp/-/id=1682/nid=1682/did=1927910/
pqa4qx/index.html; Bildzeitung-Bundesausgabe, 30.01.07, S. 13

170 URL: http://www.jurawelt.com/gerichtsurteile/pressemitteilungen/zivilrecht/
olg/8738; Aktenzeichen OLG Koblenz: 8 U 1467/02

171 http://www.shortnews.de/start.cfm?id=531292

172 BZ, 18.01.07, S. 8 und Berliner Zeitung, 04.08.06, S. 16

173 Hajo Banzhaf / Elisa Hemmerlein: Tarot als Wegbegleiter. Der zuverlässige Ratgeber für den »nächsten Schritt«. München 1999

174 Hajo Banzhaf / Elisa Hemmerlein: Tarot als Wegbegleiter. Der zuverlässige Ratgeber für den »nächsten Schritt«. München 1999; erschienen bei Kailash 1993 im Heinich Hugendubel Verlag Kreuzlingen/München. Abdruck der Deutungen mit freundlicher Genehmigung des Heinrich Hugendubel Verlags.

175 a.a.O., S. 53

176 a.a.O., S. 129

177 a.a.O., S. 135

178 a.a.O., S. 79

179 a.a.O., S. 151

180 a.a.O., S. 129

181 a.a.O., S. 155

182 a.a.O., S. 71

183 Bild Bundesausgabe, 08.03.07, S. 21

184 http://www.stuttgarter-zeitung.de/stz/page/detail.php-1359795; Stuttgarter Zeitung, 15.02.07

185 Hajo Benzhaf / Elisa Hemmerlein: Tarot als Wegbegleiter. Der zuverlässige Ratgeber für den »nächsten Schritt«. München 1999; erschienen bei Kailash 1993 im Heinich Hugendubel Verlag Kreuzlingen/München. Abdruck der Deutungen mit freundlicher Genehmigung des Heinrich Hugendubel Verlags.

186 a.a.O., S. 203

187 a.a.O., S. 141

188 a.a.O., S. 83

189 a.a.O., S. 89

190 Max April 2007, S. 122

191 Gala zitiert nach http:www.gala.de/talk/topstory/505.html?mode=print& PHPSESS...

192 Das Waldbühnen Konzert. Mit Plácido Domingo, Anna Netrebko und Rolando Villazón. Orchester der Deutschen Oper Berlin. Dgt. Marco Armiliato. DVD (Deutsche Grammophon 00440 073 4303) 2006

193 aus: Werner Biermann u. a.: Liebe an der Macht. Paare, die Geschichte schrieben. Berlin 2005, S. 156

194 Robert U. Akeret: Eine Couch auf Reisen. Ein Psychoanalytiker trifft ehemalige Patienten ein halbes Leben später. Gießen 2006 (Orig.: Tales from a Traveling Couch, 1996)

195 Jürg Willi: Die Zweierbeziehung, Reinbek bei Hamburg 1975, S. 102

196 Rene Magritte: L'Esprit de géométrie (The Spirit of Geometry) 1937, Tate Collection London, Abbildung siehe http://www.tate.org.uk/servlet/ViewWork?cgroupid=999999961&workid=9159

197 BZ, 25.04.2007, S. 18
198 Kastelruther Spatzen: Volksmusik ist Herzmusik. In: Kastelruther Spatzen aus Südtirol. Koch Universal 2004, CD1, Tr. 1. Songtext: http://www.golyr.de/kastelruther-spatzen/songtext-volksmusik-ist-herzmusik-380390.html
199 Marianne und Michael: Lieder, die vom Herzen kommen. In: Die 3 erfolgreichsten Paare der Volksmusik. Judith & Mel / Marianne & Michael / Stefanie Hertel und Stefan Mross. Montana / Koch Universal Music 06025 1719097, 2007, Tr.2
200 http://www.marianneundmichael.de/
201 Amigos. Ich geh für dich durchs Feuer. In: dies.: Die großen Erfolge, Tr. 5. VM Records 170.345, 0.J. Songtext: http://www.golyr.de/amigos/songtext-ich-geh-fuer-dich-durchs-feuer-588838.html
202 Judith & Mel: Das Glück zu zweit. In: a.a.O., Tr. 4
203 Judith & Mel: Die goldenen Jahre. In: a.a.O., Tr. 10
204 ebd.
205 Marianne & Michael: Feste feiern. In: a.a.O., Tr. 11
206 Klostertaler: Frauen lieben total. In: Klostertaler: Du musst ein Engel sein. Koch Universal 06024 9876155, 2006. Tr.8. Songtext: http://www.seek-lyrics.com/lyrics/Klostertaler/Frauen-Lieben-Total.html
207 vgl. Dieter Voigt & Sabine Meck: Gelassenheit. Geschichte und Bedeutung. Darmstadt 2005, S. 145ff.
208 Phil McGraw: Lebensstrategien. München 2002
209 Manuel Smith: Sag Nein ohne Skrupel. Die neue Methode zur Steigerung von Selbstsicherheit und Selbstbehauptung. (Orig.: When I say no, I feel guilty). Landsberg – München 2003, S. 72ff.
210 Schlüsselworte für die Elemente nach Clare Martin: Mapping the Psyche. An Introduction into Psychological Astrology. Vol. 1: The Planets and the Zodiac Signs. London 2005; deutsche Übersetzung siehe http://www.astro.com/mtp/mtp0_g.htm
211 Horst-Ulfert Ziolko
212 Carl Gustav Jung am 12.06.1911 in einem Brief an Sigmund Freud. In: Sigmund Freud / C.G. Jung: Briefwechsel. Hg. von William McGuire und Wolfgang Sauerländer. Frankfurt a.M. 1974, S. 471
213 http://www.cpalondon.com
214 Thomas Ring (1892–1983), Hauptwerk: Astrologische Menschenkunde, 4 Bände 1956–1973; vgl. Thomas Ring: Astrologie, wie ich sie sehe. Ein Gespräch, Audio CD, Chiron Verlag 2006; siehe auch: http://www.astro.com/ring/
215 Fritz Riemann (1902–1979): Lebenshilfe Astrologie. Gedanken und Erfahrungen [1976]. München 2005
216 vgl. Howard Sasportas: Die Mondknotenachse. Der Schlüssel zum Horoskop. Tübingen 2003 (Orig.: The Moon's Nodes, in; Howard Sasportas: Di-

rection and Destiny in the Birth Chart, London 1998, S. 97–183); Sitara Mittag: Wo kommst du her, wo gehst du hin? Die Mondknoten im Horoskop. Köln 2002; Sitara Mittag: Und diesmal ist es anders! Past Lifes + Mondknoten im Horoskop. Köln 2003

217 Sonne und Mond gelten in der Astrologie ebenfalls als Planeten. Chiron ist ein sog. Planetoid.

218 nach Hermes Trismegistos; es gilt auch: Wie unten – so oben. Wie innen – so außen, wie außen – so innen. Wie im Großen – so im Kleinen.

219 vgl. Liz Greene: Das Composit. Im Horoskop das Wesen von Beziehungen erkennen. Tübingen 2002, S. 7f.; Liz Greene: Neptun: Die Sehnsucht nach Erlösung. Zürich o.J. (Orig.: The Astrological Neptune and the Quest for Redemption, 1996); Liz Greene: Verletzungen und der Wille zum Leben. Apollon, August 1999; auch in: http://www.astro.com/astrologie/in_wounding_g.htm; Clare Martin: Mapping the Psyche. An Introduction into Psychological Astrology. Vol. 1: The Planets and the Zodiac Signs. London 2005; deutsche Übersetzung siehe http://www.astro.com/mtp/mtp0_g.htm; Fritz Riemann: Lebenshilfe Astrologie. Gedanken und Erfahrungen [1976]. München 2005

220 zit. nach http://www.rondomagazin.de/fuehrer/holst/gho1.htm. Eine sehr schöne Aufnahme der Planeten ist: Gustav Holst: The Planets. Mars, The Bringer of War / Venus, The Bringer of Peace / Mercury, The Winged Messenger / Jupiter, The Bringer of Jollity / Saturn, The Bringer of Old Age / Uranus, The Magician / Neptune, The Mystic. Royal Scottish National Orchestra. Ladies of RSNO Chorus. Ltg.: David Lloyd-Jones. Naxos 8.555776, 2002. Diese CD enthält auch: Pluto, The Renewer, von Colin Matthews (Uraufführung 2000)

221 vgl. Fritz Riemann: Lebenshilfe Astrologie. Gedanken und Erfahrungen [1976]. München 2005; Liz Greene: Sage mir dein Sternzeichen, und ich sage dir, wie du liebst. München 2000 (Orig.: Astrology for Lovers, 1989) Hajo Banzhaf: Astrologie. Kreuzlingen, München 2003.

222 vgl. Liz Greene: Sage mir dein Sternzeichen, und ich sage dir, wie du liebst. München 2000 (Orig.: Astrology for Lovers, 1989); siehe auch die erweiterte Online-Ausgabe dieses Buches in: http://www.astro.com/cgi/aclch.cgi?btyp=syn&lang=g&cid=pk1filexWtA79-u1014137988

223 leicht modifiziert und gekürzt nach: Clare Martin: Mapping the Psyche. An Introduction into Psychological Astrology. Vol. 1: The Planets and the Zodiac Signs. London 2005; deutsche Übersetzung siehe http://www.astro.com/mtp/mtp0_g.htm

224 vgl. Howard Sasportas: Astrologische Häuser und Aszendenten. München 1997 (Orig.: The Twelve Houses, 1987), Liz Greene: Neptun: Die Sehnsucht nach Erlösung. Zürich o.J. (Orig.: The Astrological Neptune and the Quest for Redemption, 1996); Clare Martin: Mapping the Psyche. An Introduction to Psychological Astrology. Vol 2: The Planetary Aspects and the

Houses of the Horoscope. London 2007; Anita Cortesi: Die 12 Häuser, in: http://www.cortesi.ch/Schnupperkurs/sk_main.htm

225 Howard Sasportas: Astrologische Häuser und Aszendenten. München 1997, S. 98 (Orig.: The Twelve Houses, 1987); vgl. Ernst Ott: Der Deszendent. Das Tor zur Partnerschaft im Horoskop. Mössingen 1999

226 Liz Greene: Kriminelle und Krieger. In: Lynn Bell et al.: Mars im Horoskop. Tübingen 2004, S. 211–308 (hier: S. 292f.) (Orig.: The Mars Quartet. Four Seminars on the Astrology of the Red Planet, 2001)

227 vgl. Howard Sasportas: Astrologische Häuser und Aszendenten. München 1997, S. 99 (Orig.: The Twelve Houses, 1987)

228 vgl. Fritz Riemann: Lebenshilfe Astrologie. Gedanken und Erfahrungen [1976]. München 2005

229 nach der Übersetzung Martin Luthers

230 Eine andere astrologische Methode zur Untersuchung der Zeitqualität ist die Progression

231 Liz Greene: Das Composit. Im Horoskop das Wesen von Beziehungen erkennen. Tübingen 2002; Robert Hand: Planeten im Composit. Astrologie der Beziehungen. München 1982 (Orig.: Planets in Composite, 1975)

232 Zur Analyse der Zeitqualität in der Beziehung werden zusätzlich auch das progressive Composit sowie weitere astrologische Verfahren herangezogen

233 http://www.astro.com/samples/pdf/tpg.pdf

234 a.a.O., S. 34

235 a.a.O., S. 37

236 Howard Sasportas: Uranus, Neptun, Pluto im Transit. München 1991, S. 11 (Orig.: The Gods Of Change, 1989)

237 Je nach Astrologe und je nach zur Verfügung stehender Beratungszeit kann es Abweichungen von der hier beschriebenen Vorgehensweise bei der astrologischen Paarberatung geben

238 Marshall B. Rosenberg: Gewaltfreie Kommunikation. Eine Sprache des Lebens. Paderborn 2005 (Orig.: Nonviolent Communication: A Language of Life, 2nd Edition, 2003)

239 Marshall B. Rosenberg: Konflikte lösen durch Gewaltfreie Kommunikation. Ein Gespräch mit Gabriele Seils. Freiburg usw. 2004, S. 10

240 vgl. Ludwig Schindler et al.: Partnerschaftsprobleme: Möglichkeiten zur Bewältigung. Heidelberg 2007, S. 46f.

241 vgl. zur Mindmap und zu den nachfolgenden Stichworten zu den Bedürfnissen: http://cnvc.org/needs.htm (Center for Nonviolent Communication)

242 Bernd Ruberg: Schikanöse Weisungen. Psychosoziale Gefährdung am Arbeitsplatz im Blickfeld der Gerichte für Arbeitssachen – nicht nur! bei »Mobbing«. In: Recht in der Arbeitswelt. Lüneburger Beiträge zum Arbeits- und Sozialrecht. Band 1. Hrsg. v. Joachim Heilmann und Tatjana Aigner. Münster: LIT Verlag 2004, S. 95. Abdruck mit freundlicher Genehmigung des LIT-Verlages.

243 vgl. Friedrich Glasl: Konfliktmanagement. Bern/Stuttgart/Wien 2004, S. 17, und Rainer W. Stroebe: Konfliktmanagement. In: http//pyramid-commerce.com/deutsch/verzeichnis_it-human_ressource_management/Konfliktmanagement-(PPT). html Folie 2

244 Friedrich Glasl: Konfliktfähigkeit statt Streitlust! Dornach 2000, S. 8

245 Friedrich Glasl: Selbsthilfe in Konflikten. Konzepte – Übungen – Praktische Methoden. Stuttgart 2004, S. 13

246 Friedrich Glasl: Konfliktfähigkeit statt Streitlust! Dornach 2000, S. 8

247 vgl. Ludwig Schindler et al.: Partnerschaftsprobleme: Möglichkeiten zur Bewältigung. Ein Handbuch für Paare. Heidelberg 2007, S. 85

248 vgl. Ludwig Schindler / Kurt Hahlweg / Dirk Revenstorf: Partnerschaftsprobleme: Möglichkeiten zur Bewältigung. Ein Handbuch für Paare. Heidelberg 2007, S. 82f.

249 vgl. Hörer-Information zur Sendung des WDR 5 »Typen, Triebe, Temperamente. Ich liebe einen aggressiven Menschen« vom 09.05.2006. http://www.wdr5.de/sendungen/lebensart/manuskript/la060509-aggressivitaet.pdf

250 Jerold J. Kreisman & Hal Straus: Ich hasse dich – verlass mich nicht. Die schwarzweiße Welt der Borderline-Persönlichkeit (Orig.: I Hate You – Don't Leave Me. Understanding the Borderline Personality, 1989) München 2006

251 vgl. Paul T. Mason & Randi Kreger: Schluss mit dem Eiertanz. Für Angehörige von Menschen mit Borderline (Orig.: Stop Walking on Eggshells, 1998). Bonn, 2003

252 vgl. Paul T. Mason & Randi Kreger: Schluss mit dem Eiertanz. Für Angehörige von Menschen mit Borderline (Orig.: Stop Walking on Eggshells, 1998). Bonn 2003, S. 158

253 Dalai Lama: 108 Perlen der Weisheit. München 2007

254 Rainer Maria Rilke: Es gibt nur – die Liebe. Über die Liebe. Ausgewählt und mit einem Nachwort von Ulrich Baer. Frankfurt a.M. 2006, S. 27

255 a.a.O., S. 27

256 a.a.O., S. 30

257 ebd.

258 a.a.O., S. 27

259 Die Zeit, 04.12.2003; http://www.zeit.de/2003/50/Traum_2fNatalia_W_9arner

260 Gerhard Schröder: Entscheidungen. Mein Leben in der Politik. Hamburg 2006, S. 519

261 in seiner Reportage zu dem Championsleague Halbfinale Manchester United – AC Milan, 28.04.07, premiere

262 Rainer Maria Rilke: Liebesgedichte. Ausgew. von Vera Hauschild. Frankfurt a.M. u. Leipzig 2002, S. 9

263 Christian Gansch: Vom Solo zur Sinfonie. Was Unternehmen von Orchestern lernen können. Frankfurt a.M. 2006

264 Gerald Moore: Bin ich zu laut? (Orig.: Am I Too Loud?, 1971). Kassel usw.
2003

265 a.a.O., S. 181

266 in einem Gespräch mit Oswald Beaujean am 07.05.2007 im Kulturkaufhaus
Dussmann, Berlin

267 ebd.; zum Hören: Johannes Brahms: Sonaten für Viola und Klavier. Kim
Kashkashian, Viola. Robert Levin, Klavier. 1997. ECM New Series 1630

268 Johannes Brahms in einem Brief an Amalie Joachim, o.O. u.D. [Dezember
1880]. In: Beatrix Borchard: Stimme und Geige. Amalie und Joseph Joachim.
Biographie und Interpretationsgeschichte. Wien / Köln / Weimar 2005,
S. 371f.

269 Brief von Johannes Brahms an Amalie Joachim, o.O. u.D. [Dezember 1880].
In: Beatrix Borchard: Stimme und Geige. Amalie und Joseph Joachim. Biographie und Interpretationsgeschichte. Wien / Köln / Weimar 2005, S. 371f.

270 Johannes Brahms: Konzert für Violine, Violoncello und Orchester a-Moll, op
102, »Doppelkonzert«. Wolfgang Schneiderhan, Violine. Janos Starker, Violin-
cello. Ludwig van Beethoven: Konzert für Klavier, Violine, Violoncello und
Orchester C-Dur, op. 56. »Triplekonzert«. Géza Anda, Piano, Wolfgang Schneiderhan, Violine, Pierre Fournier, Violoncello. Radio-Symphonie-Orchester
Berlin, Dirigent: Ferenc Fricsay. Deutsche Grammophon 00289 477 5341.

271 in einer historischen Aufnahme: Johann Sebastian Bach: Concerto for two
violins in D minor BWV 1043, rec. 1946, Yehudi Menuhin & David Oistrakh,
Violin. USSR State Symphony Orchestra, Aleksander Orlov, conductor. In:
David Oistrakh Collection Vol. 8: Bach, recorded 1946/57. Legendary Treasu-
res. Doremi DHR-7760; 2001

272 in einer Aufnahme für das Mozart-Jahr 2006: Wolfgang Amadeus Mozart:
Sinfonia concertante in Es-Dur, K. 364 (320d). Anne-Sophie Mutter, Violine
und Ltg., Yuri Bashmet, Viola. London Philharmonic Orchestra. In: Wolfgang
Amadeus Mozart: The Concertos for Violin and Orchestra. 2 CDs. Deutsche
Grammophon 00289 477 5925; 2005. Anne-Sophie Mutter sagt zu ihrer Zu-
sammenarbeit mit Yuri Bashmet in der Aufnahme der Sinfonia concertante
K. 364: »Ich arbeite gern mit Menschen zusammen, die zwar einen ähnlichen
Ansatz haben wie ich selbst, aber ganz andere Ideen einbringen, so dass wir
zusammenwachsen wie Yin und Yang.« (Booklet zu diesen CDs, S. 13)

273 Wolfgang Amadeus Mozart: Concerto for two pianos and orchestra, K. 365 in
E flat major. In: Mozart – Mendelssohn – Bruch. Double Piano Concertos.
Güher and Süher Pekinel, piano. Philharmonia Orchestra. Sir Neville Marri-
ner. Chandos CHAN 9711; 1999.

274 Liz Greene: Beziehungshoroskop für Charles of Wales und Camilla Parker.
http://www.astro.com/samples/pdf/tpg.pdf (S. 6)

275 Gerd Siemoneit-Barum & Robert Griesbeck: Die Kunst mit dem Tier im
Menschen umzugehen. München 2007, U4-Seite

276 Gerd Siemoneit-Barum & Robert Griesbeck: Die Kunst mit dem Tier im Menschen umzugehen. München 2007, zusammengestellt aus: Übersicht »Was ein Dompteur ist und was nicht«, S. 21 und »Die goldenen Dompteurregeln«, S. 79. © Gräfe und Unzer Verlag GmbH, München. Abdruck mit freundlicher Genehmigung des Gräfe und Unzer Verlages

277 vgl. Joachim Bauer: Prinzip Menschlichkeit. Warum wir von Natur aus kooperieren. Hamburg 2006

278 Erich Fromm: Die Kunst des Liebens. Frankfurt am Main / Berlin / Wien 1973, S. 20

279 in der Fernsehsendung »Liebe ist ... nur Chemie?« SüßStoff. Late-Night im Münchner Volkstheater mit Peter Süß. Bayerisches Fernsehen, 24.05.2007

280 Michael von Brück, s. Fn. 272

Adressen

Anonyme Alkoholiker im deutschsprachigen Raum	www.anonyme-alkoholiker.de Tel. 089 / 316 95 00
Al-Anon *für Angehörige von Alkoholikern*	www.al-anon.de Tel. 0201 / 77 30 07
Anti-Gewalttraining für Männer	*siehe Google oder andere Such-* *maschine unter diesen Stichworten,* *plus Ort/Bundesland*
Beratungsstellen Deutsche Arbeitsgemeinschaft für Jugend- und Eheberatung e.V.	www.dajeb.de → *Beratungsführer online* *informiert zu über 10 000 Beratungs-* *stellen in Deutschland, Abfragemög-* *lichkeit nach Ort und Beratungs-* *schwerpunkt**

* ***Gliederung der Beratungsschwerpunkte bei www.dajeb.de:*** Aidsberatung – Beratung alleinerziehender Mütter und Väter – Eheberatung – Ehe-, Familien- und Lebensberatung (einschließlich Beratung bei Trennung und Scheidung) – Erziehungsberatung, Beratung für Kinder, Jugendliche und Eltern (einschl. Beratung bei Trennung und Scheidung) – Familienberatung – Familienplanungsberatung – Hilfe und Beratung für Frauen – Gruppenarbeit – Jugendberatung – Krisenintervention – Beratung für Kinder und Jugendliche – Lebensberatung – Beratung für Migranten und Spätaussiedler – Partnerberatung – Beratung für psychisch Kranke – Schuldner- und Insolvenzberatung – Schwangerenberatung – Sexualberatung – Vermittlung von Selbsthilfegruppen – Sozialberatung – Suchtberatung – Telefonische Beratung u.a. (www.dajeb.de informiert unter anderem auch über die Beratungsstellen der Caritas und des Diakonischen Werks)

Berliner Interventionszentrale gegen häusliche Gewalt (BIG) *Hilfe bei häuslicher Gewalt gegen Frauen*	www.big-hotline.de Tel. 030 / 6 11 03 00
Blaues Kreuz *Suchtkrankenhilfe*	www.blaues-kreuz.de
Bundesverband für stationäre Suchtkrankenhilfe *Übersicht zu stationären Einrichtungen der Suchtkrankenhilfe* vgl. auch Jüdisches Krankenhaus Berlin	www.suchthilfe.de → *Start à Die Fachkliniken* www.juedisches-krankenhaus.de → *Medizin und Pflege* → *Psychiatrie und Psychotherapie* Tel. (030) 49 94-0
CoDA Co-Dependent Anonymous *Anonyme Selbsthilfegruppen für Menschen, die von anderen co-abhängig sind*	www.coda-deutschland.de
Bundesverband Frauenberatungsstellen und Frauennotrufe (bff)	www.frauen-gegen-gewalt.de *Website mit Suchfunktion nach Hilfsangeboten in Wohnnähe*
Frauenhäuser Zentrale Informationsstelle Autonomer Frauenhäuser ZIF	www.autonome-frauenhaeuser-zif.de Tel. 05 61 / 8 20 30 30
Bundesarbeitsgemeinschaft Prävention und Prophylaxe e.V.	www.praevention.org/frauen-haeuser.htm *Frauenhäuser nach Postleitzahlen-Gebieten*

Guttempler *Suchtkrankenhilfe*	www.guttempler.de
Männerberatung	www.maennerberatung.de/maenner.htm *Orte nach Postleitzahlen geordnet*
Mediation	www.bmev.de
Paartherapie	www.paartherapie.de *Therapeutensuche u.a. nach Name / Ort / Postleitzahl*
Psychotherapie *Arzt- und Psychotherapeutensuche bei Ärztekammern / Kassenärztlichen Vereinigungen*	*Therapeutensuche über den Hausarzt / die Krankenkasse* www.arzt.de/Arztsuche/index.html *Suche nach (Fach-)Ärzten, ärztlichen und psychologischen Psychotherapeuten mit Kassenzulassung nach Bundesländern*
Bundespsychotherapeutenkammer *Psychotherapie-Informationsdienst des Berufsverbandes Deutscher Psychologen*	www.bptk.de/service/ psychotherapeutensuche/ index.html www.psychotherapiesuche.de
Telefonseelsorge	www.telefonseelsorge.de Tel. 0800 – 1110111 / 0800 – 1110222 *24 Stunden, anonym, vertraulich, in Deutschland gebührenfrei*

Österreich

Frauenhelpline *Beratung für Frauen, Kinder und Jugendliche, die von Gewalt betroffen sind*	www.frauenhelpline.at Tel. 0800 222 555 *24 Stunden / in Österreich gebührenfrei*

Verein Autonome österreichische Frauenhäuser	www.aoef.at
Telefonseelsorge Österreich	www.telefonseelsorge.at Tel. 142 *24 Stunden / in Österreich gebührenfrei*

Schweiz

Dachorganisation der Frauenhäuser	www.frauenhauser-schweiz.de → *Kontakt à Liste der Schweizer Frauenhäuser*
Telefonseelsorge Schweiz / Die dargebotene Hand	www.143.ch Tel. 143 *24 Stunden / in der Schweiz unabhängig von der Gesprächsdauer 20 Rappen bzw. 70 Rappen aus öffentlichen Telefonkabinen*

Namensverzeichnis

Stichwortverzeichnis

Verzeichnis der Mindmaps

Textnachweise